MJ きめる! KIMERU SERIES

Gakken

［きめる！共通テスト］

現代文 改訂版

Modern Japanese

著＝船口 明（代々木ゼミナール）

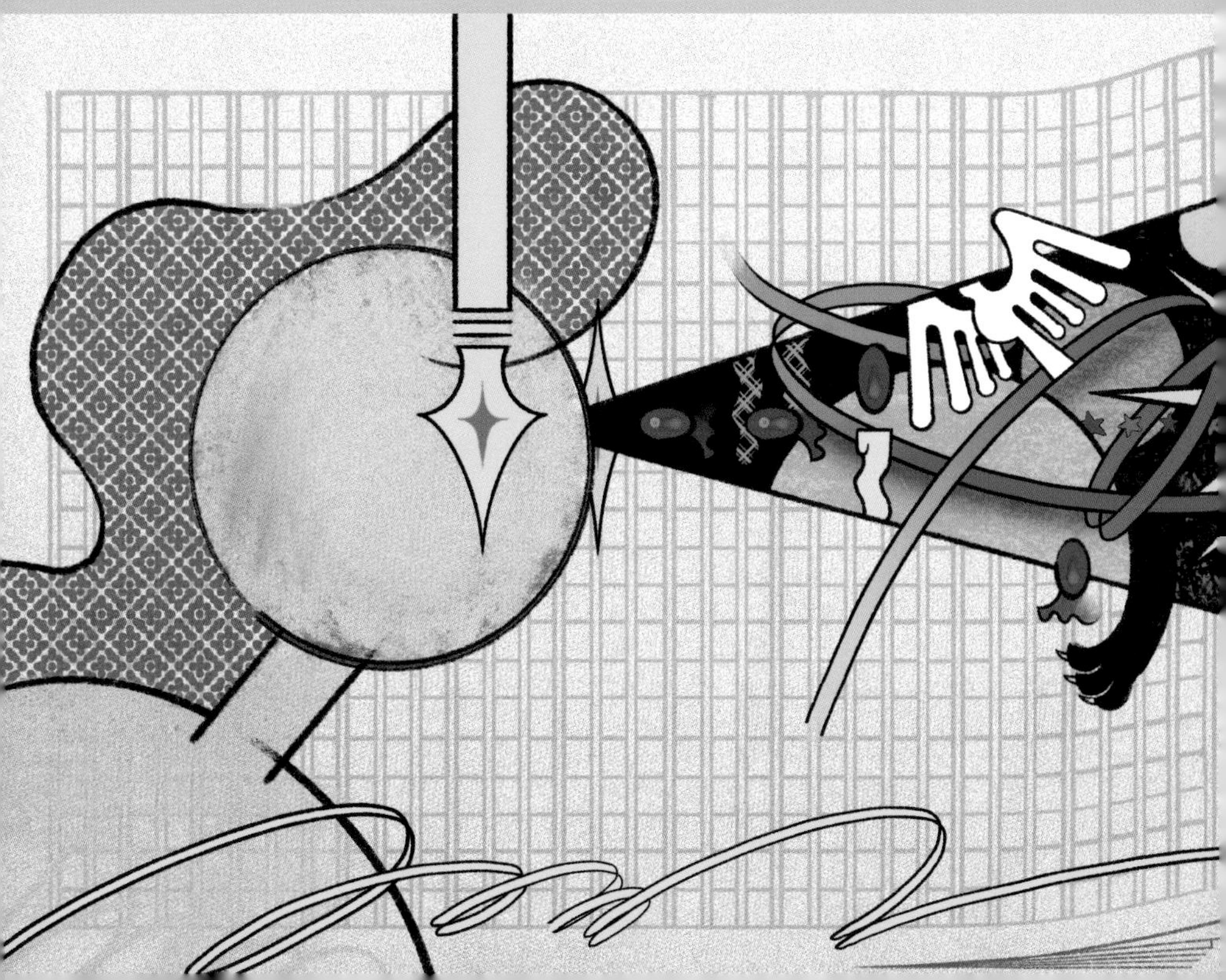

introduction
はじめに

この本は『きめる！　共通テスト現代文』の改訂版です。改訂版というと、通常、部分的に改訂するのでしょうが、「ほぼ全編書き直し」ました。ハッキリ言ってすごい。おそるべき企画です（笑）。許してくださった学研さん、ありがとうございます。

僕がこの本（前身にあたる『きめる！　センター現代文』）を世に送り出して、27年になります。その間、多くの読者のみなさんに愛用して頂き、累計50刷もの増版を重ねることができました。本当にありがたいことです。類書が次々と出、そして消えていく中、これほど長くみなさんに愛されていることは、著者として望外の喜びです。

『きめる！』をはじめて執筆したときの僕の決意は、「現代文で困っている受験生のために、自分独自の切り口を隠さず公開する」でした。

若くして執筆の機会を得た僕は、自分が心から信頼する何人かの先輩に相談しました。僕がこの決意を伝えると、ほとんどの先輩の意見は「ポイントは小出しにした方がいい」でした。

予備校講師にとって「他と違う切り口」は、競争が厳しい世界で生き残っていくための「武器」です。「命綱」と言ってもいい。それを公開しようというのですから、止めて当たり前。「小出しに」と言ってくれる先輩が多いのは当然です。親身になってくれるからこそのアドバイスに、どうすべきかと正直悩みました。

それでも「書こう」と僕が決意できたのは、「生徒たちの姿」があったからです。

がんばって「夢」に向かっている。でも現代文が苦手。そういう生徒が、予備校を卒業して行く時に、「先生のおかげでできるようになりました！」と笑顔で言ってくれる。その姿を見た時に、「あ～僕はこのために先生をやっているんだな」と心から思いました。こんなふうに多くの悩める受験生の力になってあげたい。でも、僕が直接教えられる人数なんてたかが知れている。ならば、やはり「書こう」。そう決意できたわけです。

僕は「夢」を語る人です。いくつになってもそうありたいと思っています。だったら「隠す」なんてつまらない考えは捨ててしまおう。バカでもいい。そういうヤツがいたっていいじゃないか。そう思えたんですね。

今振り返ってみて、その判断は正しかったと心から思います。気がつけばもったいなくも「共通テスト対策の名著」と呼んで頂き、版を重ね、数々の塾や学校でも採用して頂いています。本当に嬉しいことです。

これまで、何度か改訂版を出すにあたって、常に僕がコンセプトとしてきたのは「やっぱり、きめる！現代文はすごかった」です（笑）。今回も、その名に恥じないようなものを作ろう、そう決意して臨みました。

志は高い方がいい。評価するのはみなさんですが、読者にそう思ってもらえるような本になるように努力しました。ぜひ、最後までしっかりと読み込んで下さい。みなさんの力になれる「最高のもの」になったと、自負しています。

青春に悩みは尽きません。受験だけでなく、様々な悩みの前で押しつぶされそうになっている人もいるでしょう。青春は若芽のように繊細で、時に脆い。

しかし、今の気持ちを大切にして、まっすぐに向き合っていこう。感受性が豊かだからこそ、切なさも感じるのです。吹く風に揺れてしまうのは、可能性にあふれている証拠です。右にも左にも行ける、その表れです。それゆえ、青春の悩みは、そのまま希望の光なのです。

毎日毎日、一瞬一瞬、心は変わります。弱い心、負けそうになる気持ち、その一つ一つと戦いながら、僕たちは成長していきます。入試当日、君を支えてくれるのは、まっすぐに戦ってきたその日々だけです。目には見えなくとも、大地に深く強く根を張り、君を支えています。そういえば、昔見たCMに、こんな言葉がありました。

「時は流れない。それは積み重なる」

contents

もくじ

how to use this book

本書の特長と使い方

1 「土台」となる考え方

まずは冒頭の「共通テスト　特徴と対策はこれだ！」を読んでください。受験生が共通テスト現代文について抱きがちな「誤解」や「不安」を取り上げ、共通テスト対策の土台となる考え方について解説しています。本編での学びを方向づける重要部分ですから、必ず読んでください。

2 「方向性」を明確にして、学ぶ

本書は「評論（論理的な文章）分析編」「小説（文学的な文章）分析編」「実用文対策編」の３つの**SECTION**で構成されています。

各**SECTION**の冒頭では、そこで身につけて欲しいポイントを示しています。学びの方向性を明確にしてから、取り組んでいきましょう。

3 「解答時間」は目安です

講義で取り上げた各問題には「目標解答時間」を設定してありますが、あくまで「目標」ですから、苦手な人がいきなりその時間で解く必要はありません。はじめは時間がオーバーしても大丈夫。きちんと解くことが最優先です。最終的にその時間内で解けることを目指していきましょう。

4 暗記するほど繰り返す

この本は「問題集（問題を解いてトレーニングする本）」ではなく「傾向分析本」です。この本で学んだ傾向を土台にして、過去問題を解く。ですから、本書の内容理解が曖昧では意味がありません。暗記するほど徹底的に繰り返し、自在に使いこなせるレベルまで、本書の内容を完全にマスターしてください。

5 最強の「別冊ドリル」

本番まで使ってください！

「評論の漢字問題」「小説の語句の意味問題」では過去問題と同じ漢字・語句が繰り返し出題されています。そこで、この別冊は、なんと「過去問題全収録」！　ぜひ有効活用してください。

入試直前に見直せるよう、ポイントもまとめてあります。「おまもり」として、ぜひ本番に持っていってください!!

※ただし、一部辞書的な意味を問わない問題については収録していないものがあります。

共通テスト特徴と対策はこれだ！

対策の「順序」

生徒A　先生、共通テストの国語は、**大問が5つ出題される**んですよね。

先生　そうだね。**第1問が評論、第2問が小説、第3問が実用文、第4問が古文、第5問が漢文**の計5題。試験時間は**90分**で、配点は200点。そのうち第1問から第3問の合計が110点で、第4問と第5問は45点ずつという出題だね。試作問題では第3問の配点は**20点**だったから、第1問と第2問は**45点**ずつという感じだろうね。

生徒B　あらためて聞いても、すごいボリュームですね。

そうだね。受験生は、まず分量に圧倒されてしまうかもね。

対策するのも大変そうだな。

やっぱり、新しい「実用文問題の対策」が大事になるんですよね？

僕の学校では実用文問題の対策のために、いろんな問題を解いています。

なるほど。僕のところにも、「実用文問題」対策講座の講演依頼がたくさん来るから、みんな実用文問題が気になるんだろうね。

でも違うんですよね、先生。

ん？　何が違うの？

たしかに、図やグラフの問題に慣れておくことは大事だと思う。苦手な人も多いからね。色々解いておくのはいいことだ。
でもね、**僕は、実用文対策ばかりに意識が向いているのは、危険だと思うんだ。**

え、どういうことですか？

そんなの当然じゃない。だって**配点の9割、180点はいままで通りの出題**なのよ。なんで20点の対策ばっかりしてるのよ。

あっ…。

そうなんだよ。
みんなの中にはきっと、「評論が読めません…」とか「小説の心情把握が苦手です…」という人が多いと思うんだ。そういう人は、**まずは評論・小説の対策か**

らすべきだよね。**実用文対策はそのあと**だよ。

たしかに。

もちろん、**実用文対策は必要だし、それはこの本でしっかり教える。**身につけてほしい「視点」「テクニック」もある。でもね、〈対策〉には順番がある。

なんだか心配になってきたなぁ。間に合うのかな？

きちんとやっていけば、不安になることはないよ。
それに、評論対策で身につけた力は、そのまま実用文対策にも応用できる。
だから、これまで先輩がやってきた勉強法に、少しプラスアルファすれば十分だと僕は思っている。

心配したって仕方ないし、やるしかないでしょ。

あはは。まあ、その通りだね、
何度も言うけど、僕が怖いのは、実用文対策ばかりに意識が向いて、**単に問題の数だけこなす勉強法になってしまうこと**なんだ。まずは評論・小説の力をきちんとつけること。そこはしっかりと意識したい。
もう一つ、それと同様に、**模試で得点が取れていることで、安心してしまうのも怖い**んだ。

「模試」と「過去問」の違い

え？　でも、模試ができるのはいいことですよね？

もちろんそうだよ。「力はある」ってことだからね。

じゃあ、何が怖いんですか？

それはね、模試ができるっていうのは、野球で言えば「バッティングセンターなら打てる」っていう感じなんだよ。似ているけれど、やっぱり本物とは違う。本番の試合は、投げてくるピッチャーがいて、そいつにはそいつの「クセ」がある。その「クセ」に対応するのが「本当の対策」だよね。

たしかに。

だからね、**模試は「練習」にはなるけれど「本当の対策」にはならない。**
やっぱり最後は過去問を解いて欲しいんだ。
それも「ちょっとやりました」っていう感じじゃなくて、「傍線部の引かれ方」、「選択肢の作られ方」「新課程問題の視点の置き方」等々、共通テスト特有の傾向を知って欲しい。
そうやって**過去問題の「クセ」を知ることこそが「本物の傾向対策」なんだ。**

なるほど。

それなのに、模試でいい成績がとれると、過去問対策を怠ってしまう人が多い。「理系の子」の国語なんて、まさにその典型だよ。そうなると**「模試ではできていたのに、本番ではできなかった」なんていう、悲しいことが起こってしまう。**

私の先輩にも、そういう人がいました…。

そうだよね。多いんだ。そう言って浪人してくる生徒を、何人も見てきた。1問の配点が大きい国語は、致命傷になりやすいからね。まあ、浪人生活を楽しく価値のあるものにするのも僕らの仕事だから、浪人すること自体を悪く言うのではないんだけど、「得意な人」が「本番で失敗する」のは悲しすぎる。ずっと後悔してしまうしね。

そうですね。油断しないように気をつけないと。まずは土台の力をつけて、その上で「過去問のクセ」を知ることが大切、ということですよね。

うん、そうだね。**もちろん「過去問のクセ」はこの本の講義で教える**からしっかり身につけてください。

最後は「スピード」が勝負

対策の方向が見えてきた気がします。

あとはね、**最終的にはスピードが大切**になる。詳しくは本編の中で講義するけれど、これだけの分量を90分で解ききるには、かなりのスピードが必要になる。

わかります…。

もちろん、最初から焦って解く必要はないけれど、この本の講義では、常に〈速読・速解〉を意識しながら話をしている。そこをしっかりつかんでほしい。
極端に言えば、**正解しても時間がかかっていては意味がない。**だから**「答えが合っていればいいや」という受講の姿勢ではなくて、より「速く読み、速く解く」ための〈頭の働かせ方〉を吸収しよう**、そういうつもりで講義を読んで欲しい。

わかります。でも、僕、解くのが遅いんです…。

大丈夫だから。「時短」といっても、ちょっとした「工夫」の積み重ねだ。大問1つにつき1分縮めただけで全体では5分。2分ずつなら10分も短縮できるんだよ。「コツ」をつかめば必ずできるようになる。

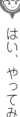

はい、やってみます。

とにかく、油断をして本番で失点してしまうことほど悲しいことはない。弱気になって志望校を下げてしまうのも悲しいことだ。きちんと対策して、やれるだけのことをやって、青春を後悔のないように生ききろう！　**「自分を輝かせていくのは、他のだれでもない自分」だもの。**自信を持って頑張って行こう！

はい！

SECTION 1

評論（論理的な文章）分析編

THEME

KIMERU SERIES

SECTION1で学ぶこと

ここが問われる!

攻略のカギは「スピード」。そのための〝テクニック〟を身につけよう!

共通テストの第1問・論理的な文章（評論）と言えば、「複数の文章を比較する問題が出題される」とか「問6に特徴的な設問が出題される」ということがよく話題になります。僕に来る、苦手な人からの相談も、そのことについてのものが多い。そりゃあ気になりますよね。

でもね、実際に出されている設問は、「その（一つの）文章」についての「シンプルな読解問題」がほとんどです。だから、まずはいわゆる「普通の読解問題」の攻略がポイントになります。

むしろ、僕がみなさんに意識して欲しいのは、**共通テストは「時間が厳しいのに、高得点を取りたいテスト」**だということです。共通テストはそういう〝矛盾〟を孕んでいる。それを乗り越えるにはどうすればいいか。当然、カギは「読み解くスピード」。**〈速読・速解〉のテクニック**です。

ここが問われる!

「速く・確実に」。〈読〉と〈解〉、それぞれのポイントを知ろう!

〝テクニック〟と言っても、僕が教えたいのは「本文を読まなくても選択肢だけで答えがわかる！」というような、そんなアヤシイものではありません。苦手な人は知らない、現代文が得意な人の〈頭の働かせ方〉と言えばいいでしょうか。**得意な人が無意識にやっている、上手く読み解く「コツ」が確実にある。**英語に「パラグラフ・リーディング」という〈長文読解の方法〉があるように、国語の評論文にも〈速読のための方法〉があります。それをみんなに身につけて欲しい。

もちろん、素早く読み解くには「道具」は少ないほうがいい。しかも、できるだけシンプルであるのが理想です。本番でも素早く「使える」、シンプルかつ最強な「道具」を教えます。

ここが問われる！

最後は「思考・判断・表現」の問題。ポイントを知れば、恐るるに足らず！

そのうえで、最後に**「複数の文章を比較する問題」や「問6の新課程問題」の攻略のポイント**についても、もちろん講義します。

このタイプの問題、**攻略のポイントは「出題者との対話」**です。問題を作っている方々は、みなさんに「何を問いたくて」「どのような力をつけて欲しくて」このような問題を作っているのか。そういう視点に立って問題を見ることができれば、いままでとは違ったアプローチが可能になるはずです。そんな、**問題の見え方がぐっと変わるようなポイント**を教えます。

THEME 1

共通テスト評論〈読〉の技法

評論問題を「速く」「確実に」読むためのテクニック

ここで極める！

共テ評論は、「短時間で」しかし「高得点を目指す」という矛盾を抱えたテストだ。
しかし、いくつかの「テクニック」を身につけることで読解は飛躍的に速くなる。
まずは「速く読むための技巧」を身につけていく。

正攻法は大事。でも、勝つには〝テクニック〟も必要です。

「テクニックなんてダメだ！」「問題文の一言一句がきちっと読めれば、答えなんて自然と出る！」と言われることがあります。

たしかにそのとおりです。自分で言うのも何ですが、僕だって「読解法をきちんと教える正統派」と呼んでもらうことが多い、読解重視派です。だからその通りだと思うんです。本当にそう思っているんです。**でも**テクニックが完全にダメと言われてしまうと、**僕には綺麗ごとに聞こえてしまいます。**

君たち受験生は、限られた時間で、しかも当日の緊張感の中で問題に挑みます。僕たち大人が、リラックスした状態で「分析のために」問題を解くのとは大違い（しかも基本的に僕たちは得意です）。苦手な人、真面目だけれど不器用な人なら緊張は極限でしょう。そんな**試験本番、当日の君たちのことを思うと、受験生がある種のテクニックを身につけることは重要だ**と、僕は考えています。

もちろん、とは言っても、いわゆる〝コテ先の〟技術を身につけろと言っているのではありません。「要領の良さ」というか、頭の回転の仕方の話。数学が得意な人が、問題を見て「パッ」と解法をひらめくように、文章読解が得意な人も、何かに「ピン」ときて、「パッパッ」と頭が回転して読んでいる。でも苦手な人はそれに気づいていない。だから苦手な人、読解が遅い人に、ぜひともそういう**得意な人の〈速読の回路〉を知ってほしい**。そのことを僕は「テクニックを身につける」と言っているんです。

この本では、速く・確実に〈読むテクニック〉と〈解くテクニック〉を教えます。このTHEME 1は〈読〉から。まずは次の問題を解いてみてください。

きめる! KIMERU SERIES

過去問にチャレンジ

例題1-1

目標解答時間 7分

次の文章を読んで、後の問いに答えよ。

[1] 椅子の「座」と「背」について生理学的にはふたつの問題があった。西欧での椅子の座法は、尻、腿(もも)、背をじかに椅子の面に接触させる。そこに自らの体重によって圧迫が生じる。接触とはほんらい相互的であるから、一方が硬ければ軟らかい方が圧迫される。板にじかに座ることを考えればよい。ひどい場合には、血行を阻害する。たぶん椅子の硬さは、人びとに「血の流れる袋」のような身体のイメージを喚起していたにちがいない。もうひとつは椅子に座ることで人間は両足で立つことからは解放されるとはいえ、上体を支えるには、それなりに筋肉を不断に働かせている。この筋肉の緊張が苦痛をもたらすことは、私たちが椅子の上で決して長時間、一定の姿勢をとりつづけられず、たえず動いている方がずっと楽だという経験的事実からも明らかである。椅子は休息のための道具とはいえ、身体に生理的苦痛をひきおこすものでもある。

[2] 一七世紀の椅子の背が後ろに傾きはじめたのは、上体を支える筋肉の緊張をいくらかでも緩和するためであった。そのためには身体を垂直の姿勢から次第に横臥(おうが)の状態に近づけていけばよい。イノケンティウス一〇世(注1)の肖像でみたように、公的な場で使われる椅子では決して威厳を失うほど後ろに靠(もた)れた姿勢がとられなかったが、「背」の後傾が純粋に生理的な身体への配慮から追求される場合もあった。その結果が、私たちがもっと後の時代の発明ではないかと想像しがちなリクライニング・チェアの発明になった。これにキャスターをとりつけた車椅子も同時にうまれていた。このふたつとも、もちろん、一七世

紀にあっては高位の身障者、病人のために発明されたのである。リクライニング・チェアは、骨とそれをつつむ筋肉からなる一種のバロック（注2）的な「身体機械」のイメージを(ア)イダかせたにちがいない。次の世紀には『人間機械論』（注3）があらわれて、「人間はゼンマイの集合にすぎない」というようになる時代である。

3 一七世紀半ばにスペインの王フェリーペ二世のために考案された椅子のスケッチが残っている。普通の状態ではすでにあげた一七世紀の椅子のかたちと同じだが、後ろに重心がかかるから、倒れないために後脚を少し斜め後ろに張り出している。馬の毛を填（つ）めたキルティング（注4）で蔽（おお）った背は両側の大きな留め金具で適度な傾きに調整でき、足台も同様の留め金具でそれにあわせて動かせるので、背を倒し足台を上げると、身体に横臥に近い姿勢をとらせることができる。こうして背を立てていると王者らしい威厳も保てる車椅子が考えられていた。実際にフェリーペ二世のためにつくられた車椅子はこのスケッチとは若干ことなり、天幕を張っていたようであり、足台はなかった。このような仕掛けはいろいろ工夫される。たとえばスウェーデンのチャールス一〇世の身障者椅子では、背と足台を腕木にあけた穴を通した紐（ひも）で連動させていた。病人用の椅子から、背の両側に目隠し用の袖を立てた仮眠のためのスリーピング・チェアがうまれ、それは上流社会で静かに流行した。

4 A もうひとつの生理的配慮も、背の後傾とどちらが早いともいえない時期に生じている。どちらも身体への配慮にもとづくから不思議ではない。椅子からうける圧迫をやわらげる努力は古くから行われてきた。エジプト人は座に曲面をあたえた椅子をつくっていたし、植物(イ)センイや革紐で網をあんで座の枠に張ってもいた。ギリシャのクリスモス（注5）の座も編んだしなやかなものであった。しかし、それでも充分とはいえなかったので、古代からクッションが使われてきた。エジプトでもアッシリアでも玉座には美しいクッションが使われているし、ギリシャのクリスモスの上にもクッションを置いて使うの（注6）が常であった。中世では四角い膨らんだクッションがそれ自体可動の家具のようにさえなっていた。長持ちはその上にクッションを置けば腰掛けにもなった。窓ぎわの石の腰掛けもクッションを置きさえすれば快適だった。クッションは石や木の硬さをやわらげ、身体は軟らかい触覚で座ることができた。しかし、いまから考えれば驚くことだが、クッションはその美しい色彩とともに、それだけで(注7)ステータスを表示する室内装飾のひとつの要素だったのである。クッションを使うこと、つまり身体に快適さを与えること自体が政治的特権であった。オランダ語で「クッションに座る」といえば、高い官職を保持することを意味したといわれるが、この(注8)換喩法(メトニミー)が成立すること自体、いかにクッションの使用が階層性と結びついていたかを物語っている。たしかに王や女王、貴族たちを描いた絵画や版画を調べていくと、さまざまな意匠のクッションがその豊富なヴォリュームと色彩を(ウ)コジするように使われているのである。

5 こうして別々に作られ、使うときに一緒にされていた椅子とクッションが一六世紀から一七世紀にかけてひとつになりはじめた。この結びつけの技術は一七世紀のあいだに著しく発達する。最初は木の座や背の上に塡め物を素朴にとりつけることからはじまったが、椅子張り職人（アプホルスター——実際には(注9)テキスタイル全般をあつかった職人）の技術の向上とともに、布や革で蔽われた座や背はほとんど今日のものに(エ)ミオトりしないほどに進んだ。こうした塡め物(アプホルスター)は、たんにクッションを椅子に合体させただけではなかった。それまで硬かった椅子そのもののイメージを軟らかくしてしまったことが、椅子についての概念を決定的に変え、近代の方向に椅子を押しやるきっかけになったのである。(注10)エリック・マーサーも指摘するように椅子の近代化は形態からではなく、装飾の消去からでもなく、身体への配慮、あらたに見出された快楽を志向する身体による椅子の再構成からはじまったのであった。

（多木浩二『「もの」の詩学』による）

（注）
1 イノケンティウス一〇世の肖像――スペインの画家ベラスケスが描いた肖像画。わずかに後傾した椅子にモデルが座っている。
2 バロック――芸術様式の一つ。技巧や有機的な装飾を重視し、動的で迫力ある特色を示す。
3 『人間機械論』――フランスの哲学者ラ・メトリの著書。
4 キルティング――刺繍（ししゅう）の一種。二枚の布のあいだに綿や毛糸などを入れ、模様などを刺し縫いする。
5 クリスモス――古代ギリシャからローマ時代にかけて使われた椅子の一種。
6 長持ち――衣類や調度などを収納する、蓋付きの大きな箱。
7 ステータス――社会的地位。
8 換喩法（メトニミー）――あるものを表す際に、関係の深い別のもので置き換える表現技法。
9 テキスタイル――織物。布。
10 エリック・マーサー――イギリスの建築史家（一九一八―二〇〇一）。

問1 傍線部(ア)～(エ)に相当する漢字を含むものを、次の各群の①～④のうちから、それぞれ一つずつ選べ。

(ア) イダかせ
① 複数の意味をホウガンする
② 卒業後のホウフ
③ 港にホウダイを築く
④ 交通量がホウワ状態になる

(イ) センイ
① 現状をイジする
② アンイな道を選ぶ
③ キョウイ的な回復力
④ 条約にイキョする

(ウ) コジ
① 偉人のカイコ録
② 液体のギョウコ
③ コチョウした表現
④ ココウの詩人

(エ) ミオトり
① 商品を棚にチンレツする
② モウレツに勉強する
③ 風船がハレツする
④ ヒレツな策を用いる

問2　傍線部A「もうひとつの生理的配慮も、背の後傾とどちらが早いともいえない時期に生じている」とあるが、それはどういうことか。その説明として最も適当なものを、次の①～⑤のうちから一つ選べ。

①　身体を横臥の状態に近づけて上体の筋肉を不断の緊張から解放する配慮が現れたのとほとんど同じ時期に、椅子にキャスターを付けて可動式とし、身体障害者や病人の移動を容易にするための配慮も現れたということ。

②　椅子の背を後傾させて上半身を支える筋肉の緊張をやわらげる配慮が現れたのとほとんど同じ時期に、椅子と一体化したクッションを用いて背や座面から受ける圧迫をやわらげる配慮も現れたということ。

③　椅子の背を調整して一定の姿勢で座り続ける苦痛をやわらげる配慮が現れたのとほとんど同じ時期に、後傾した椅子の背にクッションを取り付けることによって体重による圧迫を軽減する配慮も現れたということ。

④　椅子の背を後ろに傾けて上体の筋肉の緊張を低減しようという配慮が現れたのとほとんど同じ時期に、エジプトやギリシャにおいてクッションを用いることで椅子の硬さを低減させる配慮も現れたということ。

⑤　後傾させた椅子の背によって上半身の筋肉を緊張から解放する配慮が現れたのとほとんど同じ時期に、それ自体が可動式の家具のようにさえなったクッションを用いて椅子の硬さを緩和する配慮も現れたということ。

解いてみてどうでしたか？

よく聞くのは、「冒頭から主張がわかりにくかった」とか「具体例なのか主張なのかがわかりにくくて読みづらかった」とかいう感想です。他には「丁寧に読みすぎて時間がかかってしまった」という感想もよく聞きます。いずれも、読む技術がない人からよく出てくる〝あるある〟の感想です。

実はこの問題をはじめに解いてもらった理由もそこ。そういう感想を持っていないかどうかをチェックするためだったんです。

なぜって？　実はこの問題、**〈読むテクニック〉がある人には、難しくもなければややこしくもない、とても論点がはっきりした文章**なんです。読むべきポイントを明確に意識しながら、目的を持って「さーっと」読めてしまう、そんな文章なんです。

「えーっ！」と驚いた人も多いでしょう。でもね、本当にそう読めるんです。僕は、君にも試験本番の時にそんなふうに読んでほしい。この文章を自信を持って速読できる〈技術〉を身につけてほしいんです。

だから「答えがあっていたかどうか」なんて二の次です。正解したから解説は流し読みでおしまい、というのではもったいない。この参考書の意味がありません。ぜひ、しっかり読んで、僕の「アタマの働かせ方」をモノにしていってください。

設問を利用せよ！

まずはみなさんに、ある意味で「当然のこと」を確認したいと思います。

★ 傍線部は、本文の重要部分に付いている！

これ、言われてみれば当たり前のことですよね。**出題者は「大事なところ」を問いたい、だから「そこ」に傍線部を引く。** 当然のことです。

逆に受験生の側からすれば、これを利用しない手はない。傍線部は間違いなく本文の重要部分。傍線部を見れば大事なことが書いてある。だから先に見る。**読解を始める前にまず傍線部を見る。** すると〈**読解のヒント**〉がつかめる。そういうことです。これは超重要な〈速読テクニック〉なんです。

POINT

〈読〉の技法 ❶ 設問を利用せよ！

★ 設問・傍線部を利用せよ！ 目的を持って読めば読解は速くなる！

・「傍線部」は本文の重要部分。最高の〝読解ナビ〟だ！

こう言われると、「それは知ってたよ。だから僕も解く前に傍線部を見たよ」という人もいるでしょう。いい感じですよ。でもちょっと待ってください。傍線部をチェックしたんだったら**〈読解のヒント〉は取れましたか？** せっかく傍線部を見たのに、全然ヒントが取れていない人も多いんです。

一般的にテスト対策の基本として、「試験の時はいきなり問題文を読まずに、まずは設問を見て全体を大きく確認しよう」と言われます。もし君がその程度のイメージで設問を見ているのだとしたら、意味あるヒントはつかめません。せっかく「傍線部＝本文の重要箇所」をチェックしているのにもったいない。ぜひ、傍線部のチェックの仕方を知ってください。

たとえばこの問題の傍線部を見たときに、こんなふうに頭が働いて欲しいんです。

A **もうひとつの生理的配慮も、／背の後傾と／どちらが早いともいえない時期に生じている。**

S　V

〈並立〉だ。
生理的（＝身体的）配慮が
2つあるってことか

2つのうち1つは
「背の後傾」なんだな

成立した「時期」を
読めばいいのか

〈傍線部分析〉ができるようになると、次のように考えられるようになります。

まずは**SV**をチェック。**指示語・接続語**も意識しよう。
Sは**「生理的配慮」**だから「生理的＝身体的に配慮する」っていう話か。
「もうひとつ〈並立〉」ってことは、身体的配慮には「2つある」んだな。
そのうち1つは「背の後傾」だから、**「もう1つ」が何かを読めばいい**ってことか。
あとは**V**が「どちらが早いともいえない時期に生じている」だから

2つの身体的配慮が、同じような時期に成立した

ってことか。**時期もポイント**なんだな。ふむふむ。
よーし、これで読み取るポイントはわかったぞ。じゃあ読んでいこう！

こんなふうに〈思考〉が進んでほしいんですね。
こう考えられたら、いま、頭の中には次のようにポイントがまとまっているはずです。

読解ナビ

生理的（身体への）配慮

1 背の後傾

2 ［　　］

どちらが早いともいえない**時期**に生じた
（＝同じような時期に成立している）

「背の後傾」と並立されている［　　］の部分と、「時期」を読み取ればいい。こう考えたら、**これから自分が「何を読み取るのか」という目的意識を明確に持って読解に入ることができます。**目的地がわかっているんだから、当然「速く・確実に」読める。僕が「傍線部を利用すること」を〝読解ナビ〟と呼ぶ理由はここなんです。車のナビのように、傍線部が僕らの読解を導いてくれるわけです。

これで「読む目的」は明確になりました。**読解ナビ**を意識しながら本文を読んでいきましょう。

冒頭部分を再読してみてください。いきなりポイントが出ているのがわかりますか？

1 **椅子の「座」と「背」について生理学的にはふたつの問題があった。**西欧での椅子の座法は、……

この一文で、

＊僕らが読んでいく「生理的配慮」というのは「椅子の座と背の問題に対する配慮」である。
＊「座と背の問題」なので[　]に入るのは「座」である。

ということがわかります。これを **読解ナビ** に当てはめるとこうなります。

読解ナビ

椅子の生理的問題への配慮

1 「背」の問題 → 配慮は「背の後傾」
2 「座」の問題 → 配慮は「　？　」

いずれも同時期に成立

どうですか？ **読解ナビ** を作っておけば、**冒頭のたった1行でこんなにわかるんです。**得意な人はこんなふうに文章を読んでいるんです。そりゃあ、速くも読めるし、本番でも自信を持って読めるはずです。だから僕は、苦手な人にこういう〈思考回路〉を身につけてほしいんです。

続く本文を見ていきましょう。**読解ナビ** 通りに読んでいってください。

1 **椅子の「座」と「背」について生理学的にはふたつの問題があった。** 西欧での椅子の座法は、尻、腿、背をじかに椅子の面に接触させる。そこに自らの体重によって圧迫が生じる。接触とはほんらい相互的であるから、一方が硬ければ軟らかい方が圧迫される。板にじかに座ることを考えればよい。ひどい場合には、血行を阻害する。たぶん椅子の硬さは、人びとに「血の流れる袋」のような身体のイメージを喚起していたにちがいない。もうひとつは椅子に座ることで人間は両足で立つことからは解放されるとはいえ、上体を支えるには、それなりに筋肉を不断に働かせている。この筋肉の緊張が苦痛をもたらすことは、私たちが椅子の上で決して長時間、一定の姿勢をとりつづけられず、たえず動いている方がずっと楽だという経験的事実からも明らかである。**椅子は休息のための道具とはいえ、身体に生理的苦痛をひきおこすものでもある。**

予想通りですね。椅子の「座」は硬いから、柔らかいおしりは圧迫されてしまう。それがひとつめの苦痛。椅子に座るときには「背＝上体」の筋肉を常に緊張させておかないといけない。それがふたつめの苦痛。椅子は身体に、そういう2つの苦痛を与えると述べています。

これで次のように読み取れました。

読解ナビ

◎椅子の「生理的（身体への）配慮」について

1 上体の筋肉を常に緊張させているのが苦痛 → **背の後傾という配慮**

2 座が硬いのが苦痛 → **［？］という配慮**

どちらも**同時期**に成立している

これであとは「**座への配慮**」と「**成立した時期**」を読み取ればいいだけになりましたね。続きを見ていきましょう。

2 **一七世紀**の椅子の背が後ろに傾きはじめた**のは、上体を支える筋肉の緊張をいくらかでも緩和するため**であった。そのためには身体を垂直の姿勢から次第に横臥（おうが）の状態に近づけていけばよい。イノケンティウス一〇世の肖像でみたように、公的な場で使われる椅子では決して威厳を失うほど後ろに靠（もた）れた姿勢がとられなかったが、「背」の後傾が純粋に生理的な身体への配慮から追求される場合もあった。その結果が、私たちがもっと後の時代の発明ではないかと想像しがちなリクライニング・チェアの発明になった。これにキャスターをとりつけた車椅子も同時にうまれていた。このふたつとも、もちろん、一七世紀にあっては高位の身障者、病人のために発明されたのである。リクライニング・チェアは、骨とそれをつつむ筋肉からなる一種のバロック的な「身体機械」のイメージを(ア)イダかせたにちがいない。次の世紀には『人間機械論』があらわれて、「人間はゼンマイの集合にすぎない」というようになる時代である。

3 一七世紀半ばにスペインの王**フェリーペ二世**のために考案された椅子のスケッチが残っている。普通の状態ではすでにあげた一七世紀の椅子のかたちと同じだが、後ろに重心がかかるから、倒れないために後脚を少し斜め後ろに張り出している。馬の毛を塡めたキルティングで蔽った背は両側の大きな留め金具で適度な傾きに調整でき、足台も同様の留め金具でそれにあわせて動かせるので、背を倒し足台を上げると、身体に横臥に近い姿勢をとらせることができる。こうして背を立てていると王者らしい威厳も保てる車椅子が考えられていた。実際にフェリーペ二世のためにつくられた車椅子はこのスケッチとは若干ことなり、天幕を張っていたようであり、足台はなかった。このような仕掛けはいろいろ工夫される。たとえばスウーデンの**チャールス一〇世**の身障者椅子では、背と足台を腕木にあけた穴を通した紐で連動させていた。病人用の椅子から、背の両側に目隠し用の袖を立てた仮眠のためのスリーピング・チェアがうまれ、それは上流社会で静かに流行した。

第2段落の冒頭で、「背の後傾」がはじまったのが「一七世紀」だと「時期」が出てきましたね。探していたポイントがどんどんわかってきました。続きに出てくる「イノケンティウス一〇世」の話も、第3段落の「フェリーペ二世」や「チャールス一〇世」の話も、**全部具体例**です。さーっと読み流して構いません。**「強弱をつけて」読む**。これが大切です。

これで、あとは［　　］部分さえわかればおしまいです。ナビのおかげで向かっている方向が明確ですね。続きを見ていきましょう。

4 もうひとつの生理的配慮も、背の後傾とどちらが早いともいえない時期に生じている。（A）どちらも身体への配慮にもとづくから不思議ではない。椅子からうける圧迫をやわらげる努力は古くから行われてきた。エジプト人は座に曲面をあたえた椅子をつくっていたし、植物センイ(イ)や革紐で網をあんで座の枠に張ってもいた。ギリシャのクリスモスの座も編んだしなやかなものであった。しかし、それでも充分とはいえなかったので、古代からクッションが使われてきた。エジプトでもアッシリアでも玉座には美しいクッションが使われているし、ギリシャのクリスモスの上にもクッションを置いて使うのが常であった。中世では四角い膨らんだクッションがそれ自体可動の家具のようにさえなっていた。長持ちはその上にクッションを置けば腰掛けにもなった。窓ぎわの石の腰掛けもクッションを置きさえすれば快適だった。クッションは石や木の硬さをやわらげ、身体は軟らかい触覚で座ることができた。しかし、いまから考えれば驚くことだが、クッションはその美しい色彩とともに、それだけでステータスを表示する室内装飾のひとつの要素だったのである。クッションを使うこと、つまり身体に快適さを与えること自体が政治的特権であった。オランダ語で「クッションに座る」といえば、高い官職を保持することを意味したといわれるが、この換喩法（メトニミー）が成立すること自体、いかにクッションの使用が階層性と結びついていたかを物語っている。たしかに王や女王、貴族たちを描いた絵画や版画を調べていくと、さまざまな意匠のクッションがその豊富なヴォリュームと色彩をコジ(ウ)するように使われているのである。

5 こうして別々に作られ、使うときに一緒にされていた椅子とクッションが一六世紀から一七世紀にか

けてひとつになりはじめた。この結びつけの技術は一七世紀のあいだに著しく発達する。最初は木の座や背の上に塡め物を素朴にとりつけることからはじまったが、椅子張り職人（アプホルストラー——実際にはテキスタイル全般をあつかった職人）の技術の向上とともに、布や革で蔽われた座や背はほとんど今日のものに(エ)ミオトりしないほどに進んだ。こうした塡め物（アプホルスター）は、たんにクッションを椅子に合体させただけではなかった。それまで硬かった椅子そのもののイメージを軟らかくしてしまったことが、椅子についての概念を決定的に変え、近代の方向に椅子を押しやるきっかけになったのである。エリック・マーサーも指摘するように椅子の近代化は形態からではなく、装飾の消去からでもなく、身体への配慮、あらたに見出された快楽を志向する身体による椅子の再構成からはじまったのであった。

第4段落の冒頭が傍線部Aですね。「もうひとつの生理的配慮」つまり「座への配慮」の話が出てきましたね。いよいよ[　]が埋まります。

「座への配慮＝圧迫をやわらげる努力」は**「古くから」**行われてきた、と「時期」への言及が出てきました。続く説明を読むと、ここでいう「古くから」は**「エジプト」「ギリシャ」「古代」「中世」**のことだとわかります。でも、僕たちがいま探しているのは**「背の後傾と同じ時期に成立した座の配慮」**ですよね。つまり「一七世紀」に成立した配慮です。だから[　]は違います。

古代（エジプト・ギリシャ）
中世
↓
一七世紀 … 〔　　　〕

座に曲面を与える
クッションを使う

○「ズレ」のひっかけ

選択肢のひっかけに「ズレの選択肢」というのがあります。「本文に書いていないことで×を作る」のではなくて、「本文に書いてあることで×を作る」選択肢です。**問われていることとは違うんだけれど、本文には書いてある。だから〝ひっかかる〟。**ここなんて、まさに「ズレのひっかけ」に使えるところです。

傍線部の直後に「古代・中世」の説明がされている。でも、答えは「一七世紀」のことだから〔　〕は違う。「古代・中世」の説明を選択肢にすれば、傍線部のすぐ後ろだから、時代を意識せずに読んでいる人はすぐにひっかかる。きちんと読んでいるかどうかを問える最高の〝ひっかけ〟です。

★ ズレの選択肢（＝本文中に書いてあるけれど×）に注意！

だから、この傍線部の直後の部分を読みながら、「ここは、絶対に〈ズレのひっかけ〉に使われるな」と予測して読んでほしいんです。そう〈思考〉できれば、ひっかけにひっかからなくなるし、選ぶスピードも格段にアップします。

さあ、こう読んでくれれば、次の第5段落の冒頭の表現に反応できるはずです。

別々に作られ、使うときに一緒にされていた椅子とクッションが一六世紀から一七世紀にかけてひとつになりはじめた。この結びつけの技術は一七世紀のあいだに著しく発達する。

クッションを単に「使っていた」というだけでは「一七世紀」ではない。「クッションが椅子と『一体化した＝結びつけた』のが『一七世紀』」だというわけです。

さあ、これでポイントはバッチリ読み取れました。まとめると次のようになります。

ポイントのまとめ

◎椅子の「生理的（身体への）配慮」について

1　上体の筋肉を常に緊張させているのが苦痛　→　背の後傾という配慮

2　座が硬いのが苦痛　→　古代・中世　座を曲面にする／クッションの使用
　　　　　　　　　　　←　一七世紀　椅子とクッションを一体化

最後に筆者は、「椅子の近代化は形態からではなく、装飾の消去からでもなく、身体への配慮、あらたに見出された快楽を志向する身体による椅子の再構成からはじまった」と述べて本文を終えています。「近代化」という論点について知識があって、この表現に「なるほど」と反応できる人は、ここも押さえておくといいでしょう。では、いままとめたポイントを意識しつつ、設問を解いていきましょう。

問2

傍線部の説明問題です。ポイントは、

★椅子の身体的配慮 ＝「背の後傾」と「椅子とクッションの一体化」
成立したのは「一七世紀」
↓単に、クッションを「使う」というだけではダメ！〈ズレのひっかけ〉に注意！

この点に注意しながら選択肢を見ていきましょう。

まず、すべての選択肢が、前半は「背の後傾」の説明になっていました。内容もすべて○です。

ということは、勝負は選択肢の後半、「座の配慮」の説明部分ということになります。

正解は②。

② ……とほとんど同じ時期に、椅子と一体化したクッションを用いて背や座面から受ける圧迫をやわらげる配慮も現れたということ。

ポイントがバッチリ説明できていますね。

他の選択肢を見ていきましょう。①・④・⑤は、すべて〈ズレのひっかけ〉をしているのに気づいてください。予想した通りの選択肢ですね。

> ①……とほとんど同じ時期に、椅子にキャスターを付けて可動式とし、×身体障害者や病人の移動を容易にするための配慮も現れたということ。
>
> ④……とほとんど同じ時期に、エジプトやギリシャにおいてクッションを用いることで×椅子の硬さを低減させる配慮も現れたということ。
>
> ⑤……とほとんど同じ時期に、それ自体が可動式の家具のようにさえなったクッションを用いて×椅子の硬さを緩和する配慮も現れたということ。

①は「椅子にキャスターを付けて可動式とし」が×、④は「エジプトやギリシャ」が×、⑤は「（クッションが）可動式の家具のようにさえなった」が×です。いずれも「古代・中世」の説明ですね。**THEME 2**でもう一度詳しく解説しますが、こんなふうに「本文に書いてあること」で×の選択肢を作るということを知ってください。

さあ、あとは残った③です。みなさんは、この選択肢のひっかけに気がつきましたか？

> ③……とほとんど同じ時期に、後傾した椅子の背にクッションを取り付けることによって×体重による圧迫を軽減する配慮も現れたということ。

実はこの選択肢、「背」の説明しかしていないんです。僕らはいま、「座と背」の〈並立〉の説明をしようとしています。選択肢の前半は「背の後傾」の説明でした。ということは、後半は「座への配慮＝クッションが一体化した」という説明をしないといけません。それなのにこの選択肢は「背に／クッションを取り付ける」と言っています。ですから×ですね。

さらにいえば、「取り付ける」の部分も×です。正解は「一体化」でないとダメですね。

解答 **問2** ②

漢字は解答を示しておきます。(ウ)「誇示」は頻出です。別冊のドリルも利用しながらコツコツ覚えていってください。

解答 **問1** **(ア)**＝② **(イ)**＝① **(ウ)**＝③ **(エ)**＝④

以上で解説はおしまい。初回なので結構いろんな角度からポイントを話しましたから、次の問題に行く前にかならず復習してください。

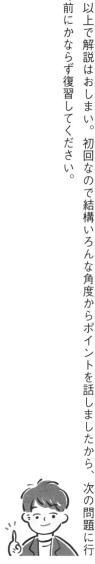

では、次の〈読〉の技法を講義していきましょう。まずは問題を解いてみてください。

決める！ KIMERU SERIES

過去問にチャレンジ 例題1-2

目標解答時間 4分

次の文章を読んで、後の問いに答えよ。

1 私たちは昼と夜をまったく別の空間として体験する。とくに夜の闇のなかにいると、空間のなかに闇が溶けているのではなく、逆に闇そのものが空間を形成しているのではないかと思えてくる。闇と空間は一体となって私たちにはたらきかける。(注)ミンコフスキーは、夜の闇を昼の「明るい空間」に対立させたうえで、その積極的な価値に注目する。

……夜は死せるなにものかでもない。ただそれはそれに固有の生命をもっている。夜に於ても、私は梟の鳴き声や仲間の呼び声を聞いたり、はるか遠くに微かな光が尾をひくのを認めたりすることがある。しかしこれらすべての印象は、明るい空間が形成するのとは全然異なった基盤の上に、繰り広げられるであろう。この基盤は、生ける自我と一種特別な関係にあり、明るい空間の場合とはまったく異なった仕方で、自我に与えられるであろう。

2 明るい空間のなかでは、私たちは視覚によってものをとらえることができる。私たちとものとのあいだ、私たちと空間のあいだを距離がへだてている。距離は物差で測定できる量的なもので、この距離を媒介にして、私たちは空間と間接的な関係を結ぶ。私たちと空間のあいだを「距離」がへだてているため、空間が私たちに直接触れることはない。

3 一方、A闇は「明るい空間」とはまったく別の方法で私たちにはたらきかける。明るい空間のなかでは視覚が優先し、その結果、他の身体感覚が抑制される。ところが闇のなかでは、視覚にかわって、明るい空間のなかで抑制されていた身体感覚がよびさまされ、その身体感覚による空間把握が活発化する。私たちの身体は空間に直接触れ合い、空間が私たちの身体に浸透するように感じられる。空間と私たちはひとつに溶けあう。それは「物質的」で、「手触り」のあるものだ。明るい空間はよそよそしいが、暗い空間はなれなれしい。恋人たちの愛のささやきは、明るい空間よりも暗い空間のなかでこそふさわしい。

4 闇のなかでは、私たちと空間はある共通の雰囲気に参与している。私たちを支配するのは、ミンコフスキーが指摘するように、あらゆる方向から私たちを包みこむ「深さ」の次元である。それは気配に満ち、神秘性を帯びている。

5 「深さ」は私たちの前にあるのではない。私たちのまわりにあって、私たちを包みこむ。しかも私たちの五感全体をつらぬき、身体全体に浸透する共感覚的な体験である。

（狩野敏次（かのうとしつぐ）「住居空間の心身論――『奥』の日本文化」による。ただし、本文の一部を改変した）

（注）ミンコフスキー――フランスで活躍した精神科医・哲学者（一八八五～一九七二）。引用は『生きられる時間』による。

問　傍線部Ａ「闇は『明るい空間』とはまったく別の方法で私たちにはたらきかける」とあるが、そのはたらきかけは私たちにどのような状況をもたらすか。その説明として最も適当なものを、次の①～⑤のうちから一つ選べ。

① 視覚的な距離によってへだてられていた私たちの身体と空間とが親密な関係になり、ある共通の雰囲気にともに参与させられる。

② 物差で測定できる量的な距離で空間を視覚化する能力が奪われ、私たちの身体全体に浸透する共感覚的な体験も抑制させられる。

③ 距離を媒介として結ばれていた私たちの身体と空間との関係が変容し、もっぱら視覚的な効果によって私たちを包み込む深さを認識させられる。

④ 視覚ではなく身体感覚で距離がとらえられ、その結果として、空間と間接的な関係を結ぶ私たちの感覚が活性化させられる。

⑤ 視覚のもつ距離の感覚がいっそう鋭敏になり、私たちの身体と空間とが直接触れ合い、ひとつに溶け合うように感じさせられる。

〝強弱をつけて〟読む

例題1・1と同様、この問題も「答えが正解したかどうか」は重要ではありません。共通テストの問2の問題なんて、本番ではほとんどの人が正解します。だから大事なことは「正答したかどうか」ではない。

ここで確認したいのは、みなさんが「本文をどう読んだか」です。なぜなら、**この部分の本文の読み方によって、共通テスト全体で時間が足りなくなるかどうかが決まる**からです。

どういうことか?

たとえば、みなさんは6行目からの「引用文」をどう読みましたか? 思いきりスピードアップして「超速」で読めたでしょうか?

え? 「問題文のはじめだし、丁寧に読んだ」って?

実はそこがポイントなんです。その読み方じゃあ、いつまでたっても時間内に解き終わりません。**共通テストの国語はスピード勝負、ましてや第3問が増えて以降はなおさらです。**「でも、答えは合っていた」って? でもね、**「いまの読み方のままでも、いつかはスピードアップできる」というのは幻想です。読み方自体を変えていかないといけない。**それをしないから、いつまで経っても速く読めるようにならないんです。

いいですか。本文の一言一句を丁寧に解説されて、わかった気になっている受験生は多い。共通テストの過去問題集の〝分厚い解説〟がそれを物語っています。でもね、丁寧すぎる読み方では本番で間に合いません。**共通テストは分量が多い。大問数も増えた。これに対応できる読み方をしないといけない。**かつては小説や漢文の負担が軽かったから、そこで時間を調節することもできた。でも、いまは小説の方が苦手だという人も多い時代です。評論を「速く確実に」読む技術を身につけておかないといけない。

もちろん、だからといって「傍線部の前後だけ読め」とか「本文は読まなくていい」とか、そんな馬鹿げたことを言いたいのではありません。そうではなくて、**現代文が得意な人は〈速く読める読み方=得意な人の思考回路〉というものを持っている。君もそれをマスターすべ**きだと言いたいんです。

では、なぜ「引用文」は〝超速〟で読めるのでしょうか。

筆者はあくまで「自分の主張」をわかってほしい。だったらなぜ、そこに「他人の意見」を引用するのでしょうか。理由としては次の2つが考えられます。

自分の主張
↓
同意見の文章を引用
↓
再び自分の主張

☆引用を自分の主張の「味方」にする!!

自分の主張
↓
対立意見の文章を引用
↓
再び自分の主張

☆引用を否定して主張を強調する!!

要は、味方か敵か。自分の主張の味方として使う（＝これを**「援用」**といいます）か、異なる意見として否定するか。「引用」はそのいずれかです。あくまで「自分の主張」のために、他人の意見を用いる。

ということは、僕らは引用文自体を丁寧に読む必要はない。**「筆者の主張」**さえわかってしまえば**引用文は〝超速〟**で読みとばしていいんです。これは重要な〈速読〉ポイントです。まとめておきましょう。

POINT

〈読〉の技法❷「引用文」

★「引用文」は、「筆者の主張」さえつかめれば〝超速〟でスピードアップ！

・「援用 or 批判対象」の、どちらかわかればＯＫ！

筆者の主張
↓
同じ意見 or 対立意見 の文章を引用
↓
再び筆者の主張

☆「**筆者の主張**」がつかめたら速読!!

では、これを意識しながら **例題1・2** を読んでいきましょう。

まずは**〈読〉の技法❶「設問を利用せよ！」**ですから、読解を始める前に傍線部をチェックします。

> A闇は「明るい空間」とはまったく別の方法で私たちにはたらきかける。

本文が「闇」と「明るい空間」の〈対比〉の文章だということがわかりましたね。では、本文を読んでいきましょう。

1 私たちは昼と夜をまったく別の空間として体験する。とくに夜の闇のなかにいると、空間のなかに闇が溶けているのではなく、逆に闇そのものが空間を形成しているのではないかと思えてくる。闇と空間は一体となって私たちにはたらきかける。ミンコフスキーは、夜の闇を昼の「明るい空間」に対立させたうえで、その積極的な価値に注目する。

予想通り、本文は「昼と夜は全く別の空間だ」という〈対比〉ではじまりましたね。そして、特に「闇」の方に注目して「闇そのものが空間を形成しているのではないかと思えてくる」と述べています。「闇が空間を形成している」。正直「?」ですよね。この表現で何が言いたいのかよくわからない。でも、直後に「ミンコフスキーは、夜の闇を昼の『明るい空間』に対立させたうえで、その積極的な価値に注目する」と出てきますね。〈引用文〉まである。「積極的な価値＝プラス評価」ですから、ミンコフスキーは「闇」をほめているということです。

ということは、もし〈引用文〉が味方なら、筆者も「闇」をプラス評価しているということだし、逆なら否定的に評価しているということです。続きを見ていきましょう。

〈引用文〉の直前に、「ミンコフスキーは、夜の闇を昼の『明るい空間』と対比させたうえで、その積極的な価値に注目する」とあります。つまり〈引用〉の前で、すでに筆者がこれから引用される文の中身を教えてくれた。**僕たちは読む前から〈引用文〉の内容がわかっている。だから丁寧に読む必要はありません。**「あぁー、きっと『闇をプラス評価』して『明るい空間をマイナス評価』するんだろうなあ〜」と思いながら、さーっと〈超速〉で読めばいいんです。

ミンコフスキーは、夜の闇を昼の「明るい空間」に対立させたうえで、その積極的な価値に注目する。

……夜は死せるなにものかでもない。ただそれはそれに固有の生命をもっている。夜に於ても、私は梟の鳴き声や仲間の呼び声を聞いたり、はるか遠くに微かな光が尾をひくのを認めたりすることがある。しかしこれらすべての印象は、明るい空間が形成するのとは全然異なった基盤の上に、繰り広げられるであろう。この基盤は、生ける自我と一種特別な関係にあり、明るい空間の場合とはまったく異なった仕方で、自我に与えられるであろう。

ほら思った通り、「夜は死んでいるものではない。固有の生命を持っている」と、「闇」をほめていますね。このくらいのことがわかればいいんです。それ以上深く読み取る必要は全くありません。

続いて〈引用文〉の後ろの文脈です。もちろん意識するのは**「筆者が〈引用文〉を味方にしているのか、否定しているのか」**です。「しかし」とか「だが」とあれば否定ですが、何の接続詞もないまま、続きの本文は筆者の意見が続いていきます。

2 明るい空間のなかでは、私たちは視覚によってものをとらえることができる。私たちとものとのあいだ、私たちと空間のあいだを距離がへだてている。距離は物差で測定できる量的なもので、この距離を媒介にして、私たちは空間と間接的な関係を結ぶ。私たちと空間のあいだを「距離」がへだてているため、空間が私たちに直接触れることはない。

3 一方、**闇は「明るい空間」とはまったく別の方法で私たちにはたらきかける。**明るい空間のなかでは視覚が優先し、その結果、他の身体感覚が抑制される。ところが闇のなかでは、視覚にかわって、明るい空間のなかで抑制されていた身体感覚がよびさまされ、その身体感覚による空間把握が活発化する。私たちの身体は空間に直接触れ合い、空間が私たちの身体に浸透するように感じられる。空間と私たちはひとつに溶けあう。それは「物質的」で、「手触り」のあるものだ。明るい空間はよそよそしいが、暗い空間はなれなれしい。恋人たちの愛のささやきは、明るい空間よりも暗い空間のなかでこそふさわしい。

筆者は「闇＝肯定的に」、逆に「明るい空間＝否定的に」述べていますね。ということは、筆者はミンコフスキーと同じ意見。ミンコフスキーの論は筆者と〈同意見〉のものとして引用されたということです。

「闇のプラス面」、それと対比される「明るい空間のマイナス面」をチェックしておきましょう。

2 明るい空間のなかでは、私たちは視覚によってものをとらえることができる。私たちとものとのあいだ、私たちと空間のあいだを距離がへだてている。距離は物差（ものさし）で測定できる量的なもので、この距離を媒介にして、私たちは空間と間接的な関係を結ぶ。私たちと空間のあいだを「距離」がへだてているため、空間が私たちに直接触れることはない。

3 一方、[A]闇は「明るい空間」とはまったく別の方法で私たちにはたらきかける。明るい空間のなかでは視覚が優先し、その結果、他の身体感覚が抑制される。ところが闇のなかでは、視覚にかわって、明るい空間のなかで抑制されていた身体感覚がよびさまされ、その身体感覚による空間把握が活発化する。私たちの身体は空間に直接触れ合い、空間が私たちの身体に浸透するように感じられる。空間と私たちはひとつに溶けあう。それは「物質的」で、「手触り」のあるものだ。明るい空間はよそよそしいが、暗い空間はなれなれしい。恋人たちの愛のささやきは、明るい空間よりも暗い空間のなかでこそふさわしい。

4 闇のなかでは、私たちと空間はある共通の雰囲気に参与している。私たちを支配するのは、ミンコフスキーが指摘するように、あらゆる方向から私たちを包みこむ「深さ」の次元である。それは気配に満ち、神秘性を帯びている。

5 「深さ」は私たちの前にあるのではない。私たちのまわりにあって、私たちを包みこむ。しかも私たちの五感全体をつらぬき、身体全体に浸透する共感覚的な体験である。

「明るい空間」の中では「視覚優先」なので「身体感覚は抑制される」。それに対して「闇」の中では「身体感覚がよびさまされる」と述べています。感覚が「抑制される」と「よびさまされる」なので、前者は「マイナス評価」、後者は「プラス評価」ですね。

それから「明るい空間」では「空間と私たちの間に距離がある」。対する「闇」の中では「直接触れ合う」「ひとつに溶けあう」「共通の雰囲気に参与（参加）している」と述べています。これも「距離がある」は「マイナス評価」、「ひとつに溶けあう」の方は「プラス評価」ですね。

また「明るい空間」は「量的」、「闇」は「物質的／手触り（＝質的）」だとも述べています。文脈から見て、筆者は「明るい空間＝量的」な方を「マイナス評価」、「闇＝物質的／手触り（＝質的）」のほうを「プラス評価」しているということでしょう。

まとめてみましょう。

ポイントのまとめ

闇の中では

身体感覚がよびさまされ、それによる空間把握が活発化する

↑

身体は空間に直接触れ溶け合う

闇＝質的

↑

私たちと空間はある共通の雰囲気に参与している

↑

深さ＝共感覚的体験

↕

明るい空間

視覚中心（↓身体感覚は抑制される）

私たちと空間を距離が隔てている

明るい空間＝量的

以上で本文の読解は終了しました。まとめを踏まえて、設問を解いていきましょう。傍線部は、いま右にまとめた〈対比〉そのままですから、これがそのまま選択肢のポイントになっているはずです。選択肢を見ていきましょう。

まず**正解は①**。まとめの内容がバッチリ説明できていますね。

① 視覚的な距離によってへだてられていた私たちの身体と空間とが親密な関係になり、ある共通の雰囲気にともに参与させられる。

他の選択肢を見ていきましょう。

② 物差で測定できる量的な距離で空間を視覚化する能力が奪われ、私たちの身体全体に浸透する共感覚的な体験も抑制させられる。

③ 距離を媒介として結ばれていた私たちの身体と空間との関係が変容し、もっぱら視覚的な効果によって私たちを包み込む深さを認識させられる。

④ 視覚ではなく身体感覚で距離がとらえられ、その結果として、空間と間接的な関係を結ぶ私たちの感覚が活性化させられる。

⑤ 視覚のもつ距離の感覚がいっそう鋭敏になり、私たちの身体と空間とが直接触れ合い、ひとつに溶け合うように感じさせられる。

②は、まず前半の「……能力が奪われ」という否定的表現が×。傍線部の主語は「闇は」ですから、肯定的な内容にならないといけません。さらに後半の「私たちの身体全体に浸透する共感覚的な体験も

抑制させられる」は本文と正反対なので×です。

③は、後半の「もっぱら視覚的な効果によって」が×。②でも述べたように、ここで説明しているのは「闇」の説明です。「視覚的効果」は「明るい空間」の特徴ですから×ですね。

同様に、④は後半の「空間と間接的な関係を結ぶ」が、⑤は前半の「視覚のもつ距離の感覚がいっそう鋭敏になり」が×です。いずれも「明るい空間」の説明ですね。

以上より、**正解は①**になります。

解答 **問** ①

以上で解説はおしまい。しっかり復習して〈読〉の技法❶・❷を意識化してください。

では、次の〈読〉の技法について講義していきましょう。まずは問題を解いてください。

極める! KIMERU SERIES

過去問にチャレンジ 例題1-3

目標解答時間 5分

次の文章を読んで、後の問いに答えよ。

1 フロイト(注1)によれば、人間の自己愛は過去に三度ほど大きな痛手をこうむったことがあるという。一度目は、コペルニクスの地動説によって地球が天体宇宙の中心から追放されたときに、二度目は、ダーウィンの進化論によって人類が動物世界の中心から追放されたときに、そして三度目は、フロイト自身の無意識の発見によって自己意識が人間の心的世界の中心から追放されたときに。

2 しかしながら実は、人間の自己愛には、すくなくとももうひとつ、フロイトが語らなかった傷が秘められている。だが、それがどのような傷であるかを語るためには、ここでいささか回り道をして、まずは「ヴェニスの商人」(注2)について語らなければならない。

3 ヴェニスの商人――それは、人類の歴史の中で「ノアの洪水以前」(注3)から存在していた商業資本主義の体現者のことである。海をはるかへだてた中国やインドやペルシャまで航海をして絹やコショウや絨毯(じゅうたん)を安く買い、ヨーロッパに持ちかえって高く売りさばく。遠隔地とヨーロッパとのあいだに存在する価格の差異が、莫大(ばくだい)な利潤としてかれの手元に残ることになる。すなわち、ヴェニスの商人が体現している商業資本主義とは、地理的に離れたふたつの国のあいだの価格の差異を媒介して利潤を生み出す方法である。そこでは、利潤は差異から生まれている。

4 だが、A経済学という学問は、まさに、このヴェニスの商人を抹殺することから出発した。

> 年々の労働こそ、いずれの国においても、年々の生活のために消費されるあらゆる必需品と有用な物資を本源的に供給する基金であり、この必需品と有用な物資は、つねに国民の労働の直接の生産物であるか、またはそれと交換に他の国から輸入したものである。

5 『国富論』の冒頭にあるこのアダム・スミスの言葉は、一国の富の増大のためには外国貿易からの利潤を貨幣のかたちで(ア)チクセキしなければならないとする、重商主義者に対する挑戦状にほかならない。スミスは、一国の富の真の創造者を、遠隔地との価格の差異を媒介して利潤をかせぐ商業資本的活動にではなく、勃興（ぼっこう）しつつある産業資本主義のもとで汗水たらして労働する人間に見いだしたのである。それは、経済学における「人間主義宣言」であり、これ以後、経済学は「人間」を中心として展開されることになった。

6 たとえば、リカード（注4）やマルクスは、スミスのこの人間主義宣言を、あらゆる商品の交換価値はその生産に必要な労働量によって規定されるという労働価値説として定式化した。

7 実際、リカードやマルクスの眼前で進行しつつあった産業革命は、工場制度による大量生産を可能にし、一人の労働者が生産しうる商品の価値（労働生産性）はその労働者がみずからの生活を維持していくのに必要な消費財の価値（実質賃金率）を大きく上回るようになったのである。労働者が生産するこの剰余価値——それが、かれらが見いだした産業資本主義における利潤の源泉なのであった。もちろん、この利潤は産業資本家によって搾取されてしまうものではあるが、リカードやマルクスはその源泉をあくまでも労働する主体としての人間にもとめていたのである。

（岩井克人（いわいかつひと）「資本主義と『人間』」による）

（注）1 フロイト——オーストリアの精神医学者（一八五六〜一九三九）。精神分析の創始者として知られる。
2 「ヴェニスの商人」——シェークスピアの戯曲『ヴェニスの商人』をふまえている。
3 ノアの洪水——ノアとその家族が方舟（はこぶね）に乗り大洪水の難から逃れる、『旧約聖書』に記されたエピソード。
4 リカード——アダム・スミスと並ぶイギリスの経済学者（一七七二〜一八二三）。

問1 傍線部(ア)の漢字と同じ漢字を含むものを、次の①〜⑤のうちから、一つ選べ。

(ア) チクセキ
① ゾウチクしたばかりの家
② 原文からのチクゴヤク
③ ガンチクのある言葉
④ チクバの友との再会
⑤ 農耕とボクチクの歴史

問2　傍線部A「経済学という学問は、まさに、このヴェニスの商人を抹殺することから出発した」とあるが、それはどういうことか。その説明として最も適当なものを、次の①～⑤のうちから一つ選べ。

① 経済学という学問は、差異を用いて莫大な利潤を得る仕組みを暴き、そうした利潤追求の不当性を糾弾することから始まったということ。

② 経済学という学問は、差異を用いて利潤を生み出す産業資本主義の方法を排除し、重商主義に挑戦することから始まったということ。

③ 経済学という学問は、差異が利潤をもたらすという認識を退け、人間の労働を富の創出の中心に位置づけることから始まったということ。

④ 経済学という学問は、労働する個人が富を得ることを否定し、国家の富を増大させる行為を推進することから始まったということ。

⑤ 経済学という学問は、地域間の価格差を利用して利潤を得る行為を批判し、労働者の人権を擁護することから始まったということ。

決める! KIMERU SERIES 分析

解いてみてどうでしたか？〈読〉の技法❶・❷を意識して読めましたか？

「具体化」は重要な〈速読〉ポイント

今回もまずはみなさんに「当然のこと」を確認したいと思います。

★「具体例」は、筆者の主張をわかりやすくするために出される！

言われてみれば当たり前のことですよね。何のために例を出すのか。**それは、筆者は「自分の主張」を読者にわかってほしいからです**。だから「例」を挙げてわかりやすくしたり、何かに「喩え」たりして読者を説得する。たとえばこんな感じです。

オレ、いま、すごく甘いもの食べたい。 抽

↑

たとえば、シュークリームとかプリンがいいな。 具

筆者の主張は〈抽象的〉なままでは読者にはわかりにくい。右の例で言うと、単に「甘いもの」と言っ

ただけでは読者にはわからない。だって「甘いもの」の中には洋菓子だって和菓子だってあります。だから筆者は、読者にわかってもらうために「シュークリームとかプリン」と〈具体化〉したわけです。これなら食べたいもののイメージがかなり読者に伝わったはずです。

　ところが、具体例のまま終わるとまだ勘違いされる可能性がある。「シュークリームとかプリンってことは〝ケーキが食べたい〟んだな」と勘違いして、イチゴショートケーキとかロールケーキを買ってきてくれる人がいるかもしれません。でも、嬉しいけれど困る。筆者は単に「ケーキ」が食べたいのではないからです。だからよりわかりやすくするために〈抽象化〉して念押しをします。

オレ、いま、すごく甘いもの食べたい。 抽
← **たとえば、**シュークリームとかプリンがいいな。 具
← **つまり、**カスタード系のものが食べたいってことだよ。 抽

これで、伝えたいことは読者にきちんと伝わったはずです。筆者は「カスタード系の甘いものが食べたい」わけですね。（ちなみに**〈要約〉**はこんなふうに　部分をまとめるのが基本です）。

　いま挙げた例のように、評論文は「抽象↓具体↓抽象」を繰り返して〝長文化〟していきます。**〈ホネ＝主張〉を〈肉付け＝具体化〉して伸びていく。**ならばこれを〈速読〉に使わない手はありません。

〈具体例〉はあくまで「肉付け」。ということは、〈引用文〉と同様、主張さえわかれば〝超速〟で読

んでしまえばいい。極端に言えば、なくてもいいわけです。たとえば、次のような場合を考えてください。

オレ、カスタード系の甘いものが食べたい。 抽

↑

たとえば、シュークリームとか
プリンとか
ミルフィーユとか
ミルクレープとか
クレームブリュレとか…… 具

この場合、具体例に入る前から筆者の主張はわかっています。筆者は「カスタード系の甘いものが食べたい」わけです。だから続きの例が「何の例か」は既にわかっている。全部「カスタード系の甘いもの」の例です。例はいくつ挙がってもいい。一〇〇個でもいいし、一〇〇〇個でもいい。どんなに長文化しても構いません。全部「わかってるよ。カスタード系の甘いものが並んでるだけでしょ」と思いながら〝超速〟で読めばいいんです。こう考えることができれば、自信を持って〈速読〉することができます。まとめておきましょう。

POINT

〈読〉の技法③「抽象→具体」の流れ

★**「具体例」はスピードアップ！「何の例か」だけ押さえろ。**

・「例」は「主張」をわかりやすくするためにある。強弱をつけて読め！

抽象的に述べられた「筆者の主張」

←

たとえば／事実／実際

具体例

☆「筆者の主張」がつかめたら速読!!

では、これを 例題1-3 に応用してみましょう。

まず、いきなり本文を読んではいけませんよね。〈読〉の技法①「設問を利用せよ！」です。傍線部をチェックしてヒントをつかみましょう。

「俯瞰視点」を持つ

傍線部をチェックするときに、もう一つしてほしいことがあります。

★「段落頭の接続語」をチェックしながら、本文全体を大きく「俯瞰」する!

です。〈速読〉にとって「俯瞰＝上から全体を眺める」ことはとても重要です。「俯瞰視点」を持てるようになれば、読解はかなり楽になります。たとえば解いてもらった問題も、俯瞰できれば読解前にこんなふうに全体を見渡すことができます。

4 だが、経済学という学問は、まさに、このヴェニスの商人を抹殺することから出発した。
年々の労働こそ、いずれの国においても、年々の生活のために消費されるあらゆる必需品と有用な物資を本源的に供給する基金であり、この必需品と有用な物資は、つねに国民の労働の直接の生産物であるか、またはそれと交換に他の国から輸入したものである。

5 『国富論』の冒頭にあるこのアダム・スミスの言葉は、一国の富の増大のためには外国貿易からの利潤を貨幣のかたちでチクセキしなければならないとする、重商主義者に対する挑戦状にほかならない。スミスは、一国の富の真の創造者を、遠隔地との価格の差異を媒介して利潤をかせぐ商業資本的活動にではなく、勃興（ぼっこう）しつつある産業資本主義のもとで汗水たらして労働する人間に見いだしたのである。それは、経済学における「人間主義宣言」であり、これ以後、経済学は「人間」を中心として展開されることになった。

6 **たとえば、**リカードやマルクスは、スミスのこの人間主義宣言を、あらゆる商品の交換価値はその生産に必要な労働量によって規定されるという労働価値説として定式化した。

7 **実際、**リカードやマルクスの眼前で進行しつつあった産業革命は、工場制度による大量生産を可能にし、一人の労働者が生産しうる商品の価値（労働生産性）はその労働者がみずからの生活を維持していくのに必要な消費財の価値（実質賃金率）を大きく上回るようになったのである。労働者が生産するこの剰余価値――それが、かれらが見いだした産業資本主義における利潤の源泉なのであった。もちろん、この利潤は産業資本家によって搾取されてしまうものではあるが、リカードやマルクスはその源泉をあくまでも労働する主体としての人間にもとめていたのである。

まず、傍線部は「経済学という学問」と「ヴェニスの商人」の〈対比〉です。

次に「段落頭の接続語」をチェックしながら全体を俯瞰していくと、「あ、引用文があるな」「6 7段落は『たとえば』と『実際』だから、どちらも具体例だな」と気がつきます。

「引用文」は〈読〉の技法❷**で学んだように〈速読〉、さらに「具体例」も今回教えた**〈読〉の技法❸**で〈速読〉**。どちらも読み流せる。つまり、右に《で示した部分は、〈超速〉で読めるということです。逆に言えば**「丁寧に読むところ」は〝次の図〟の部分しか残っていない。**

4 だが、A**経済学という学問**は、まさに、この**ヴェニスの商人**を抹殺することから出発した。

5 『国富論』の冒頭にあるこのアダム・スミスの言葉は、一国の富の増大のためには外国貿易からの利潤を貨幣のかたちで(ア)チクセキしなければならないとする、重商主義者に対する挑戦状にほかならない。スミスは、一国の富の真の創造者を、遠隔地との価格の差異を媒介して利潤をかせぐ商業資本的活動にではなく、勃興（ぼっこう）しつつある産業資本主義のもとで汗水たらして労働する人間に見いだしたのである。それは、経済学における「人間主義宣言」であり、これ以後、経済学は「人間」を中心として展開されることになった。

6 たとえば、

7 実際、

どうでしょう？　苦手な人にとってはちょっと〝衝撃〟かもしれませんが、現代文が得意な人はこんなふうに本文を〝強弱はつけて〟要領よく読んでいる。**その分、時間に余裕ができるから、大事なところはじっくりと読める。**だから短時間でも「速く、確実に」読み解けるわけです。

（もちろん、時間がたっぷりあるなら全部丁寧に読んでもいいんです。だから大学に入ってから課題を読む時には、じっくり丁寧に読めばいい。引用文も具体例も大切な研究対象です。ただし〝強弱はつけて〟ね。でもいまは時間制限のある入試対策だということをお忘れなく！）

入試問題の「ディレンマ」と戦う

本書で何度も繰り返していますが、共通テストは非常に時間制約が厳しいテストです。**「素早く解かなくてはならない。それなのに高得点を要求される」そんな相反する要求に板ばさみの状態です。**これは簡単には克服できない。

でも、僕はそれを嘆いているわけではありません。

みなさんが現実社会に出た時に、短時間で高精度のものを要求されることなんてたくさんあります。理不尽なこともたくさんある。それを批判してもはじまらない。打ち勝っていくしかないんです。

受験生にとっての入試は「選抜テスト」です。選ぶ（＝落とす）ためのテストなんですから、無理な要求なんてされて当然。だから文句を言っても仕方ないんです。

僕がみなさんに言いたいのは、こういう「ディレンマ」や「理不尽さ」にやられてしまうのではなくて、**それを乗り越えていくために〝知恵〟を使いなさい、ということです。勝っていくしかない。**

試験時間が短かかろうが「できるやつはできる」。じゃあ、できるやつと自分はどこが違うのか。どこかが違う。ならばそれをじっと観察して、自分のものにしていくしかない。そういう「生き抜く力」をつけていって欲しいんです。そのために入試ほどいいものはありません。夢が、人生がかかっているんだから必死です。頭をフル回転して、学びに学んでほしい。その力は、必ず将来役に立ちます。

では、先の〈俯瞰〉を踏まえて本文を見ていきましょう。

1 フロイトによれば、人間の自己愛は過去に三度ほど大きな痛手をこうむったことがあるという。一度目は、コペルニクスの地動説によって地球が天体宇宙の中心から追放されたときに、二度目は、ダーウィンの進化論によって人類が動物世界の中心から追放されたときに、そして三度目は、フロイト自身の無意識の発見によって自己意識が人間の心的世界の中心から追放されたときに。

2 しかしながら実は、**人間の自己愛には、すくなくとももうひとつ、フロイトが語らなかった傷が秘められている。だが、それがどのような傷であるかを語るためには、ここでいささか回り道をして、まずは「ヴェニスの商人」について語らなければならない。**

第1・2段落は「フロイトの意見と筆者の主張の〈対比〉」になっています。「人間の自己愛（＝人間が「人間ってすごいんだ」と自分で思う気持ち）」について、フロイトは「かつて3度傷ついたことがある」と述べている。しかし、筆者は「実はもう1回あるんだよ」と言います。そしてその4つ目を語るためには「『ヴェニスの商人』について語らねばならない」と述べています。まとめるとこんな感じです。

ポイントのまとめ

◎「人間の自己愛」について

フロイト
過去に3度傷ついたことがある

⇕

筆者
もうひとつある！
←
それを語るためには「ヴェニスの商人」について語らねばならない！

次の第3段落では、その「ヴェニスの商人」について詳しく説明されています。

○「段落」には〈時短〉ポイントがある！

ここで新しい〈時短〉ポイントです。みなさんは「段落の基本構成」を習ったことがありますか？

POINT

〈読〉の技法④「段落」の構成

★段落は「1パラグラフ＝1アイデア」が基本構成。うまく利用してスピードアップを図れ！

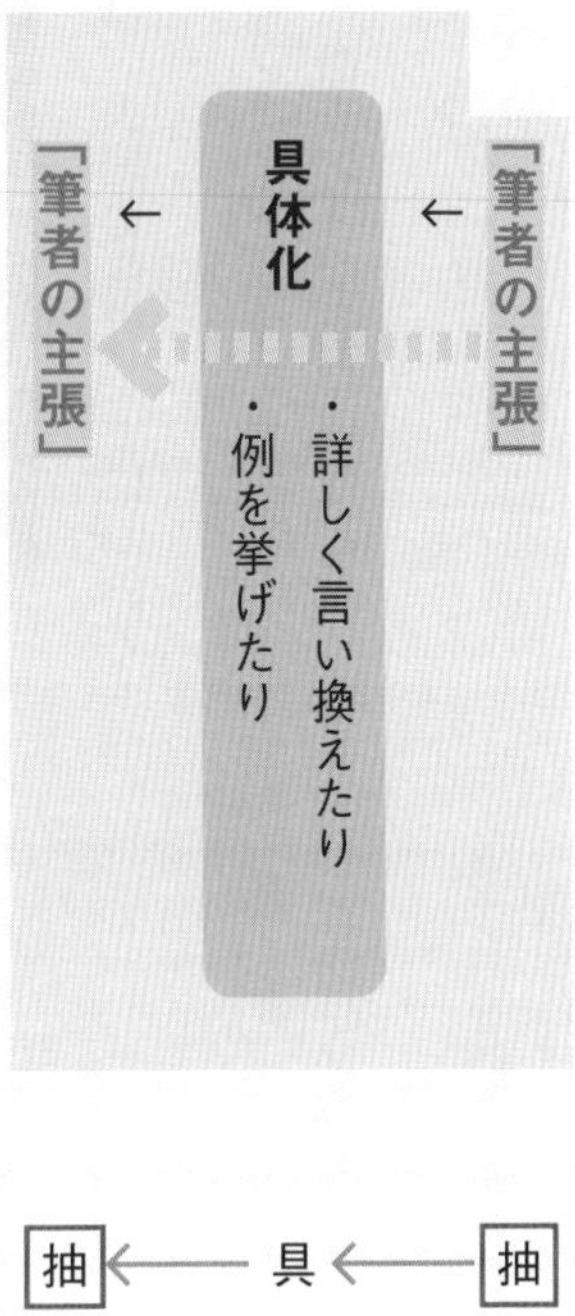

「1パラグラフ＝1アイデア（ワンパラグラフ・ワンアイデア）」と言って、「一つの段落は一つのいいたいこと」というのが段落の基本構成です。「英語で聞いたことあるよ」っていう人、そうそう、それです。もともと段落という概念がなかった日本語は、英語の影響を受けながらいまの散文の形式を作ってきました。だから、随筆などの例外はあるとはいえ、論理的な文章では基本的にこうなります。段落で「いいたいことが一つ」だということは、つまり「段落が大きくなっても同じことを言い換えているだけだ」ということ。そう考えられることは〈速読〉の大きなポイントになります。

これを、第3段落に当てはめてみましょう。

3 **ヴェニスの商人――それは、**人類の歴史の中で「ノアの洪水以前」から存在していた**商業資本主義の体現者のことである。**海をはるかへだてた中国やインドやペルシャまで航海をして絹やコショウや絨毯（じゅうたん）を安く買い、ヨーロッパに持ちかえって高く売りさばく。遠隔地とヨーロッパとのあいだに存在する価格の差異が、莫大（ばくだい）な利潤としてかれの手元に残ることになる。すなわち、**ヴェニスの商人が体現している商業資本主義とは、地理的に離れたふたつの国のあいだの価格の差異を媒介して利潤を生み出す方法である。そこでは、利潤は差異から生まれている。**

抽←具←抽

はじめに「ヴェニスの商人は、商業資本主義の体現者だ」と述べます。次に、それをわかりやすくするために「中国で安く買ったものをヨーロッパに持って帰って高く売って利潤を得る」と具体化します。

最後に「すなわち」でまとめて、「商業資本主義とはふたつの離れた国の価格の差異を媒介して利潤を生み出す方法だ」と言います。ほら、同じことを言い換えた「抽象↓具体↓抽象」の展開ですね。まとめておきましょう。

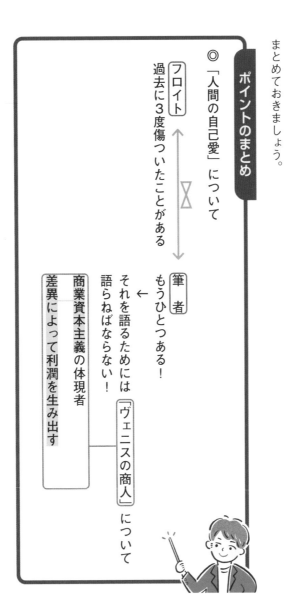

ポイントのまとめ

◎「人間の自己愛」について

フロイト
過去に3度傷ついたことがある

↕

筆者
もうひとつある！

←

それを語るためには「ヴェニスの商人」について語らねばならない！

商業資本主義の体現者
差異によって利潤を生み出す

では、続きの段落を見ていきましょう。

4 だが、A経済学という学問は、まさに、このヴェニスの商人を抹殺することから出発した。

年々の労働こそ、いずれの国においても、年々の生活のために消費されるあらゆる必需品と有用な物資を本源的に供給する基金であり、この必需品と有用な物資は、つねに国民の労働の直接の生産物であるか、またはそれと交換に他の国から輸入したものである。

5『国富論』の冒頭にあるこのアダム・スミスの言葉は、一国の富の増大のためには外国貿易からの利潤を貨幣のかたちで(ア)チクセキしなければならないとする、重商主義者に対する挑戦状にほかならない。スミスは、一国の富の真の創造者を、遠隔地との価格の差異を媒介して利潤をかせぐ商業資本的活動にではなく、勃興（ぼっこう）しつつある産業資本主義のもとで汗水たらして労働する人間に見いだしたのである。それは、経済学における「人間主義宣言」であり、これ以後、経済学は「人間」を中心として展開されることになった。

第4段落は、傍線部以外は「引用」です。ということは、傍線部だけがつかめていればOKです。

次に第5段落。**冒頭に何の接続詞もないので、引用の前と同様、□↔□という話が続いているな、と予想します。**

「アダム・スミス（の言葉）」と出てきますね。アダム・スミスが「経済学の父」だというのは社会で覚える超基本知識ですから、アダム・スミス＝経済学とわかります。

では、万が一、君がアダム・スミスを知らなかったらどうしよう。それでも〈対比〉はつかめます。「アダム・スミスの言葉は、重商主義者に対する挑戦状だ」とありますね。「重商主義者」は「一国の富の増大のために外国貿易で利益を蓄積をしよう」とする存在ですから、「ヴェニスの商人＝商業資本主義」

のことです。それに挑戦するのが「アダム・スミス」ですから、そう考えても［アダム・スミス］↔［重商主義者］という対比はつかめます。

では、その「アダム・スミス」は外国との貿易ではなく、どうやって富が得られると考えたのでしょうか。「スミスは、一国の富の真の創造者を、……勃興しつつある産業資本主義のもとで汗水たらして労働する人間に見いだした」とありますから、「人間の労働」が「富を生み出す」と考えた、ということですね。まとめましょう。

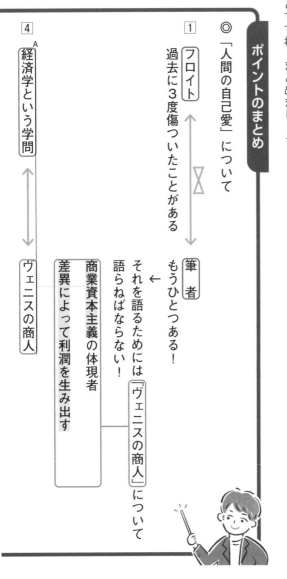

ポイントのまとめ

◎「人間の自己愛」について

1 ［フロイト］ ↔ ［筆者］

過去に3度傷ついたことがある ／ もうひとつある！

← それを語るためには［「ヴェニスの商人」］について語らねばならない！

- 商業資本主義の体現者
- 差異によって利潤を生み出す

4 ［経済学という学問］[A] ↔ ［ヴェニスの商人］

アダムスミスの『国富論』［引用］

5
アダム・スミス ⟷ 重商主義者
汗水たらして働く人間の労働で利潤を得る ⟷ 外国貿易（価格の差異）から利潤を得る

6 たとえば
7 実際

最後の第6・7段落は［　　］の〈具体化〉ですから、「利潤を生み出すのは『差異』じゃなくて『人間の労働だ』」という論点が繰り返されているだけだと考えられます。〈速読〉して、ぱぱっと確認すればOK。案の定、第6段落では「商品の価値は労働量が決める」と言ってますし、第7段落では「労働者が作る価値が資本主義の利潤の源泉」と述べていました。

以上で本文は終わり。バッチリポイントはつかめましたね。問題を解いていくことにしましょう。

傍線部は「経済学」と「ヴェニスの商人」の〈対比〉ですから、右にまとめた**ポイントのまとめ**の図式が整理できていれば、答えは決まります。

いま改めて図式を見て、「ずいぶん少ないポイントで解けるんだなあ。問題文をこんなにカットして大丈夫なのかなぁ」と思った人。

★ 共通テストは「レントゲン・テスト」。「肉付け」をカットして「ホネ」を残せば答えは出る！

ということを覚えておいてください。この本で教えたことをしっかり身につけた上で、過去問題で練習していけば、僕の言っている意味がよーくわかるようになるはずです。

では、選択肢を吟味していきましょう。

まず**正解は③**。**ポイントのまとめ**の内容がバッチリ説明できています。

> ③ 経済学という学問は、差異が利潤をもたらすという認識を退け、人間の労働を富の創出の中心に位置づけることから始まったということ。

経済学が否定したのは「差異が利潤を生み出す」という考え方なので前半は○。そして「人間の汗水たらした労働が利潤の源泉だ」と述べているので、後半も○です。

他の選択肢を見ていきましょう。

> ① 経済学という学問は、差異を用いて莫大な利潤を得る仕組みを暴き、そうした利潤追求の不当性を糾弾することから始まったということ。

②　経済学という学問は、差異を用いて利潤を生み出す産業資本主義の方法を排除し、重商主義に挑戦することから始まったということ。×
④　経済学という学問は、労働する個人が富を得ることを否定し、国家の富を増大させる行為を推進することから始まったということ。×
⑤　経済学という学問は、地域間の価格差を利用して利潤を得る行為を批判し、労働者の人権を擁護することから始まったということ。×

①について。②③と比較すればわかりますが、①の選択肢が他と違うのは「莫大な利潤を得る仕組みを暴いた」という点。本文では「莫大な」というような「量」の問題ではなく、「汗水たらして働くことによって」か「差異によって」かという「利潤の得方」を問題にしているので×。

②は、前半の「差異を用いて利潤を生み出す産業資本主義」が×。差異から利潤を生み出すのは「商業資本主義」であって「産業資本主義」ではない。

④は、「個人が富を得るのを否定した」が×。「個人」かどうかという問題ではありませんね。

⑤は、「経済学は労働者の人権を擁護することから始まった」が×。人権うんぬんとは本文では全く述べられていません。以上より、正解は③になります。

問1の漢字は「蓄積」で「①増築、②逐語訳、③含蓄、④竹馬、⑤牧畜」ですから、答えは③。コツコツ覚えていってください。

解答 問1 ③　問2 ③

以上で解説はおしまいです。例題1-1から例題1-3の3つの問題で、**〈読〉の技法**について講義してきました。みなさんが、試験会場でできるだけ効率よく文章を読んでいくためのテクニックをまとめて講義したつもりです。すぐに使えるようにはならないかもしれませんが、焦らずコツコツ練習していってほしいと思います。

THEME 2 共通テスト評論〈解〉の技法

複雑な選択肢を「速く解く」ためのテクニック

ここで固める!

THEME 1では、共通テストの評論文を「速く読む」ためのテクニックを講義した。ここでは、その「読解法」をベースに、問題を「速く、確実に解く」ためのテクニックを学んでいく。

POINT

〈解〉の技法 傍線部問題「速解」のポイント

★傍線部の説明＝「傍線部自体の分析」がカギ！

1 まずは「傍線部自体」をチェック

❶ S→V

❷ 〈3つのポイント〉をチェック！ 指・接・語句

2 探すポイントを明確にした上で、前後へ！

○「戦略」を立てる

僕はよく講義で、「戦略」を持つことが大切だと言うんです。要は、戦う前に「作戦」を立てられないといけない、ということです。

たとえば、ゲーセンにある、銃を持って敵と戦うあのゲームをイメージしてみてください。

いま、みなさんが銃を持って敵を追跡しているとします。ドアの向こうには敵が隠れている。今からドアを突き破って部屋の中に突入していくわけですが、みなさんは「何も作戦を練らないままで」部屋の中に突入しますか？

「え～、やったことないし、部屋の中なんて見えないんだからわかんないよ」っていう人もいるでしょう。でもね、そういう人はゲームが下手です。敵を撃つどころか、すぐに自分が撃たれて終わってしまう（笑）。ところが、うまいヤツは違う。「敵はこう来るから、ここはこうやって、次にこうしたらクリアできる」とちゃーんと知っている。頭の中にきちんと「戦略」があるんですね。だから次々クリアしていけるんです。

評論文を解く時だって同じです。「戦略」がないといけない。「共通テスト評論の傍線部問題はこうなっている。だから、まずはここに注目して、次にこうして、ここを見れば選択肢は切れる！」っていう具合に「戦略」がないといけない。「戦略」がある人は高得点が取れる。さらに、動きに無駄がないから時間内に手早く解けるようにもなるので一石二鳥。その方法を学んでいくのが、この **THEME 2** の目的です。

では手始めに、まずは次の問題を解いてみてください。

きめる! KIMERU SERIES

過去問にチャレンジ

例題2-1

目標解答時間 3分

次の文章を読んで、後の問いに答えよ。

古代以来の日記文学の伝統のあるわが国は措くとして、ヨーロッパにおいては、日記の発達は商人のつける会計簿に一つの起源があるようだ。言いかえれば、自己の内面を日記に綴るということは、自己を一種の財と見なして蓄積することであり、それは一方で資本主義、他方で個人主義という、ともに近代ヨーロッパの根幹をなすとも言うべき考え方の成長をまってはじめて現実のものとなった。収集がただの趣味以上のものとして広く行われるようになるのも、おそらくはブルジョワ社会においてのことであって、Aここでも同じ原理が作動しているはずである。ただし、財の蓄積、保存とは言っても、収集や蓄財の場合に対象となるのはいつでも他の財と交換が可能な財であり（たとえば貯めたお金で家を購入する）、したがってこの保存はまだ目的のための手段という性格を多少とも残しているのにたいして、日記に記される自己の他のものに変わりうる余地はほとんどない。それゆえにこそ、日記においては手段の自己目的化が蓄財や収集にもましていっそう激しく進行するのだが。

（富永茂樹『都市の憂鬱』による）

問　傍線部A「ここでも同じ原理が作動している」とあるが、何について、どのような「原理」が「作動」していると考えられるか。最も適当なものを、次の①～⑤のうちから一つ選べ。

① 近代ヨーロッパにおいて蓄財の精神が働いているのと同じように、ブルジョワ社会においても、財の蓄積を尊ぶ資本主義の原理が働いているということ。

② 自己の内面を日記に綴る営みの背景に資本主義と個人主義の成長という原理が見られるように、趣味の域を超えた収集活動の広がりにもそのような背景があるということ。

③ 収集はただの趣味以上のものであるが、収集活動と趣味活動の双方に、ブルジョワ社会を支える資本主義と個人主義の原理が働いているということ。

④ 資本主義と個人主義という二つの原理が近代ヨーロッパの基本的な精神を形成したように、その二つの原理が同じようにブルジョワ社会を形成したということ。

⑤ 日記の発達の起源に財の蓄積という商業活動の原理があったように、収集活動が趣味以上のものとなっていくのも商業活動のためであるということ。

「傍線部が来たら前後を見ろ！」の罠(わな)

いま、この見出しを見てびっくりした人がいるでしょう？（笑）「えっ、傍線部問題って〝前後を見て解く〟んじゃないの？」って。でもね、よーく考えてみましょう。

> **傍線部Ａ「……」とあるがどういうことか。**その説明として最も適当なものを、次の①～⑤のうちから一つ選べ。

僕たちはいま、**「傍線部の説明」を求められています**。説明するのは傍線部です。「そんなのあたりまえじゃん」って思った人。そうです。当たり前なんです。だったらなぜ、「前後」が大事、と思っているんでしょう？

いったい、前後のどこを見ているんですか？　何を探そうとしているんですか？

求められているのは「傍線部の説明」です。傍線部を説明するために前後を見るんです。だったら、**まずは前後より先に「傍線部自体」をしっかり見るべき**です。そして「これを探そう」という目的を持って前後を見るべきなんです。そのことを僕は「**戦略**」**を持って解答していく**と言っているんです。

例題2-1 を解説しながら、具体的に説明していきましょう。

まずは傍線部の分析をします。84ページでまとめたポイントを意識しながら解いていきます。

★チェックするのは「SV」と「3つのポイント（指示語・接続語・語句の意味）」だ！

こんなふうにチェックします。

指	接	S	V
ここ	でも	同じ原理が	作動している

〈3つのポイント〉のうち、指示語、接続語がありますね。「同じ原理」がS、「作動している」がVです。このチェックを図式化すると、次のようになります。

読解ナビ

ⓑ ← ⓒ

ここ → ⓐ　でも　同じ原理　が働いている

まず「ここでも」なので「ここの指示内容ⓐ」と「何かⓑ」が〈並立〉されているということです。次に「同じ原理が作動している」んですから、「ⓐとⓑに同じ原理ⓒ（＝根本の理論）が働いている」

というふうに考えられます。これをまとめると**読解ナビ**の図のようになります。あとはこの「ⓐ・ⓑ・ⓒ」**を読み取れば答えが出る**、ということです。

これから僕たちは、「ⓐ・ⓑ・ⓒを探しにいこう！」と思いながら前後を見ていくことができます。**前後を見に行く「目的がはっきりしている」**。これが大事なんです。なんとなくではない。だから速い。この考え方は、共通テストだけではなく私大にも国公立二次の記述にも通用します。

では、「ⓐ・ⓑ・ⓒ」を探しに前後を見ていきましょう。

まず、傍線部を含む一文を確認すると、

> 収集がただの趣味以上のものとして広く行われるようになるのも、おそらくはブルジョワ社会においてのことであって、Aここでも同じ原理が作動しているはずである。ただし、……

となっていますね。

収集が……も……であって、ここでも……はずである。

矢印で結んだように対応していますから、これで**「指示内容ⓐ＝収集」**と確定できました。

ⓑ ← ⓒ

ⓐ**収集**でも**同じ原理**が作動している

次に、分析の範囲を「文」から「段落」に拡大してみましょう。

古代以来の日記文学の伝統のあるわが国は措くとして、ヨーロッパにおいては、**日記の発達**は商人のつける会計簿に一つの起源があるようだ。言いかえれば、**自己の内面を日記に綴るということ**は、自己を一種の財と見なして蓄積することであり、ⓑ**それ**は一方で資本主義、他方で個人主義という、ともに近代ヨーロッパの根幹をなすとも言うべき考え方の成長をまってはじめて現実のものとなった。ⓐ**収集**がただの趣味以上のものとして広く行われるようになるのも、おそらくはブルジョワ社会においてのことであって、A**ここ**でも同じ原理が作動しているはずである。ただし、……

焦る必要はありませんよ。ここは丁寧に整理していってください。

日記の発達 は……

　言い換えれば

自己の内面を日記に綴るということは、……

それは、**一方で資本主義、他方で個人主義　という近代ヨーロッパの根幹をなす考え方の成長をまって　可能になった**

「日記の発達は…」、「…を日記に綴るということは…」「それは…」と3度言い換えながら説明しています。「自分の心の中を日記に綴るという行為の発達は、［　　］の成長をまって」可能になったということですね。そのあと「収集が広く行われるようになるのも」と続きますから、**「ⓐ収集」と並立されているのは「ⓑ日記（をつけること）」だとわかります。**

> **ⓑ日記 ← ⓒ［　　］**
>
> **ⓐ収集[A]　でも　同じ原理　が作動している**

あとは「ⓒ」の「同じ原理」というのが「どんな原理なのか」がわかればいいだけですが、いま分析した「日記」の説明部分を再度よく見てみると、「…という根幹をなすとも言うべき考え方の成長をまって」可能になるとありました。そう、気がつきますね。**「根幹をなす考え方＝原理」**です。これで**「ⓒ＝資本主義と個人主義という近代ヨーロッパの根幹の考え方」だとわかりました。**

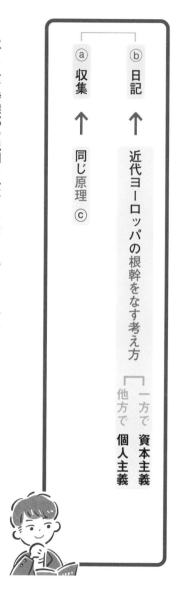

ⓑ日記 ← **近代ヨーロッパの根幹をなす考え方**「一方で **資本主義** / 他方で **個人主義**」

ⓐ収集 ← **同じ原理ⓒ**

さあ、これで傍線部の説明に必要なすべてのポイントが揃いました。バッチリ理解できましたね。「個人が自分の心の中を日記につけるという習慣の発達」にも、「収集が趣味以上のものになるため」にも、「資本主義と個人主義という近代ヨーロッパの根幹の考え方の成立が必要だった」ということです。

右の図ができあがって、ここまで理解できれば答えは選べますが、もう少し内容を説明しておきましょう。「〇〇主義」は「〇〇すげー」と考えればいいですから、「お金（資本）ってすげー。だから貯めよう」という資本主義と、「自分ってすごい」っていう考え方が両方出てきて、「日記＝自分すごい。だから貯めよう」っていう行為が発達した、ということです。

選択肢を吟味していきましょう。

まず〈並立〉されているのは「ⓐ日記」と「ⓑ収集」です。①・③・④はいずれもそこが×です。

① 近代ヨーロッパにおいて蓄財の精神が働いているのと同じように、ブルジョワ社会においても、財の蓄積を尊ぶ資本主義の原理が働いているということ。
③ 収集はただの趣味以上のものであるが、収集活動と趣味活動の双方に、ブルジョワ社会を支える資本主義と個人主義の原理が働いているということ。
④ 資本主義と個人主義という二つの原理が近代ヨーロッパの基本的な精神を形成したように、その二つの原理が同じようにブルジョワ社会を形成したということ。

〈並立〉されているものが違っていますね（ちなみに③・④は「原理」の説明は合っています）。

残る②と⑤を見ていきましょう。

② 自己の内面を日記に綴る営みの背景に資本主義と個人主義の成長という原理が見られるように、趣味の域を超えた収集活動の広がりにもそのような背景があるということ。
⑤ 日記の発達の起源に財の蓄積という商業活動の原理があったように、収集活動が趣味以上のものとなっていくのも商業活動のためであるということ。

どちらの選択肢も「日記」と「収集」の〈並立〉になっていますから「ⓐ・ⓑ」は○です。ということは「**ⓒ原理**」の説明が決め手ということになります。

この②と⑤ですが、悩んだ人も多かったのではないでしょうか。ここでみなさんに、もう一つ知っておいてほしいポイントがあります。

○「二項共存」の意識

意外と意識していない人が多いのですが、〈並立／添加〉で結ばれた2つの事項の一方が欠けていると、とんでもないことになってしまいます。卑近な例ですが、確認してみましょう。

A 彼の受験には、英語Ⓣと国語が必要だ。

↑「どういうことか」

① **彼の受験には、英語が必要だということ。**

② **彼の受験には、英語と国語が必要だということ。**

①・②ともに、述べていることは間違ってはいません。ただ、①の説明には〈並立／添加〉の一方が欠けているだけです。

確かに①は間違ってはいない。彼の受験に英語は必要です。だから×ではないとも言えます。でもよく考えてみて下さい。この説明では「国語が必要だ」ということが伝わらないんです。もし彼が国語を勉強しないまま試験に行ったら大変なことになります。**だから一方のみでは「説明として明らかに不十分」**なんです。

　まあ、先ほどあげたような簡単な例ならわかるかもしれません。でも、同じことを評論の問題でやられるとひっかかってしまう。**消去法で解いている人の弱点**です。

だから「消去法」は危ない

　僕たちがやっているように「ポイントを読み取って自分で整理する」のではなくて、本文と照らし合わせて「書いてあるか、ないか」を見る。視力検査、○×ゲームになっていて、ちっとも「読んで」いない。ＡＩのように、内容を読み取らずに〝照合〟で解いている。

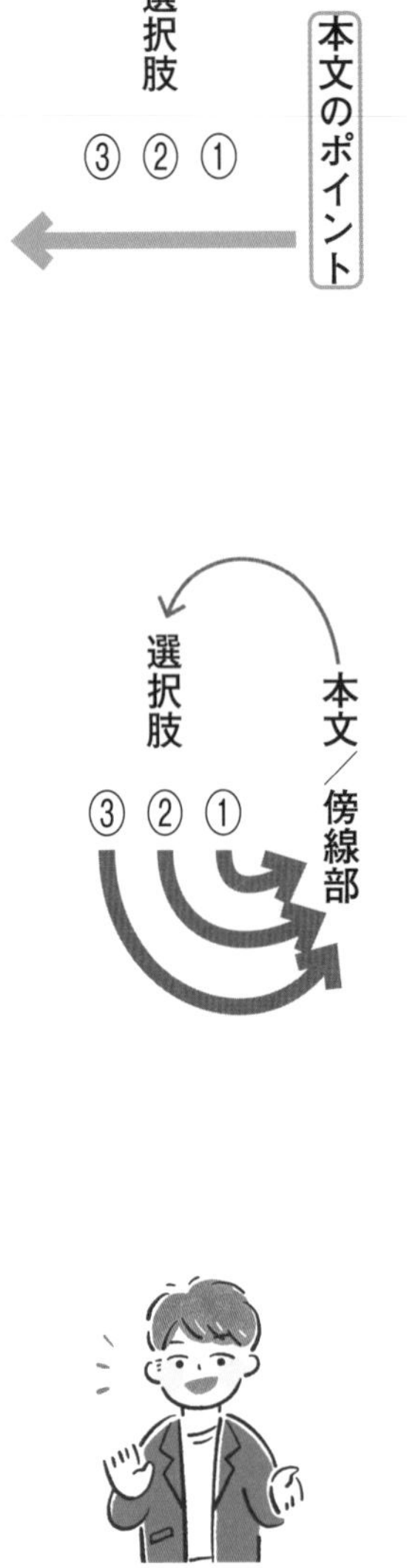

出題者は、君たちに「ＡＩ読み」をして欲しくないんです。〈読解力〉をつけてほしい。そのために

は入試の出題が大切だと思っている。〝照合〟で解いている受験生がひっかかるような出題を共通テストがすれば、高校での学びが変わっていく。

だから、正しい解き方は上のような解き方なんです。記述を書くように「積極法」で解く。本文のポイントを整理した上で選択肢を切るから**ズバッと決まる**。**だから解くのも速い**。

逆に下のような解き方は〝ひっかけ〟にひっかかる。①のような「ポイント不足」の選択肢が切れない。明確な根拠もないまま本文と選択肢を行ったり来たりするから時間もかかってしまう。いいことがありません。だから**〈書くように選ぶ〉**、これが大切なんです。

先の例も、もし記述で書いたなら、答えには「英語と国語の2つ」が必要ですよね。「一方があるからいいや」とはなりません。

同様に考えれば、例題2-1の「一方で資本主義、他方で個人主義」というのも、両方の説明が必要。両方があったから、日記や収集がはじまった、ということです。

選択肢の解説に戻りましょう。残った②や⑤の選択肢は、**〈二項共存〉**のひっかけのいい例です。

② 自己の内面を日記に綴る営みの背景に**資本主義と個人主義の成長という原理**が見られるように、趣味の域を超えた収集活動の広がりにも**そのような背景**があるということ。

⑤ **日記の発達**の起源に**財の蓄積という商業活動の原理**があったように、収集活動が趣味以上のものとなっていくのも**商業活動のため**であるということ。

「同じ原理」の説明が、②では「**資本主義と個人主義**」となっていて、きちんと両方が説明されていますが、⑤は「商業活動の原理」のみで「個人主義」の説明がありません。一方が不足です。

以上より、**正解は②**に決定します。

解答 **問** ②

繰り返しますが、答えが合っていたかどうかではありません。**傍線部問題の解き方。考え方。**何度も読み返して、それをしっかりと復習して下さい！

では、いま学んだことを意識しつつ、もう一問解いてみてください。

きめる! KIMERU SERIES

過去問にチャレンジ 例題2-2

目標解答時間 4分

次の文章を読んで、後の問いに答えよ。

デカルトが四十一歳のときに公刊した『方法序説』をよむと、ごくはじめのところで、われわれは旅というものの効用が申し分なく簡潔に指摘されている次のような一節に出会う。ただし、その効用は、よく文字を弁（わきま）え、知識として摂受し得るかぎりの知識を時代から申し受けたひとりの若々しい人間にとって、旅が用として働くときの効用である。しかもデカルトは、旅の効用を説きながらも、旅人として長く異郷に暮らすという境涯の孕んでいる危険な罠から、油断のない目を離さない。[A]旅もまた、この短い一節のうちで相対化されている。デカルトは、同時代のフランスで人々が呼びならわしているところをそのまま用いて、こういう醒めきった目をボン・サンス（良識）と称した。

だが、これまでにギリシア・ラテン語のためには、もう充分の時をついやしたと私は思っていた。このことは、古き世の書物との付き合いについても、そういう書中にみえる歴史また寓話についても、同様にいえることだった。じっさい、別の世紀の人々にしたしむのと、旅をすることとは、よく似ている。いろんな違った国民の習俗について何かを知るのは良いことだ。そうすれば、われわれ自身の習俗について、もっと公平な判断がくだせるようになるし、われわれの風とは相容れないもの、納得しかねるものをすべて見境なく滑稽な、不都合なものに思ったりもしなくなる。何らの見聞もない人々は、そういう思いこみを平気でするものだ。だが、旅にあまりに多くの時を用いすぎると、自分の国に戻ってきても異邦人になってしまう。そして、過ぎし世のことにあまりに打ち興じていると、今の世のことに対してさっぱり不案内な有様になるのはよくあることだ。（『方法序説』第一部）

（杉本秀太郎『散文の日本語』による）

問　傍線部A「旅もまた、この短い一節のうちで相対化されている。」とあるが、旅を相対化するとは、どういうことか。その説明として最も適当なものを、次の①～⑤のうちから一つ選べ。

① 旅というものを、フランス人がボン・サンス（良識）と呼びならわしている醒めきった目で見直すことによって、旅の思い出を日常の生活と等価なものとしてとらえること。

② ギリシア・ラテン語などの古い時代の書物やそこに記された歴史と付き合い、別の世紀の人々にしたしむのは、日常生活を離れて異国へ旅に出るのと同じであると考えること。

③ 自分たちの風俗・習慣と相容れないもの、納得しかねるものをすべて見境なく滑稽な、不都合なものに思ったりせず、旅先の目新しい現実をも公平に判断すること。

④ 何らの見聞もない人々は、自分たちの日常生活から逸脱したものを平気で排除してしまう傾向があるが、自分の国に戻っても異邦人にならないためにはそれもやむをえないと考えること。

⑤ 知見を広め人間を成長させるなど、旅の有する意義を認めると同時に、旅に多くの時間をついやして現実から遊離してしまう危険性についても自覚的であること。

分析

今回の問題も「戦略」を持って分析していきます。まずは傍線部をチェックしましょう。こんなふうにチェックできます。

S　指　語　V

A 旅もまた／この短い一節のうちで相対化されている

SVは「旅が相対化されている」ですね。「相対化」は超重要語。「一歩離れて冷静に見る↓ある物事のプラス面とマイナス面を両方見る」という意味ですね。「"客観視とほぼ同じ意味"でしょ」といいかげんに覚えてしまうのではなくて、「↓の後ろの意味」まできちんと押さえておいてください。

傍線部全体では、**〈3つのポイント〉**のうち**「指示語」「接続語〈並立〉」「語句の意味【相対化】」**がありますね。「旅もまた」なので、旅は何かと〈並立〉されている。そして、どちらも「相対化」されている、ということです。

さあ、ここでいま読み取ったことを組み立ててみてください。どんなふうにできましたか？「相対化」という〈語句の意味〉がきちんと理解できていた人は、次に示したように**読解ナビ**が作れたはずです。

読解ナビ

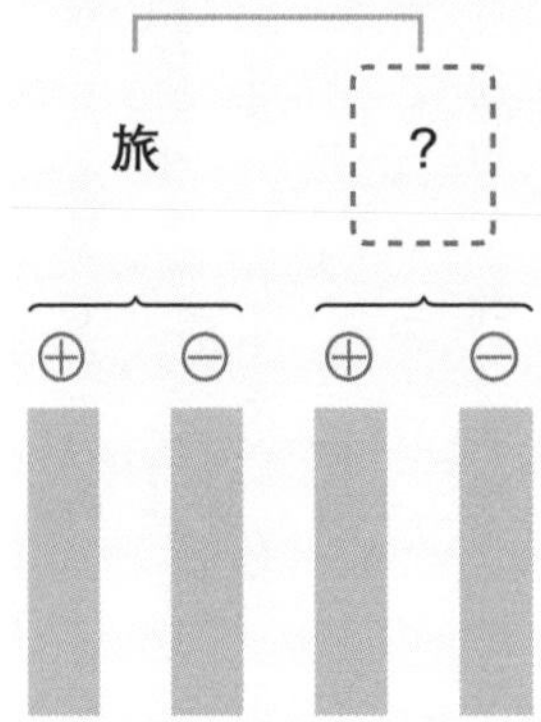

「この短い一節」

「この短い一節」のうちでは、「旅もまた（ということは他の何かと同様）」「相対化」されているわけです。「相対化」の語句の意味をきちんと押さえられていれば、右のようにまとめられます。

いいですか。**僕らはまだ本文を読んでいないんです。でもこれだけわかる。これが〝分析力〟のすごさです。**この本で何度も言っていますが、僕はみなさんにこういう力を身につけていってほしいんです。苦手な君も、絶対に戦えます。

では、本文を見ていきましょう。読むことは明確。「旅」のプラス面とマイナス面、そして「旅と並立されている何か」のプラス面とマイナス面です。

デカルトが四十一歳のときに公刊した『方法序説』をよむと、ごくはじめのところで、われわれは旅というものの効用が申し分なく簡潔に指摘されている次のような一節に出会う。ただし、その効用は、よく文字を弁え、知識として摂受し得るかぎりの知識を時代から申し受けたひとりの若々しい人間にとって、旅が用として働くときの効用である。しかもデカルトは、旅の効用を説きながらも、旅人として長く異郷に暮らすという境涯の孕んでいる危険な罠から、油断のない目を離さない。旅もまた、この短い一節のうちで相対化されている。デカルトは、同時代のフランスで人々が呼びならわしているところをそのまま用いて、こういう醒めきった目をボン・サンス（良識）と称した。

デカルトの『方法序説』を読むと、「旅の効用」が指摘されている一節に出会う、とあります。『方法序説』で「旅の効用＝プラス面」が指摘されていると言っていますから、傍線部の「この短い一節」という指示語が指しているのは『方法序説』のことだとわかります。

次に、旅の「効用」とは言っているものの、「どんな効用か」ということは、ここでは説明されていませんでしたから、続きで探していきます。逆に「旅人として長く異郷（＝外国）に暮らすという境涯の孕んでいる危険な罠」とありますから、マイナス面については説明されていました。

さあ、ここまで読んできた時点で、みなさんの理解はこんな状態に整理できていますか？

読解ナビ

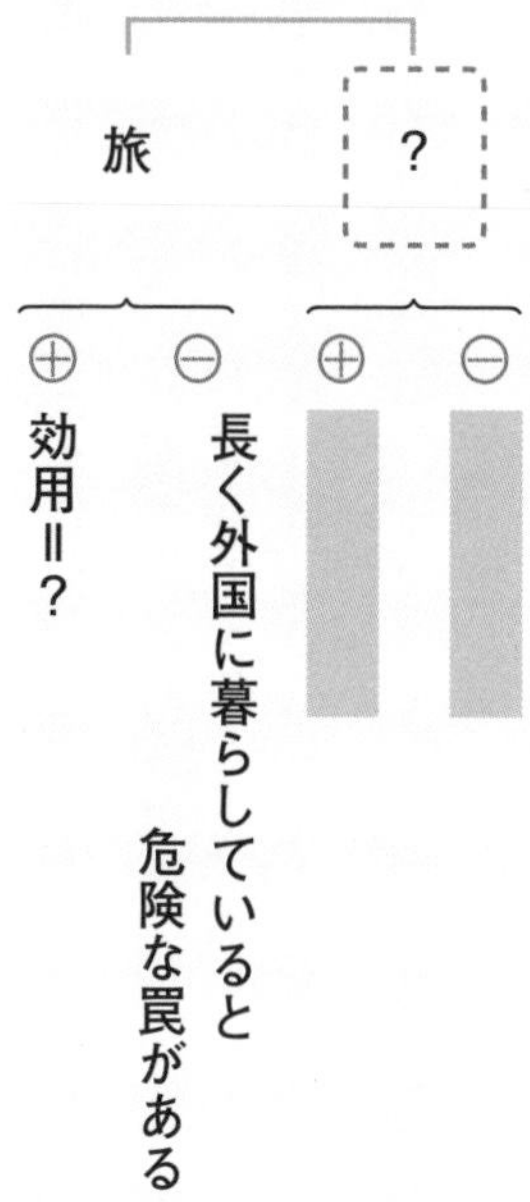

デカルト『方法序説』

本番でも、簡単にメモを取ればいいんです。慣れてしまえばむしろその方が速く解けます。コツコツ繰り返し練習していくのみです。では、残る要素を発見するために、続きの文章を見ていきましょう。続きは〈引用文〉ですね。普通なら〈読〉の技法❷「引用文」の考え方で読みますから、ここはスピードアップします。**でも今回は、この引用文自体が話題になっているし、設問になっています。**ですから、もちろん丁寧に読んでいきます。

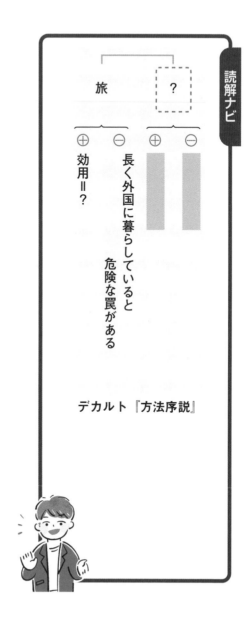

だが、これまでにギリシア・ラテン語のためには、もう充分の時をついやしたと私は思っていた。こ

のことは、古き世の書物との付き合いについても、そういう書中にみえる歴史また寓話についても、同様にいえることだった。じっさい、**別の世紀の人々にしたしむ**のと、**旅をすることとは、よく似ている。**いろんな違った国民の習俗について何かを知るのは良いことだ。そうすれば、われわれ自身の習俗について、もっと公平な判断がくだせるようになるし、われわれの風とは相容れないもの、納得しかねるものをすべて見境なく滑稽な、不都合なものに思ったりもしなくなる。何らの見聞もない人々は、そういう思いこみを平気でするものだ。だが、旅にあまりに多くの時を用いすぎると、自分の国に戻ってきても異邦人になってしまう。そして、過ぎし世のことにあまりに打ち興じていると、今の世のことに対してさっぱり不案内な有様になるのはよくあることだ。

冒頭で、私（＝デカルト）は、「ギリシア・ラテン語のためには、もう充分の時をついやした」と思っていたと言います。そして、それは「古き世の書物」や「そういう書中にみえる歴史また寓話」についても同様だと言っています。デカルトは、ギリシア・ラテン語という「古語」、それで書かれた「古い書物」、その中の「歴史また寓話」については、十分に時間をかけて学んだつもりだった、と言っているわけです。まずはそれを読み取ります。

そして次の一文、「別の世紀の人々にしたしむのと、旅をすることとは、よく似ている」。**この一文に反応できることが重要です**。だって僕らは、「旅と〈並立〉されるもの」、「旅と〈似ているもの〉」を探しているんです。ここではっきり「旅」と「別の世紀の人々にしたしむ」ことが「よく似ている」と言ってくれているんです。絶対に反応しないといけません。

続けて、「いろんな違った国民の習俗について何かを知るのは良いことだ」と出てきますね。旅に行くプラス面です。外国の習俗（＝文化）を知ると、「もっと公平な判断がくだせるようになる」、「われわれの風（＝風俗）とは相容れないもの、納得しかねるものをすべて見境なく滑稽な、不都合なものに思ったりもしなくなる」と述べています。これが旅のプラス面です。

ところが、「旅にあまりに多くの時を用いすぎると、自分の国に戻ってきても異邦人になってしまう」と述べます。あまりに長い間外国に行っていると、「異邦人（＝外国人＝その地のことに不案内な人）」になってしまう、と言っています。これが旅のマイナス面ですね。これで〈引用文〉の前で読み取っていた「危険な罠」の内容もわかりました。

以上をまとめると、次のようになります。自分のまとめと照合してみてください。

ポイントのまとめ

古語を学び、古典や歴史を学ぶこと
- ⊖ 昔のことばかりに興じていると、今のことがわからなくなる
- ⊕

旅
- ⊖ 長く外国に暮らしていると、自国のことがよくわからなくなる
- ⊕ 異文化を知り、自文化と異文化を公平に判断できるようになる

デカルト『方法序説』

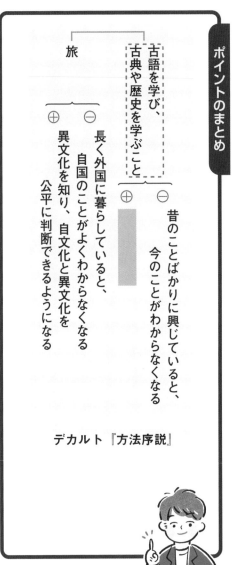

こんな感じですね。

昔のことを学ぶことのプラス面については説明されていませんでしたが、旅のプラス面から推測して考えると、「昔のことを知る↓現在と過去を公平に判断できるようになる」と考えられますね。

では、設問を解いていきましょう。まず設問の条件ですが、

> 問　傍線部A「旅もまた、この短い一節のうちで相対化されている。」とあるが、**旅を相対化するとは、どういうことか。**

です。**条件で「絞り込み」がある**ことに気づいてください。

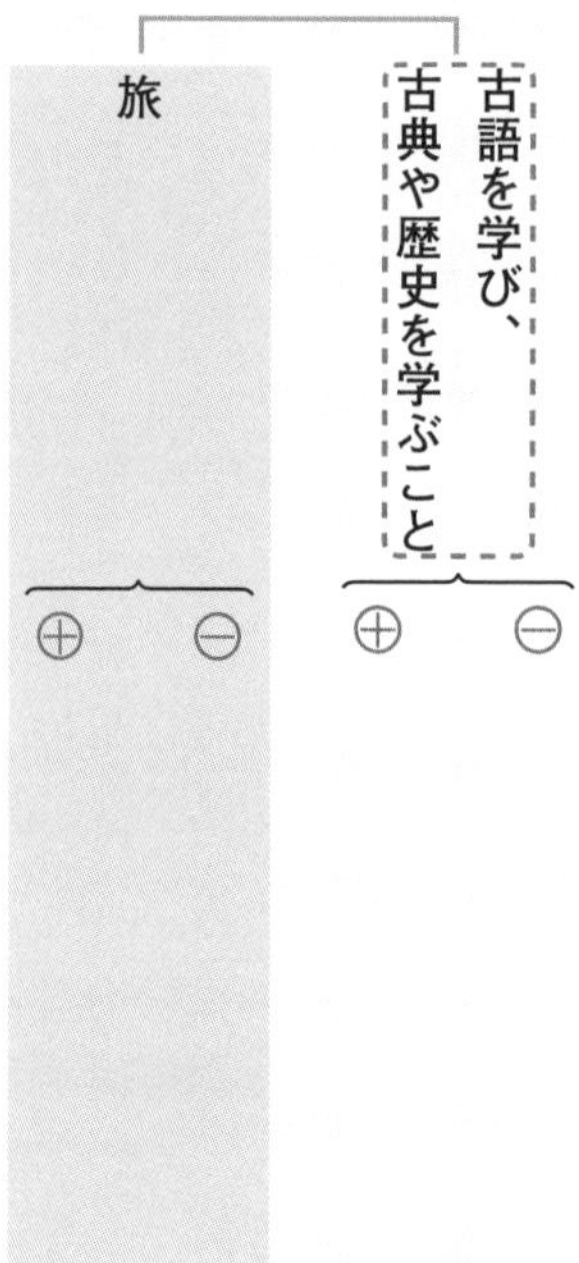

条件なしで傍線部全体を説明するのなら　　　をすべて説明する必要があります。ところが、今回は**「旅を相対化するとは、どういうことか」**という条件がついて、説明する部分を「旅だけ」に絞り込んでいる。〈並立〉されている片方は説明する必要がない。その結果　　部分だけ説明すればいいわ

けです。選択肢を吟味していきましょう。
注意してほしいのは②・③の選択肢です。

> ② ギリシア・ラテン語などの古い時代の書物やそこに記された歴史と付き合い、別の世紀の人々にしたしむのは、日常生活を離れて異国へ旅に出るのと同じであると考えること。×↑「相対化」なし！
>
> ③ 自分たちの風俗・習慣と相容れないもの、納得しかねるものをすべて見境なく滑稽な、不都合なものに思ったりせず、旅先の目新しい現実をも公平に判断すること。×↑プラス面しかない！

いずれも〈ズレのひっかけ〉をしていることに気がついたでしょうか？

②は、本文に書かれている内容ではあります。前半部分を「書かれていないから×」と思ってしまう人も多いのですが、みなさんはわかりますよね。そう、前半は［　］部分の説明なんです。ということは、この選択肢は［　］部分の説明で、**「相対化」の説明がない**。

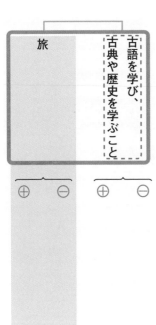

古語を学び、古典や歴史を学ぶこと　⊖　⊕

旅　⊖　⊕

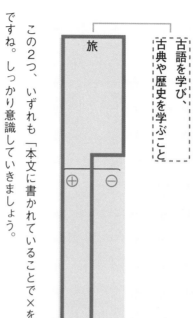

いま説明しなければならないのは　部分ですから、②はズレ、ということになります。
③も同様です。本文に書かれてはいるのですが、　部分のみしか説明していません。

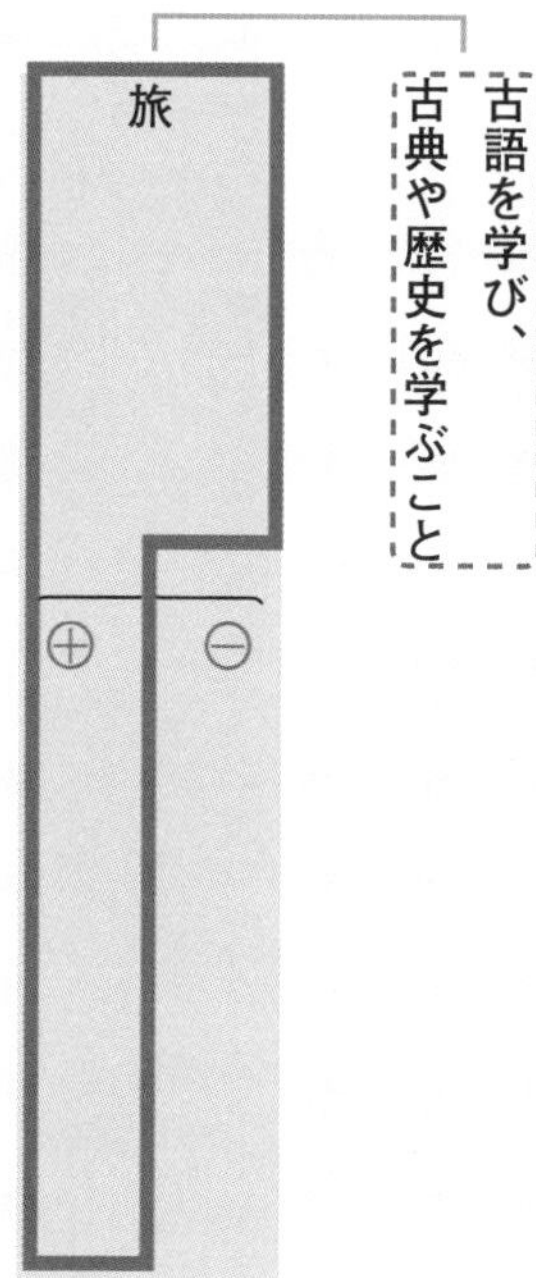

この２つ、いずれも「本文に書かれていることで×を作っている」選択肢です。〈ズレのひっかけ〉ですね。しっかり意識していきましょう。

残りの選択肢を見ていきましょう。

①　旅というものを、フランス人がボン・サンス（良識）と呼びならわしている醒めきった目で見直すことによって、旅の思い出を日常の生活と等価なものとしてとらえること。×

④　何らの見聞もない人々は、自分たちの日常生活から逸脱したものを平気で排除してしまう傾向があるが、自分の国に戻っても異邦人にならないためにはそれもやむをえないと考えること。×

①は、前半部分は間違っていません。本文では「相対化すること＝醒めきった目で見ること」と説明していましたから、前半は正しい。ただ、後半の「旅の思い出と日常生活を等価なもの（＝等しい価値があるもの）として捉える」が、本文には書かれていないし、「相対化」の説明になっていませんね。

④は、後半の「自分の国に戻っても異邦人にならないためにはそれもやむをえないと考える」がはっきり×です。「排除していい」なんて、全くどこでも言われていませんでした。

正解は⑤。きちんと　　部分、「旅」のプラス・マイナス両面の説明ができていますね。

⑤　知見を広め人間を成長させるなど、旅の有する意義を認めると同時に、旅に多くの時間をついやして現実から遊離してしまう危険性についても自覚的であること。

以上より、**正解は⑤**に決定します。

解答 **問** ⑤

どうでしたか？

「戦略を持って」問題を解くという意味が、だんだんわかってきたでしょうか。「すぐに前後を見ようとする」のではなく「傍線部を吟味する」。〈3つのポイント〉を意識して、〈ズレ〉にも注意。しっかり定着させてください。

では、もう一問解いてみてください。

決める! KIMERU SERIES

過去問にチャレンジ　例題2-3

目標解答時間　5分

次の文章を読んで、後の問いに答えよ。

1 かつて映画は時間の芸術という美しい名前で呼ばれた時代があった。しかもそれは時間とスピードに魅せられ、幻惑された二十世紀を象徴する言葉でもあっただろう。映画はそのフィルムのひと齣(こま)、ひと齣が、一秒間に二十四齣という眼にはとまらぬ速度で動くことによって、網膜に残像がしるしづけられ、われわれはそれを連続する映像として見るのである。そのかぎりでは映像のひと齣、ひと齣に加えられた速度、時間を停止してしまえば、映し出されているものは一枚の写真とかわらず、絵のタブローと同様にわれわれの眼が自由にそれを見ることができるはずである。

2 従ってA<u>映画が映画であるのは、この速度を産み出す時間に依存している</u>のであり、それはフィルムのひと齣、ひと齣の動きのみならず、一時間、あるいは二時間と連続して映写される時間の流れを誰(だれ)もが疑わず、停止しようとはしなかったからであった。そして息つく間もないスピードの表現であることが、わずか二時間たらずのあいだに人間の一生を描くことができた理由であり、神による天地創造の神話から一億光年の彼方(かなた)の宇宙の物語まで映画は語りえたのである。

3 しかしながら映画を見るという行為は、一瞬たりとも休むことのない時間の速度にとらわれ、その奴隷と化することでもあった。静止して動くことのない絵画や写真の場合は、さまざまな視点から自由に眺めながら、みずからの内面でゆっくりと対話することもできるだろう。だが映画は一方通行的に早い速度で流れる時間に圧倒されて、ついにはひとつの意味しか見出せない危険な表現であり、二十世紀の国家権力やコマーシャリズムが濫用し、悪用したのも、こうした映画における見ることの死であったのである。

4 それにしても小津(注)さんは新たなメディアとしての映画が持ちあわせた特権、その魅力をことごとく否定する、まさしく反映画の人であったと言うほかはない。カメラのレンズをとおして現実を切り取り、それを映像化することが世界の秩序を乱すと懸念する小津さんであれば、われわれの無用な、無償の眼差しを許そうとしない映画の独占的な支配を受け入れるはずもなかった。ましてや反復とずれによって気づかぬうちに移ろいゆくのが小津さんが感じる時間とその流れであり、二時間たらずの映画の上映で人間の一生が語りつくされたり、一億光年の宇宙の果てまで旅するような時間の超スピードぶりは、われわれの眼を欺くまやかしでしかなかった。

(吉田喜重『小津安二郎の反映画』による)

(注) 小津さん――映画監督・小津安二郎(おづやすじろう)(一九〇三～六三)のこと。この文章の執筆者である吉田喜重(よしだよししげ)自身も映画監督であり、小津安二郎の映画に制作スタッフとしてかかわったことがある。

問　傍線部A「映画が映画であるのは、この速度を産み出す時間に依存している」とあるが、筆者は「映画」が「時間に依存している」ことでどのような結果が生じたと考えているか。その説明として最も適当なものを、次の①〜⑤のうちから一つ選べ。

① 映画は、人間の一生をわずか二時間たらずで映し出すことを可能にしたが、観客をひきつける動く映像の迫真性によって、国家権力やコマーシャリズムに利用されてしまうという結果になった。

② 映画は、一秒間に二十四齣というフィルムの映写速度で観客の眼差しを支配し、神話などの虚構まで表現することを可能にしたが、そうした錯覚によるまやかしは見ることの死をもたらした。

③ 映画は、限られた時間のなかで壮大な時空間を描き出すようなことを可能にしたが、映画に見入っている時間をきびしく制限しようとすることで、観客の眼差しを抑圧してしまうことになった。

④ 映画は、息つく間もないスピード感に満ちた物語や広大な宇宙の物語を表現することをも可能にしたが、ゆるやかに移ろいゆく時間を、反復とずれによって表現することが不可能になった。

⑤ 映画は、画像が連続する新しい芸術として発展したが、ひとたびその速度に慣らされてしまった観客には、絵画や写真のように静止した画像と内面でゆっくりと対話することが困難になった。

分析

KIMERU SERIES

今回の問題も「戦略」を持って分析していきます。まずは傍線部をチェックしましょう。こんなふうにチェックできます。

映画が映画であるのは／**この速度を産み出す時間に依存している**
（S：この速度　指　V：依存している）

傍線部に「SV」と〈3つのポイント〉のうち「指示語」がありますね。
さらに今回、設問の条件はというと、

筆者は「映画」が「時間に依存している」ことで**どのような結果が生じた**と考えているか。

とあります。「傍線部の結果」どうなったかを求められているんですね。つまり僕たちは

❶「傍線部の説明（↓指示語のチェック）」
❷「傍線部から生じた結果」

この両方を読み取ればいいということです。

では、これからこの2つを探すために傍線部の前後の文脈をチェックしていくわけですが、いま、僕らは「説明すべきポイント」をはっきりと意識できている、「目的」がはっきりある。**この状態が大切なんです。**

まずは「❶傍線部の説明」からです。文脈をチェックしていきましょう。

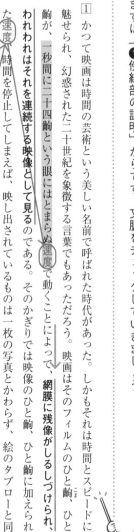

1 かつて映画は時間の芸術という美しい名前で呼ばれた時代があった。しかもそれは時間とスピードに魅せられ、幻惑された二十世紀を象徴する言葉でもあっただろう。映画はそのフィルムのひと齣(こま)、ひと齣が、一秒間に二十四齣という眼にはとまらぬ速度で動くことによって、**網膜に残像がしるしづけられ、われわれはそれを連続する映像として見る**のである。そのかぎりでは映像のひと齣、ひと齣に加えられた速度、時間を停止してしまえば、映し出されているものは一枚の写真とかわらず、絵のタブローと同様にわれわれの眼が自由にそれを見ることができるはずである。

2 従って**映画が映画であるのは、**この速度を産み出す時間に依存しているのであり、それはフィルムのひと齣、ひと齣の動きのみならず、一時間、あるいは二時間と連続して映写される時間の流れを誰(だれ)もが疑わず、停止しようとはしなかったからであった。そして……

「この速度」の指示内容は「(映画のフィルムのひと齣ひと齣が動く)一秒間に二十四齣という眼にはとまらぬ速度」のことです。そして、その速度「によって」、映画が映画として存在することが可能になる、と述べています。次のような対応になっていることは読み取れたでしょうか。

一秒間に二十四齣という眼にはとまらぬ速度で動くこと によって → **われわれはそれを連続する映像として見る**

＝　　　　　　　＝

この速度を産み出す時間 に依存して → **映画が映画である**

この対応から、傍線部は、「われわれが映画を映画（という連続した映像）として見ることができるのは、一秒間に二十四齣という眼にはとまらぬ速度で動くことによってである」という意味だとわかります。たしかに、もし「この速度」が遅かったら「スローモーション」だし、停まってしまったらただの「写真」ですから、「この速度」のおかげで「映画が映画になっている」というのはその通りだと理解できます。これで傍線部は理解できました。

次に2つ目のポイント、「❷傍線部から生じた結果」を読み取っていきます。続きの文脈をチェックしていきましょう。

2　従って**映画が映画であるのは**、この**速度**を産み出す時間に依存しているのであり、それはフィルムのひと齣、ひと齣の動きのみならず、一時間、あるいは二時間と連続して映写される時間の流れを誰もが疑わず、停止しようとはしなかったからであった。そして**息つく間もないスピードの表現であることが**、ⓐわずか二時間たらずのあいだに人間の一生を描くことができた理由であり、神による天地創造の神話から一億光年の彼方（かなた）の宇宙の物語まで映画は語りえたのである。

3 しかしながら映画を見るという行為は、ⓑ一瞬たりとも休むことのない時間の速度にとらわれ、その奴隷と化することで（も）あった。静止して動くことのない絵画や写真の場合は、さまざまな視点から自由に眺めながら、みずからの内面でゆっくりと対話することもできるだろう。だが映画は一方通行的に早い速度で流れる時間に圧倒されて、ついにはひとつの意味しか見出せない危険な表現であり、二十世紀の国家権力やコマーシャリズムが濫用し、悪用したのも、こうした映画における見ることの死であったのである。

「――が ⓐ できた理由」だということは、言い換えれば「――の結果 ⓐ できた」ということです。これで探していた「❷傍線部から生じた結果」が見つかりました。

ただしちょっと待ってください！　ポイントはこれで終わりではありませんよ。みなさんは次の第3段落の「（も）」に気づいたでしょうか。またまた出ました。重要ポイント〈並立〉です！

整理すると、こうなっています。

ポイントのまとめ

A ＿＿＿＿＿＿＿＿

映画
息つく間もないスピードの表現である

↓

ⓐ わずか二時間で
長い時間／広い空間を描ける

ⓑ 時間の速度の奴隷となる
＝自由な視点が縛られて、
ひとつの意味しか見出せなくなる

映画のフィルムが「眼にはとまらぬ速度」で動くことによって「ⓐ良い面」と「ⓑ悪い面」が生まれる、と述べています。

ⓐは、「わずか二時間たらずのあいだに人間の一生を描くことができた」、「神による天地創造の神話から一億光年の彼方の宇宙の物語まで映画は語りえた」とあります。「人間の一生」「神による天地創造」はどちらも時間的に長いものですから、「長い時間を描ける」という意味ですね。「一億光年の彼方」の方は「空間的に遠いところ」という意味です。以上よりⓐは、「たった二時間の映画の中に、かなり長い時間やとてつもなく広い空間を描けるようになった」という意味になります。

次にⓑのマイナス面については、「時間の速度にとらわれ↓時間の奴隷になる」と述べられています。「時間の奴隷になる」とはどういうことでしょうか。

> 静止して動かない写真や絵画 ↓ さまざまな視点から自由に眺められる
> ⟷　　　　　　　　　　　　　⟷
> 映画の早い速度 ↓ ひとつの意味しか見出せない

このように述べられていますから、「時間の奴隷になる」というのは「映像を見た時にひとつの意味しか見出せず、違ったようには解釈できなくなる」という意味だと読み取れます。だから「国家権力が悪用する」ことができるわけですね。

これでポイントは整理できました。僕らは「ⓐによってⓑ」という選択肢を探せばいいわけです。では、選択肢を見ていきましょう。

まず、**正解は③**です。

> ③ 映画は、ⓐ限られた時間のなかで壮大な時空間を描き出すようなことを可能にしたが、映画に見入っている時間をきびしく制限しようとすることで、ⓑ観客の眼差しを抑圧してしまうことになった。

「ⓐ・ⓑ」のポイントがバッチリ説明できていますね。

他の選択肢を見ていきましょう。

① 映画は、人間の一生をわずか二時間たらずで映し出すことを可能にしたが、**観客をひきつける動く映像の迫真性**によって、国家権力やコマーシャリズムに利用されてしまうという結果になった。

② 映画は、一秒間に二十四齣というフィルムの映写速度で観客の眼差しを支配し、神話などの虚構まで表現することを可能にしたが、そうした錯覚によるまやかしは見ることの死をもたらした。

④ 映画は、息つく間もないスピード感に満ちた物語や広大な宇宙の物語を表現することをも可能にしたが、ゆるやかに移ろいゆく時間を、反復とずれによって表現することが不可能になった。

①は「**映画**」の説明が×です。本文では「眼にはとまらぬ速度」が原因だと言っているのに、ここでは「迫真性＝真に迫っている／現実に近い」となっています。したがって×。

②・④はいずれも「ⓐプラス面」の説明が違っています。

②は「神話などの虚構まで表現することを可能にした」が×です。「神話」を「虚構＝ウソの物語」と説明していますが、本文では「天地創造の神話＝時間的に遠く離れた昔のこと」という意味でした。ですから×です。

④は「息つく間もないスピード感に満ちた物語」が×です。本文で述べられていたプラス面は「時間的にも空間的にも広い範囲が描ける」という意味でしたから、「スピード感に満ちた物語」ではありません。さらに、筆者のいうスピードは「映画のフィルムが流れるスピード」のことであって、物語の内容の「スピード感」ではありませんね。その点でも×です。

最後に⑤は、

⑤ 映画は、画像が連続する新しい芸術として発展したが、ひとたびその速度に慣らされてしまった観客には、絵画や写真のように静止した画像と内面でゆっくりと対話することが困難になった。×

本文では「映画の映像の意味をじっくり考えることができなくなった＝ひとつの意味しか見出せなくなった」とは述べていますが、「絵画や写真のような静止画」を見た時にまで「ゆっくり対話することが困難になった」とは述べていませんね。ですから×です。

以上より、**正解は③**に決定します。

解答 **問 ③**

どうでしたか?

以上この章で見てきたように「**戦略**」を**持って問題を解く**ことが大切です。これからは傍線部を見た時に「すぐに前後を見ようとする」のではなく、「傍線部を吟味する」習慣をつけていって下さい！

THEME 3

共通テスト評論 新課程問題の攻略法

ここで差をつける！

「思考力・判断力・表現力」問題を解くテクニック

基本的にはかつてのセンター試験の出題を受け継ぎつつも、はっきりと異なっているのがここで扱う「新課程問題」だ。設問自体はさほど難しくないのだが、苦手とする受験生も多い。分析を通して見えてきた苦手な理由と対策のポイントを講義する。

評論編もいよいよ最後のテーマとなりました。ここでは、いわゆる〝最後の問題〟、問6になることが多い「新課程問題」について講義します。

「新課程問題」は、単なる「文章の読み取り」ではなく、**そこから発展して、君たちが自分で「考え」「判断し」「表現する」力を問おうとしている問題**です。「マーク式」という制限があるにもかかわらず、です。そのため、出題者が様々な〝工夫〟を凝らしているのがこのタイプの設問の特徴です。

○ 出題者の〝工夫〟と対話する

たとえば、君たちの「表現力」を問いたい、とします。選択肢を「選ぶ」テストで「表現力」を問うんです。出題者の苦労は「推して知るべし」。水面下の様々な努力を思うと、頭が下がります。

当然、**出題者は設問に様々な〝工夫〟を凝らすことになります**。たとえば、Aさんという人物を登場させ、具体的な場面や状況を設定します。Aさんは【問題文】の読解を土台に「自分の思考を深め」、それをノートに「まとめ」たり、文章に「表現」したりします。その「まとめ」や「表現」に設問を付ければ、「表現力」をマーク式で問うことができる。こんな感じです。

設問の設定

【本文】

Aさん

Aさんが【本文】を読み、
↓
思考を発展的に深め
↓
【文章】に表現した

ここを設問にする!!

出題に様々な工夫がなされている分、**模試や予想問題等では見たことがない形式の問題が出ることもある**ので、戸惑ってしまう受験生も多いんです。でもね、いま説明したように、出題者は、マーク式で表現力を問うなんていう「ちょっと無理な出題」をするために、あれこれ「設定」して、苦労して設問を作っているんです。そのことを知れば、ちょっと見え方が変わってくるはずです。

大切なことは、設問の「意図」を汲み取ること。「設定」や「条件」をきちんと読んで、その流れにきちんと乗ることです。設問と「対峙する（敵と向き合う）」のではなく「対話」する。

「あー、出題者はこういうことを問いたいんだな」

「だからそのために、こういう設定で、こんな条件をつけたんだな」

そんなふうに思いながら設問に向き合えるようになっていけば、僕が「決して難しくはない」と言っている意味がわかってくると思います。

では、具体的な問題を解いてもらいます。紙幅の関係で、設問を絞り込んであります。

例題3-1 （演習前の確認事項）

★設問の掲載は問6のみです。

★ただし、不掲載の問題も傍線部は残してあります。読解の参考にしてください。

★したがって、今回は制限時間を設定しません。

では、解いてみてください！

過去問にチャレンジ

例題3-1

目標解答時間　なし

次の文章を読んで、後の問い（問1～6）に答えよ。なお、設問の都合で本文の段落に1～10の番号を付してある。また、表記を一部改めている。

1 モーツァルトの没後二〇〇年の年となった一九九一年の、まさにモーツァルトの命日に当たる一二月五日に、ウィーンの聖シュテファン大聖堂でモーツァルトの《レクイエム》（注1）の演奏が行われた（直後にLD（注2）が発売されている）。ゲオルク・ショルティ（注3）の指揮するウィーン・フィル（注4）、ウィーン国立歌劇場の合唱団などが出演し、ウィーンの音楽界の総力をあげた演奏でもあるのだが、ここで重要なのは、これがモーツァルトの没後二〇〇年を記念する追悼ミサという「宗教行事」であったということである。それゆえ、随所に聖書の朗読や祈りの言葉等、「音楽」ではない台詞（せりふ）の部分や聖体拝領（注5）などの様々な儀式的所作が割り込む形になる。まさに「音楽」でもあり「宗教行事」でもあるという典型的な例である。

2 モーツァルトの《レクイエム》という音楽作品として聴こうとする人は、これをどのように認識するのか？　あるCDショップのウェブサイトに(ア)ケイサイされているこの演奏のCDのレビュー欄には、「キリスト教徒でない並みの音楽好きには延々と続く典礼の割り込みには正直辟易（へきえき）としてくるのも事実。CDプレイヤーのプログラミング機能が(イ)カツヤクする」というコメントが見られる。これを「音楽」として捉えようとするこの聴き手が、音楽部分だけをつなぎ合わせてひとまとまりとして捉えるような認識の仕方をしているさまが彷彿（ほうふつ）としてくる。

3 それに対して、この(ウ)モヨオし物は「音楽」である以前に典礼であり、この聴き手のような本来のあり方を無視した聴き方は本末顛倒（てんとう）だとする立場も当然考えられる。こういうものは、典礼の全体を体験してこその意味を正しく認識できるのであり、音楽部分だけつまみだして云々（うんぬん）するなどという聴き方は、あらゆる音楽を、コンテクストを無視してコンサートのモデルで捉える一九世紀的な(エ)アクヘイにすぎない、一刻も早く、そういう歪（ゆが）みを取り去って、体験の本来の姿を取り戻さなければならない、そういう主張である。

4 この主張はたしかに一面の真理ではあろう。だがここでの問題は、一九世紀には音楽が典礼から自立したとか、それをまた、本来のコンテクストに戻す動きが生じているというような単純な二分法的ストーリーにおさまるものではない。もちろん、物事には見方によっていろいろな側面があるのは当然なのだから、音楽か典礼かというオールオアナッシングのような議論で話が片付かないのはあたりまえだが、何よりも重要なのは、ここでの問題が、音楽vs.典礼(注6)といった図式的な二項関係の説明にはおさまりきれない複合的な性格をもった、しかもきわめてアクチュアルな現代的問題を孕（はら）んでいるということである。

5 Aこれが典礼なのか、音楽なのかという問題は、実はかなり微妙である。たしかに、モーツァルトの命日を記念して聖シュテファン大聖堂で行われている追悼ミサであるという限りでは(オ)マギれもなく宗教行事であるには違いないが、ウィーン・フィルと国立歌劇場合唱団の大部隊が大挙してシュテファン大聖堂に乗り込んで来ているという段階で、すでにかなり異例な事態である。DVDの映像を見ても、前方の祭壇を中心に行われている司式(注7)を見る限りでは通常の「典礼」のようだが、通常の典礼にはない大規模なオーケストラと合唱団を後方に配置するために、聖堂の後ろにある通常の出入り口は閉め切られてしまっている。聖堂での通常の儀礼という範囲に到底おさまりきれないものになっているのだ。客（信徒と言うべきだろうか）もまた、典礼という限りでは、前の祭壇で行われている司式に注目するのが自然であり、実際椅子もそちら向きにセットされているのだが、背後から聞こえてくる音楽は、もはや典礼の一部をなす、というようなレベルをはるかにこえて、その音楽自体を「鑑賞」の対象にしている様子が窺(うかが)える（実際、映像を見ると、「客」が半ば後ろ向きになって、窮屈そうな様子で背後のオーケストラや合唱の方をみている様子が映し出されている）。

6 そして何といっても極めつきなのが、この典礼の映像がLD、DVDなどの形でパッケージ化されて販売され、私を含めた大多数の人々はその様子を、これらのメディアを通して体験しているという事実である。これはほとんど音楽的なメディア・イヴェントと言っても過言ではないものになっているのだが、ここで非常におもしろいのは、典礼という宗教行事よりもモーツァルトの「音楽作品」に焦点をあてるという方向性を推し進めた結果、典礼の要素が背景に退くのではなくかえって、典礼をも巻き込む形で全体が「作品化」され、「鑑賞」の対象になるような状況が生じているということである。

7 このことは、B今「芸術」全般にわたって進行しつつある状況とも対応している。それは「博物館化」、「博物館学的欲望」などの語で呼ばれる、きわめて現代的な現象である。コンサートホール同様、一九世紀にそのあり方を確立した美術館や博物館においては、様々な物品を現実のコンテクストから切り取って展示する、そのあり方が不自然だという批判が出てきた。たしかに、寺で信仰の対象として長いこと使われ、皆が頭をなでてすり減っているような仏像が、それ自体、美術的な、あるいは歴史的な価値をもつものとして、寺から持ち出されてガラスケースの中に展示され、それを遠くから鑑賞する、というような体験はとても不思議なものではある。最近ではその種の展示でも、単に「もの自体」をみせるのでなく、それが使われたコンテクスト全体をみせ、そのものが生活の中で使われている状況を可能な限りイメージさせるような工夫がなされたり、作家や作品そのものではなく、その背景になった時代全体を主題化した展覧会のようなものが増えたり、といった動きが進んできた。ところがそのことが、単に元のコンテクストに戻す、ということにとどまらない結果を生み出しているのである。

8 美術館や博物館の展示が、物そのものにとどまらず、それを取り巻くコンテクストをも取り込むようになってきていることは、別の見方をすれば、かつては「聖域」として仕切られた「作品そのもの」の外に位置していたはずの現実の時空もろとも、美術館や博物館という「聖域」の中に引きずり込まれた状況であるとみることもできる。それどころか、一九世紀以来、こうした場で育まれてきた「鑑賞」のまなざしが今や、美術館や博物館の垣根をのりこえて、町全体に流れ込むようになってきていると言ってよいかもしれない。ディズニーランドやハウステンボスは言うに及ばず、ウィーンでも京都でも、ベルリンや東京でも、いたるところに「歴史的町並み」風の場所が出現し、さながら町全体がテーマパーク化したような状況になっている。そういう場所で人々が周囲の景物に向けるまなざしは、たぶん美術館や博物館の内部で「物そのもの」に向けられていたものに近いものだろう。「博物館化」、「博物館学的欲望」といった語はまさに、そのような心性や状況を言い表そうとしているものである。これまで問題にしてきたシュテファン大聖堂での《レクイエム》のケースも、それになぞらえれば、単に音楽をコンサートから典礼のコンテクストに戻したのではなく、むしろ典礼そのものをもコンサート的なまなざしのうちに置こうとする人々の「コンサートホール的欲望」によって、コンサートの外なる場所であったはずの現実の都市の様々な空間が、どんどん「コンサートホール化」されている状況の反映と言い換えることができるように思われる。

9 「音楽」や「芸術」の概念の話に戻り、今のそういう状況に重ね合わせて考え直してみるならば、この状況は、近代的なコンサートホールの展開と相関的に形成されてきた「音楽」や「芸術」に向けるまなざしや聴き方が今や、その外側にまであふれ出てきて、かつてそのような概念の適用範囲外にあった領域にまでどんどん浸食してきている状況であると言いうるだろう。逆説的な言い方になるが、一見したところ「音楽」や「芸術」という伝統的な概念や枠組みが解体、多様化しているようにみえる状況と裏腹に、むしろコンサートホールや美術館から漏れ出したそれらの概念があらゆるものの「音楽化」や「芸術化」を促進しているように思われるのである。だがそうであるならば、「音楽」や「芸術」という概念が自明の前提であるかのように考えてスタートしてしまうような議論に対しては、Cなおさら警戒心をもって周到に臨まなければならないのではないだろうか。このような状況自体、特定の歴史的・文化的コンテクストの中で一定の価値観やイデオロギーに媒介されることによって成り立っているのだとすれば、そこでの「音楽化」や「芸術化」の動きの周辺にはたらいている力学や、そういう中で「音楽」や「芸術」の概念が形作られたり変容したりする過程やメカニズムを明確にすることこそが決定的に重要になってくるからである。

10 問題のポイントを簡単に言うなら、「音楽」や「芸術」は決して最初から「ある」わけではなく、「なる」ものであるということになろう。それにもかかわらず、「音楽」や「芸術」という概念を繰り返し使っているうちに、それがいつの間にか本質化され、最初から「ある」かのような話にすりかわってしまい（ちょうど紙幣を繰り返し使っているうちに、それ自体に価値が具（そな）わっているかのように錯覚するようになってしまうのと同じである）、その結果は、気がついてみたら、「音楽は国境を越える」、「音楽で世界は一つ」という怪しげなグローバリズムの論理に取り込まれていたということにもなりかねないのである。

（渡辺裕（わたなべひろし）『サウンドとメディアの文化資源学――境界線上の音楽』による）

（注）1　レクイエム――死者の魂が天国に迎え入れられるよう神に祈るための曲。
2　ＬＤ――レーザーディスク。映像・音声の記録媒体の一つ。
3　ゲオルク・ショルティ――ハンガリー出身の指揮者、ピアニスト（一九一二―一九九七）。

4 ウィーン・フィル――ウィーン・フィルハーモニー管弦楽団のこと。
5 聖体拝領――キリストの血と肉を象徴する葡萄（ぶどう）酒とパンを人々が受け取る儀式。
6 アクチュアルな――今まさに直面している。
7 司式――教会の儀式をつかさどること。ここでは儀式そのものを指す。

問6 授業で本文を読んだSさんは、作品鑑賞のあり方について自身の経験を基に考える課題を与えられ、次の【文章】を書いた。その後、Sさんは提出前にこの【文章】を推敲（すいこう）することにした。このことについて、後の(i)～(iii)の問いに答えよ。

【文章】

本文では現実を鑑賞の対象とすることに注意深くなるよう主張されていた。しかし、ここでは作品を現実世界とつなげて鑑賞することの有効性について自分自身の経験を基に考えてみたい。

小説や映画、漫画やアニメの中には、現実に存在する場所を舞台にした作品が多くある。そのため、私たちは作品を読み終えたり見終わったりした後に、実際に舞台となった場所を訪れることで、現実空間と作品をつなげて鑑賞することができる。

最近、近くの町がある小説の舞台になっていることを知った。私は何度もそこに行ったことがあるが、これまでは何も感じることがなかった。ところが、小説を読んでから訪れてみると、今までと別の見方ができて面白かった。（a）

このように、私たちは、作品世界というフィルターを通じて現実世界をも鑑賞の対象にすることが可能である。（b）一方で、小説の舞台をめぐり歩いてみたことによって小説のイメージが変わった気もした。（c）実際の町の印象を織り込んで読んでみることで、作品が新しい姿を見せることもあるのだ。（d）作品を読んで町を歩くことで、さまざまな発見があった。

（i）Sさんは、傍線部「今までと別の見方ができて」を前後の文脈に合わせてより具体的な表現に修正することにした。修正する表現として最も適当なものを、次の①～④のうちから一つ選べ。

① なにげない町の風景が作品の描写を通して魅力的に見えてきて
② その町の情景を思い浮かべながら作品を新たな視点で読み解けて
③ 作品そのままの町の様子から作者の創作意図が感じられて
④ 作品の情景と実際の風景のずれから時間の経過が実感できて

（ii）Sさんは、自身が感じ取った印象に理由を加えて自らの主張につなげるため、【文章】に次の一文を加筆することにした。加筆する最も適当な箇所は（a）～（d）のどの箇所か。後の①～④のうちから一つ選べ。

それは、単に作品の舞台に足を運んだということだけではなく、現実の空間に身を置くことによって得たイメージで作品を自分なりに捉え直すということをしたからだろう。

① (a)
② (b)
③ (c)
④ (d)

(ⅲ) Sさんは、この【文章】の主張をより明確にするために全体の結論を最終段落として書き加えることにした。そのための方針として最も適当なものを、次の①〜④のうちから一つ選べ。

① 作品世界をふまえることで現実世界への認識を深めることができるように、自分が生きている現実世界を知るために作品理解は欠かせない。その気づきを基に、作品世界と現実世界が不可分であることに留意して作品を鑑賞する必要があるといった結論を述べる。

② 作品世界と重ね合わせることで現実世界の見方が変わることがあり、それとは逆に、現実世界と重ね合わせることで作品の印象が変わることもある。その気づきを基に、作品と現実世界の鑑賞のあり方は相互に作用し得るといった結論を述べる。

③ 現実世界をふまえることで作品世界を別の角度から捉えることができるが、一方で、現実世界を意識せずに作品世界だけを味わうことも有効である。その気づきを基に、読者の鑑賞のあり方によって作品の意味は多様であるといった結論を述べる。

④ 現実世界と重ね合わせることで作品世界の捉え方が変わることがあり、そのことで作品に対する理解がさらに深まることになる。その気づきを基に、作品世界を鑑賞するには現実世界も鑑賞の対象にすることが欠かせないといった結論を述べる。

きめる! KIMERU SERIES

分析

一応、本番通りに【本文】をすべて読解した上で問6を解いてもらいましたが、実は問6の設問自体には【本文】の内容は必要ありません。したがって、解説も設問部分に絞って行います。

まずは設問の条件を確認してみましょう。

> 問6　授業で本文を読んだSさんは、作品鑑賞のあり方について自身の経験を基に考える課題を与えられ、次の【文章】を書いた。その後、Sさんは提出前にこの【文章】を推敲(すいこう)することにした。このことについて、後の(i)〜(iii)の問いに答えよ。

Sさんという生徒が「自分で書いた文章」を「推敲する」という問題設定です。「推敲」ですから、「自分の書いた文章をじっくり読み直してチェックし、修正していく」という設定です。

気づきましたか？　**出題者が「表現力」を問うために、工夫して作成した問題**ですね。まずはそれに気づいてください。ということは、**ポイントは「出題者との対話」「設問への応答」**です。他の設問よりもさらにアンテナを張って、設問に隠されたヒントに敏感になってください。

攻略の〝大前提〟

詳しい解説に入る前に、攻略のための「大前提」を確認しておきます。

こういう問題が出ると、それだけで〝難しい〟とか〝ややこしい〟という先入観を持ってしまう人がいます。でも基本的に、**新課程タイプの出題は、問題自体はさほど難しくはない**んです。設問の条件をきちんと整理・理解できれば、普通の高校生が十分に対応できるレベルの出題です。

では、それなのになぜ、苦手な人が多いんでしょうか。調査してみると、**一つの理由は「時間」**だということがわかります。**時間がなくて焦って、ミスしてしまう人が多い**んですね。最後の設問で時間が足りず、慌ててしまうということもあるんでしょう。第1問を最後に回す順序の人ならなおさらです。その上、さらに第3問が増えたんです。時間によるプレッシャーは相当なものです。

だからね、「新課程問題」を攻略する一つのポイントは、「時間の余裕を作ること」なんです。そのためには、**他の問題に無駄なく素早く解答して、時間的余裕を残しておく必要がある。**

この評論編で、さらには続く小説編でも、**僕が〈速読・速解〉の重要性を繰り返し述べてきた理由はここにあります。**繰り返しますが、この本で学ぶときのポイントは「答えが合ったかどうかではなく、〈思考回路〉を身につけること」です。しっかりと復習をお願いします。

★〈大前提〉他の問題の〈速読・速解〉で、まずは時間的な余裕を作れ！

では、具体的に問6を解説していきます。まずはSさんの【文章】の分析です。ポイントはこんなふうにまとめられます。

読解ナビ

1 Sさん
作品を現実世界とつなげて鑑賞することの有効性について考えてみたい
←
2 作品を鑑賞した後に↓実際に舞台となった場所を訪れることで、
現実空間と作品をつなげて鑑賞することができる

3 例
小説を読んでから↓その舞台となった近くの町を訪れる
↓今までと別の見方ができて面白かった

4 このように、私たちは作品世界というフィルターを通じて現実世界を鑑賞の対象にすることが可能
一方で小説の舞台を歩いたことで、小説のイメージが変わる
実際の町の印象を織り込んで読むことで、作品が新しい姿を見せることもある

主張は明快です。「作品を現実世界とつなげて鑑賞することには、――――と－－－－という有効性がある」と述べています。要は、

作品を鑑賞 ↓ **現実**の見方が変わる
(一方)
現実を知る ↓ **作品**の印象が変わる

ということですね。では、設問を解いていきましょう。

問6(i) 表現を「修正」する問題

設問を確認しましょう。

> Sさんは、傍線部「今までと別の見方ができて」を前後の文脈に合わせてより具体的な表現に修正することにした。修正する表現として最も適当なものを、次の①～④のうちから一つ選べ。

傍線部を「具体的な表現に修正する」ということは、傍線部を「言い換える」問題です。普通の「傍線部説明問題」と同じように考えれば大丈夫です。傍線部（傍線部を含む文）を分析していきましょう。

> ところが、小説を読んでから（現実の近くの町を）訪れてみると、今までと別の見方ができて面白かった。

まずは、傍線部（を含む文）が――であることを押さえ、省略されている「どこを訪れるのか」を補います。これで答えは簡単に導けます。

正解は①です。

> ① なにげない**町の風景が**作品の描写を通して魅力的に見えてきて ○

「**作品**の描写を通して → **町の風景（現実）**が魅力的に見えてくる」ですから、バッチリ――の説明ができていますね。他の選択肢を見ていきましょう。

> ② その町の情景を思い浮かべながら作品を新たな視点で読み解けて ×
> ③ 作品そのままの町の様子から作者の創作意図が感じられて ×
> ④ 作品の情景と実際の風景のずれから時間の経過が実感できて ×

②・③は、いずれも「現実→作品の見方に影響」という内容ですから- - - -の説明になっているので×。

④は、「作品と現実のずれ」という点も、「時間の経過が実感できる」という点も、いずれも必要な説明になっていません。

解答 **問6(i)** ①

ほら、ポイントさえ押さえてしまえば、問題自体は決して難しくはありませんよね。苦手意識がある人は先入観を排していってください。では、次の問題です。

問6(ii) 「加筆」する文を挿入する問題

設問を確認しましょう。

> Sさんは、自身が感じ取った印象に理由を加えて自らの主張につなげるため、【文章】に次の一文を加筆することにした。加筆する最も適当な箇所は（a）～（d）のどの箇所か。後の①～④のうちから一つ選べ。

文を「加筆する」ということは、**要は〈脱落文挿入〉の問題です**。私大入試の定番問題といえるようなものですよね。恐るるに足りませんよ！〈解法〉をまとめておきましょう。

POINT

〈解〉の技法「脱落文挿入問題」のポイント

★脱落文＝「手がかりがある」からこそ戻せる！

1 まずは「脱落文自体」をチェック

❶ 関係を示す要素（指示語・接続語・文末表現）
❷ SV（何について／どうか）

をチェック！

↓

2 挿入する箇所とのつながりを確認！

苦手な人も難しく考える必要はありませんよ。今回もシンプルに考えましょう。**脱落文を「元に戻せる」ということは、必ず脱落文自体に「手がかり／ヒントがある」ということです。**
指示語や接続語があって前後関係が示されているとか、**「〜から」という文末表現**があって前の文の理由になっているとか、**SVを確認**したら「何について／どう言っているか」という話題で決まる

とか、必ずどこかに〝ヒント〟がある。なければ戻せない。当然です。その〝ヒント〟を発見する練習をすれば手早く解けるようになります。

では、今回の脱落文をチェックしてみましょう。

> S
> **それ**は、単に作品の舞台に足を運んだということだけではなく、
> 現実の空間に身を置くことによって得たイメージで作品を自分なりに捉え直す
> ということをした**から**だろう。 V

ほら、**S（主語）**は「指示語」ですし、**文末が「～から」という理由表現**になっていますね。文の内容を確認すると、「現実を知る↓作品のイメージが変わる」という－－－－の説明になっていることがわかります。

これで脱落文のチェックは終わりました。あとは挿入箇所とのつながりを考えてみましょう。

読解ナビ

【文章】
（a）
このように、
（b）
一方で
（c）
（d）

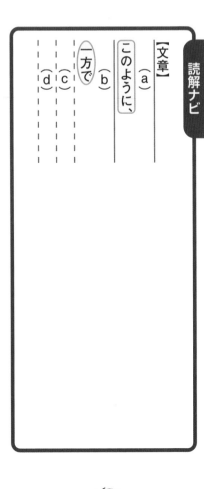

【文章】はこのような展開でした。
脱落文は「**それは**――」ですから、脱落文の前は――である必要があります。

――――
→**それは**　――――　から

この時点で（a）（b）はないので、①・②は×。残った（c）（d）の前後を詳しく見ていくことになります。

新課程問題 設問の〝設定〟を重視せよ

実はこの問題、残った（c）（d）で悩む人が意外と多いんです。時間がなくて慌てて「なんとなく決めた」という人もいます。正解していても、理由がはっきりしない人も多い。でもね、実は気づいている人にとっては超簡単。まさに〝秒殺〟問題なんです。

もう一度、設問の条件を見てください。

Sさんは、自身が感じ取った印象に理由を加えて自らの主張につなげるため、【文章】に次の一文を加筆することにした。加筆する最も適当な箇所は（a）〜（d）のどの箇所か。

自身の「印象」に理由を加えて「主張」につなげるんです。これをしっかり意識していれば、

読解ナビ

小説の舞台をめぐり歩いてみたことによって小説のイメージが変わった気もした。

（c）

実際の町の印象を織り込んで読んでみることで、作品が新しい姿を見せることもあるのだ。

（d）

作品を読んで町を歩くことで、さまざまな発見があった。

「〜気もした」という「印象」と「〜のだ」という「主張」をつなぐ箇所は（C）しかありませんね。

ほら〝秒殺〟です。

新課程の出題の特徴である「思考力・判断力・表現力」を問う問題は、様々な条件・設定の元で出題がなされます。だからこそ、**設問の条件・設定を意識して解くことが、いままで以上により重要**になります。そのことを強く意識しておきましょう。

POINT

〈解〉の技法「思考力・判断力・表現力」問題のポイント

★様々な「条件・設定」のもとで作成される
↓設問の「条件・設定」を強く意識せよ！

言われてみれば簡単なことなんです。でも、なかなか気づかない（この本の出版時点で、これに言及している解説も少ない）。大きな〈時短〉ポイントですから、しっかり意識しておいてください。

解答 問6(ii) ③

問6(iii) 最終段落に「結論を加筆」する問題

「全体の結論を書き加える」なんて言われると、急に構えてしまう人がいますが、何も難しく考えることはありません。ここまでの「まとめをする」だけです。つまり「**作品↓現実**」と「**現実↓作品**」の両方の説明ができている選択肢が正解です。

両方の説明ができているのは②。①は「作品↓現実」のみで×。④も「現実↓作品」のみで×です。③は「現実↓作品」の説明はいいのですが、「一方で、現実世界を意識せずに作品世界だけを味わうことも有効である」という部分が――の説明としては×ですね。以上より、②に決定します。

解答 問6(iii) ②

以上で解説はおしまい。初回なので結構いろんな角度からポイントを話しました。次の問題に行く前にかならず復習してください。

○「複数テクストが出るタイプ」の問題

最後にもう一題、違うタイプの「新課程問題」を解いてもらいます。**複数の文章を読んで〈比較・検討する〉タイプの問題**です。出題のされ方としては、2種類あります。

> ❶【文章Ⅰ】【文章Ⅱ】のように、**本文が複数出題されるタイプ**
> ❷一つの本文が出題され、**設問の中に別の文章が出てくるタイプ**

いずれの場合も難しく考える必要はありません。

1　それぞれの文章を読み、そこに付いた設問に解答する　**問1〜5**
2←「新課程問題」を解く〈比較・検討〉　**問6のみ**

複数テクストの問題といっても、まずは「一つの文章がきちんと理解できているか」を問います。それが問1から5の問題です。その上で、最後に「複数の文章を〈比較・検討〉する」問題が出ます。これが問6です。つまり、**複数の文章が出たとしても、問6以外は普通の問題と同じように解けばいい**。そういうことです。

○「比較」のポイントは〈共通点〉と〈相違点〉！

〈比較・検討〉問題のポイントは至ってシンプル。「比べる」んですから、**「共通点と相違点」**がある。**それを発見する。**こんな感じです。

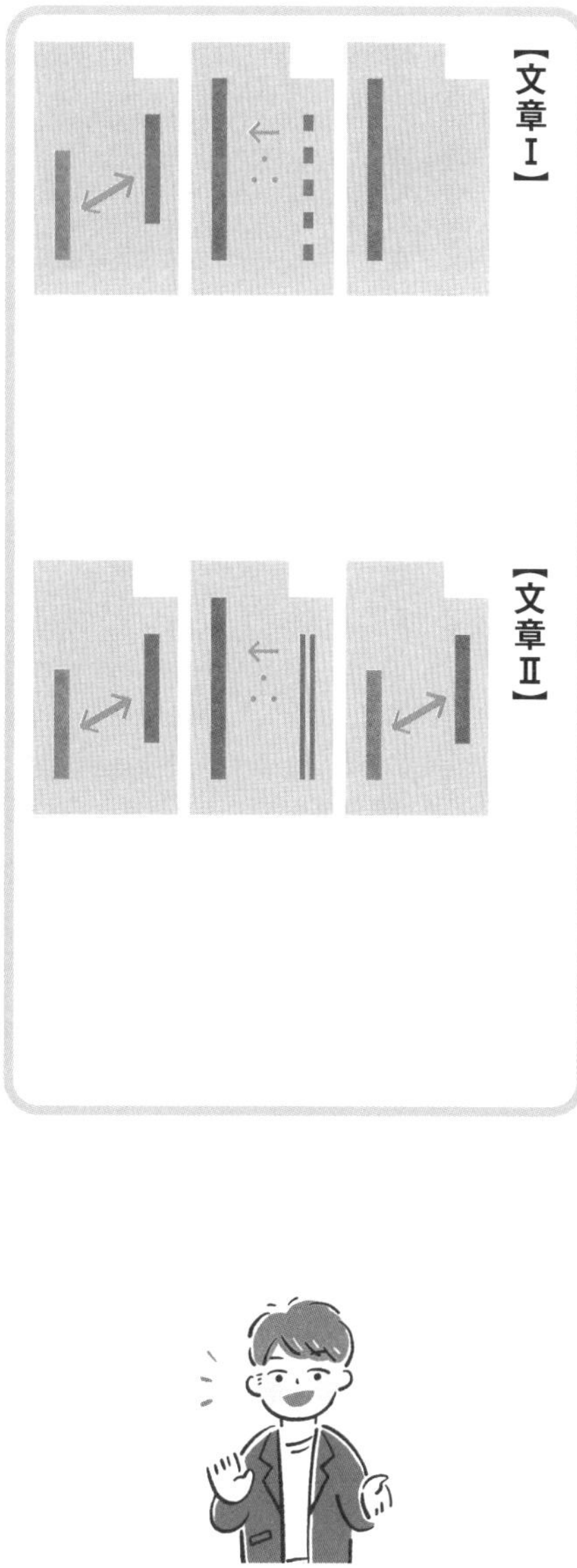

【文章Ⅰ】も**【文章Ⅱ】**も、■と■を対比だと述べている点は同じです。でも**【文章Ⅰ】**が■の理由は■■■だと述べているのに対して、**【文章Ⅱ】**では‖と述べていますね。その点で両者は異なります。こんなふうに読めばいいんです。

　ということは、「肉付け」を落として文章の「ホネ」を残す読解が大切。**SECTION1・2**で学んできたことですね。しっかりトレーニングしていきましょう。では、問題にチャレンジしてみてください。

きめる! KIMERU SERIES

過去問にチャレンジ 例題3-2

目標解答時間 20分

次の【文章Ⅰ】は、正岡子規の書斎にあったガラス障子と建築家ル・コルビュジエの建築物における窓について考察したものである。また、【文章Ⅱ】は、ル・コルビュジエの窓について【文章Ⅰ】とは別の観点から考察したものである。どちらの文章にもル・コルビュジエ著『小さな家』からの引用が含まれている（引用文中の（中略）は原文のままである）。これらを読んで、後の問い（問1〜6）に答えよ。なお、設問の都合で表記を一部改めている。

【文章Ⅰ】

1 寝返りさえ自らままならなかった子規にとっては、室内にさまざまなものを置き、それをながめることが楽しみだった。そして、ガラス障子のむこうに見える庭の植物や空を見ることが慰めだった。味覚のほかは視覚こそが子規の自身の存在を確認する感覚だった。子規は、視覚の人だったともいえる。障子の紙をガラスに入れ替えることで、A<u>子規は季節や日々の移り変わりを楽しむことができた</u>。

2 (注1)『墨汁一滴』の三月一二日には「不平十ケ条」として、「板ガラスの日本で出来ぬ不平」と書いている。この不平を述べている一九〇一（明治三四）年、たしかに日本では板ガラスは製造していなかったようだ。(注2)石井研堂の『増訂明治事物起原』には、『（明治）三十六年、原料も総て本邦のものにて、完全なる板硝子を製出せり。大正三年、欧州大戦の影響、本邦の輸入硝子は其船便を失ふ、是に於て、旭硝子製造会社等の製品が、漸く用ひらるることとなり、わが板硝子界は、大発展を遂ぐるに至れり」とある。

3 これによると板ガラスの製造が日本で始まったのは、一九〇三年ということになる。子規が不平を述べた二年後である。してみれば、虚子[注3]のすすめで子規の書斎（病室）に入れられた「ガラス障子」は、輸入品だったのだろう。高価なものであったと思われる。高価であってもガラス障子にすることで、子規は、庭の植物に季節の移ろいを見ることができ、青空や雨をながめることができるようになった。ほとんど寝たきりで身体を動かすことができなくなり、絶望的な気分の中で自殺することも頭によぎっていた子規。彼の書斎（病室）は、ガラス障子によって「見ることのできる装置（室内）」あるいは「見るための装置（室内）」へと変容したのである。

4 映画研究者のアン・フリードバーグ[注4]は、『ヴァーチャル・ウインドウ』の(ア)ボウトウで、「窓」は「フレーム」であり「スクリーン」でもあるといっている。

> 窓はフレームであるとともに、プロセニアム〔舞台と客席を区切る額縁状の部分〕でもある。窓の縁〔エッジ〕が、風景を切り取る。窓は外界を二次元の平面へと変える。つまり、窓はスクリーンとなる。窓と同様に、スクリーンは平面であると同時にフレーム――映像〔イメージ〕が投影される反射面であり、視界を制限するフレーム――でもある。スクリーンは建築のひとつの構成要素であり、新しいやり方で、壁の通風を演出する。

5 子規の書斎は、ガラス障子によるプロセニアムがつくられたのであり、それは外界を二次元に変えるスクリーンでありフレームとなったのである。B ガラス障子は「視覚装置」だといえる。

6 子規の書斎（病室）の障子をガラス障子にすることで、その室内は「視覚装置」となったわけだが、実のところ、外界をながめることのできる「窓」は、視覚装置として、建築・住宅にもっとも重要な要素としてある。

7 建築家のル・コルビュジエは、いわば視覚装置としての「窓」をきわめて重視していた。そして、彼は窓の構成こそ、建築を決定しているとまで考えていた。したがって、子規の書斎（病室）とは比べものにならないほど、ル・コルビュジエは、視覚装置としての窓の多様性を、デザインつまり表象として実現していった。とはいえ、窓が視覚装置であるという点においては、子規の書斎（病室）のガラス障子といささかもかわることはない。しかし、ル・コルビュジエは、住まいを徹底した視覚装置、まるでカメラのように考えていたという点では、子規のガラス障子のようにおだやかなものではなかった。子規のガラス障子は、フレームではあっても、操作されたフレームではない。他方、Cル・コルビュジエの窓は、確信を持ってつくられたフレームであった。

8 ル・コルビュジエは、ブエノス・アイレスで(イ)行った講演のなかで、「建築の歴史を窓の各時代の推移で示してみよう」といい、また窓によって「建築の性格が決定されてきたのです」と述べている。そして、古代ポンペイの出窓、ロマネスクの窓、ゴシックの窓、さらに一九世紀パリの窓から現代の窓のあり方までを歴史的に検討してみせる。そして「窓は採光のためにあり、換気のためではない」とも述べている。こうしたル・コルビュジエの窓についての言説について、アン・フリードバーグは、ル・コルビュジエのいう住宅は「住むための機械」であると同時に、それはまた「見るための機械でもあった」のだと述べている。さらに、ル・コルビュジエは、窓に換気ではなく「視界と採光」を優先したのであり、それは「窓のフレームと窓の形、すなわち「アスペクト比」の変更を引き起こした」と指摘している。ル・コルビュジエは窓を、外界を切り取るフレームだと捉えており、その結果、窓の形、そして「アスペクト比」（ディスプレイの長辺と短辺の比）が変化したというのである。

9 実際彼は、両親のための家をレマン湖のほとりに建てている。まず、この家は、塀（壁）で囲まれているのだが、これについてル・コルビュジエは、次のように記述している。

囲い壁の存在理由は、北から東にかけて、さらに部分的に南から西にかけて視界を閉ざすためである。四方八方に蔓延（まんえん）する景色というものは圧倒的で、焦点をかき、長い間にはかえって退屈なものになってしまう。このような状況では、もはや〝私たち〟は風景を〝眺める〟ことができないのではなかろうか。景色を(ウ)望むには、むしろそれを限定しなければならない。思い切った判断によって選別しなければならないのだ。すなわち、まず壁を建てることによって視界を遮（さえ）ぎり、つぎに連（つ）らなる壁面を要所要所取り払い、そこに水平線の広がりを求めるのである。（『小さな家』(注5)）

10 風景を見る「視覚装置」としての窓（開口部）と壁をいかに構成するかが、ル・コルビュジエにとって課題であったことがわかる。

（柏木博（かしわぎひろし）『視覚の生命力――イメージの復権』による）

【文章Ⅱ】

1 一九二〇年代の最後期を飾る初期の古典的作品サヴォア邸(注6)は、見事なプロポーション(注7)をもつ「横長の窓」を示す。が一方、「横長の窓」を内側から見ると、それは壁をくりぬいた窓であり、その意味は反転する。それは四周を遮る壁体となる。「横長の窓」は、「横長の壁」となって現われる。「横長の窓」は一九二〇年代から一九三〇年代に入ると、「全面ガラスの壁面」へと移行する。スイス館(注8)がこれをよく示している。しかしながらスイス館の屋上庭園の四周は、強固な壁で囲われている。大気は壁で仕切られているのである。

2 かれは初期につぎのようにいう。「住宅は沈思黙考の場である」。あるいは「人間には自らを消耗する〈仕事の時間〉があり、自らをひき上げて、心の(エ)キンセンに耳を傾ける〈瞑想（めいそう）の時間〉とがある」。

3 これらの言葉には、いわゆる近代建築の理論においては説明しがたい一つの空間論が現わされている。一方は、いわば光の(オ)ウトんじられる世界であり、他方は光の溢（あふ）れる世界である。つまり、前者は内面的な世界に、後者は外的な世界に関わっている。

4 かれは『小さな家』において「風景」を語る：「ここに見られる囲い壁の存在理由は、北から東にかけて、さらに部分的に南から西にかけて視界を閉ざすためである。四方八方に蔓延する景色というものは圧倒的で、焦点をかき、長い間にはかえって退屈なものになってしまう。このような状況では、もはや〝私たち〟は風景を〝眺める〟ことができないのではなかろうか。景色を望むには、むしろそれを限定しなければならない。（中略）北側の壁と、そして東側と南側の壁とが〝囲われた庭〟を形成すること、これがここでの方針である」。

サヴォア邸

5 ここに語られる「風景」は動かぬ視点をもっている。かれが多くを語った「動く視点」にたいするこの「動かぬ視点」は風景を切り取る。視点と風景は、一つの壁によって隔てられ、そしてつながれる。風景は一点から見られ、眺められる。D壁がもつ意味は、風景の観照の空間的構造化である。この動かぬ視点（注9）theoria（テオリア）の存在は、かれにおいて即興的なものではない。

6 かれは、住宅は、沈思黙考、美に関わると述べている。初期に明言されるこの思想は、明らかに動かぬ視点をもっている。その後の展開のなかで、沈思黙考の場をうたう住宅論は、動く視点が強調されるあまり、ル・コルビュジエにおいて影をひそめた感がある。しかしながら、このテーマはル・コルビュジエが後期に手がけた「礼拝堂」(注10)や「修道院」において再度主題化され、深く追求されている。「礼拝堂」や「修道院」は、なによりも沈思黙考、瞑想の場である。つまり、後期のこうした宗教建築を問うことにおいて、動く視点にたいするル・コルビュジエの動かぬ視点の意義が明瞭になる。

(呉谷充利(くれたにみつとし)『ル・コルビュジエと近代絵画――二〇世紀モダニズムの道程』による)

(注)1 『墨汁一滴』――正岡子規(一八六七―一九〇二)が一九〇一年に著した随筆集。
2 石井研堂――ジャーナリスト、明治文化研究家(一八六五―一九四三)。
3 虚子――高浜虚子(一八七四―一九五九)。俳人、小説家。正岡子規に師事した。
4 アン・フリードバーグ――アメリカの映像メディア研究者(一九五二―二〇〇九)。
5 『小さな家』――ル・コルビュジエ(一八八七―一九六五)が一九五四年に著した書物。自身が両親のためにレマン湖のほとりに建てた家について書かれている。
6 サヴォア邸――ル・コルビュジエの設計で、パリ郊外に建てられた住宅。
7 プロポーション――つりあい。均整。
8 スイス館――ル・コルビュジエの設計で、パリに建てられた建築物。
9 動かぬ視点theoria(テオリア)――ギリシア語で、「見ること」「眺めること」の意。
10 「礼拝堂」や「修道院」――ロンシャンの礼拝堂とラ・トゥーレット修道院を指す。

問1 次の(i)・(ii)の問いに答えよ。

(i) 傍線部(ア)・(エ)・(オ)に相当する漢字を含むものを、次の各群の①～④のうちから、それぞれ一つずつ選べ。

(ア) ボウトウ
① 流行性のカンボウにかかる
② 今朝はネボウしてしまった
③ 過去をボウキャクする
④ 経費がボウチョウする

(エ) キンセン
① ヒキンな例を挙げる
② 食卓をフキンで拭く
③ モッキンを演奏する
④ 財政をキンシュクする

(オ) ウトんじられる
① 裁判所にテイソする
② 地域がカソ化する
③ ソシナを進呈する
④ 漢学のソヨウがある

(ii) 傍線部(イ)・(ウ)と同じ意味を持つものを、次の各群の①〜④のうちから、それぞれ一つずつ選べ。

(イ) 行った
① 行シン
② 行レツ
③ リョ行
④ リ行

(ウ) 望む
① ホン望
② ショク望
③ テン望
④ ジン望

問2 傍線部A「子規は季節や日々の移り変わりを楽しむことができた」とあるが、それはどういうことか。その説明として最も適当なものを、次の①〜⑤のうちから一つ選べ。

① 病気で絶望的な気分で過ごしていた子規にとって、ガラス障子越しに外の風物を眺める時間が現状を忘れるための有意義な時間になっていたということ。
② 病気で塞ぎ込み生きる希望を失いかけていた子規にとって、ガラス障子から確認できる外界の出来事が自己の救済につながっていったということ。
③ 病気で寝返りも満足に打てなかった子規にとって、ガラス障子を通して多様な景色を見ることが生を実感する契機となっていたということ。
④ 病気で身体を動かすことができなかった子規にとって、ガラス障子という装置が外の世界への想像をかき立ててくれたということ。
⑤ 病気で寝たきりのまま思索していた子規にとって、ガラス障子を取り入れて内と外が視覚的につながったことが作風に転機をもたらしたということ。

問3　傍線部B「ガラス障子は『視覚装置』だといえる」とあるが、筆者がそのように述べる理由として最も適当なものを、次の①～⑤のうちから一つ選べ。

① ガラス障子は、季節の移ろいをガラスに映すことで、隔てられた外界を室内に投影して見る楽しみを喚起する仕掛けだと考えられるから。
② ガラス障子は、室外に広がる風景の範囲を定めることで、外の世界を平面化されたイメージとして映し出す仕掛けだと考えられるから。
③ ガラス障子は、外の世界と室内とを切り離したり接続したりすることで、視界に入る風景を制御する仕掛けだと考えられるから。
④ ガラス障子は、視界に制約を設けて風景をフレームに収めることで、新たな風景の解釈を可能にする仕掛けだと考えられるから。
⑤ ガラス障子は、風景を額縁状に区切って絵画に見立てることで、その風景を鑑賞するための空間へと室内を変化させる仕掛けだと考えられるから。

問4　傍線部C「ル・コルビュジエの窓は、確信を持ってつくられたフレームであった」とあるが、「ル・コルビュジエの窓」の特徴と効果の説明として最も適当なものを、次の①～⑤のうちから一つ選べ。

① ル・コルビュジエの窓は、外界に焦点を合わせるカメラの役割を果たすものであり、壁を枠として視界を制御することで風景がより美しく見えるようになる。

② ル・コルビュジエの窓は、居住性を向上させる機能を持つものであり、採光を重視することで囲い壁に遮られた空間の生活環境が快適なものになる。

③ ル・コルビュジエの窓は、アスペクト比の変更を目的としたものであり、外界を意図的に切り取ることで室外の景色が水平に広がって見えるようになる。

④ ル・コルビュジエの窓は、居住者に対する視覚的な効果に配慮したものであり、囲い壁を効率よく配置することで風景への没入が可能になる。

⑤ ル・コルビュジエの窓は、換気よりも視覚を優先したものであり、視点が定まりにくい風景に限定を施すことでかえって広がりが認識されるようになる。

問5 傍線部D「壁がもつ意味は、風景の観照の空間的構造化である」とあるが、これによって住宅はどのような空間になるのか。その説明として最も適当なものを、次の①〜⑤のうちから一つ選べ。

① 三方を壁で囲われた空間を構成することによって、外光は制限されて一方向からのみ部屋の内部に取り入れられる。このように外部の光を調整する構造により、住宅は仕事を終えた人間の心を癒やす空間になる。

② 外界を壁と窓で切り取ることによって、視点は固定されてさまざまな方向から景色を眺める自由が失われる。このように壁と窓が視点を制御する構造により、住宅はおのずと人間が風景と向き合う空間になる。

③ 四周の大部分を壁で囲いながら開口部を設けることによって、固定された視点から風景を眺め

ることが可能になる。このように視界を制限する構造により、住宅は内部の人間が静かに思索をめぐらす空間になる。

④ 四方に広がる空間を壁で限定することによって、選別された視角から風景と向き合うことが可能になる。このように一箇所において外界と人間がつながる構造により、住宅は風景を鑑賞するための空間になる。

⑤ 周囲を囲った壁の一部を窓としてくりぬくことによって、外界に対する視野に制約が課せられる。このように壁と窓を設けて内部の人間を瞑想へと誘導する構造により、住宅は自己省察するための空間になる。

問6 次に示すのは、授業で【文章Ⅰ】【文章Ⅱ】を読んだ後の、話し合いの様子である。これを読んで、後の(i)～(iii)の問いに答えよ。

生徒A――【文章Ⅰ】と【文章Ⅱ】は、両方ともル・コルビュジエの建築における窓について論じられていたね。
生徒B――【文章Ⅰ】にも【文章Ⅱ】にも同じル・コルビュジエからの引用文があったけれど、少し違っていたよ。
生徒C――よく読み比べると、［ X ］。
生徒B――そうか、同じ文献でもどのように引用するかによって随分印象が変わるんだね。
生徒C――【文章Ⅰ】は正岡子規の部屋にあったガラス障子をふまえて、ル・コルビュジエの話題に移っていた。

生徒B――なぜわざわざ子規のことを取り上げたのかな。
生徒A――それは、[Y]のだと思う。
生徒B――なるほど。でも、子規の話題は【文章Ⅱ】の内容ともつながるような気がしたんだけど。
生徒C――そうだね。【文章Ⅱ】と関連づけて【文章Ⅰ】を読むと、[Z]と解釈できるね。
生徒A――こうして二つの文章を読み比べながら話し合ってみると、いろいろ気づくことがあるね。

(i) 空欄[X]に入る発言として最も適当なものを、次の①〜④のうちから一つ選べ。

① 【文章Ⅰ】の引用文は、壁による閉塞とそこから開放される視界についての内容だけど、【文章Ⅱ】の引用文では、壁の圧迫感について記された部分が省略されて、三方を囲んで形成される壁の話に接続されている
② 【文章Ⅰ】の引用文は、視界を遮る壁とその壁に設けられた窓の機能についての内容だけど、【文章Ⅱ】の引用文では、壁の機能が中心に述べられていて、その壁によってどの方角を遮るかが重要視されている
③ 【文章Ⅰ】の引用文は、壁の外に広がる圧倒的な景色とそれを限定する窓の役割についての内容だけど、【文章Ⅱ】の引用文では、主に外部を遮る壁の機能について説明されていて、窓の機能には触れられていない
④ 【文章Ⅰ】の引用文は、周囲を囲う壁とそこに開けられた窓の効果についての内容だけど、【文章Ⅱ】の引用文では、壁に窓を設けることの意図が省略されて、視界を遮って壁で囲う効果が強

調されている

(ii) 空欄 Y に入る発言として最も適当なものを、次の①〜④のうちから一つ選べ。

① ル・コルビュジエの建築論が現代の窓の設計に大きな影響を与えたことを理解しやすくするために、子規の書斎にガラス障子がもたらした変化をまず示した

② ル・コルビュジエの設計が居住者と風景の関係を考慮したものであったことを理解しやすくするために、子規の日常においてガラス障子が果たした役割をまず示した

③ ル・コルビュジエの窓の配置が採光によって美しい空間を演出したことを理解しやすくするために、子規の芸術に対してガラス障子が及ぼした効果をまず示した

④ ル・コルビュジエの換気と採光についての考察が住み心地の追求であったことを理解しやすくするために、子規の心身にガラス障子が与えた影響をまず示した

(iii) 空欄 Z に入る発言として最も適当なものを、次の①〜④のうちから一つ選べ。

① 病で絶望的な気分の中にいた子規は、書斎にガラス障子を取り入れることで内面的な世界を獲得したと言える。そう考えると、子規の書斎もル・コルビュジエの主題化した宗教建築として機能していた

② 病で外界の眺めを失っていた子規は、書斎にガラス障子を取り入れることで光の溢れる世界を獲得したと言える。そう考えると、子規の書斎もル・コルビュジエの指摘する仕事の空間とし

て機能していた

③ 病で自由に動くことができずにいた子規は、書斎にガラス障子を取り入れることで動かぬ視点を獲得したと言える。そう考えると、子規の書斎もル・コルビュジエの言う沈思黙考の場として機能していた

④ 病で行動が制限されていた子規は、書斎にガラス障子を取り入れることで見るための機械を獲得したと言える。そう考えると、子規の書斎もル・コルビュジエの住宅と同様の視覚装置として機能していた

決める! KIMERU SERIES 分析

まずは確認。**リード文から「設定」「設問の条件」をきちんと読み取りましたか?**

「設定や条件がポイントだよ」とこれだけ強調していても、まだきちんと見ていない人もいるでしょう。絶対に意識してくださいね。逆に「意識して見たけれど、うまくヒントが取れなかったよ」という人もいるでしょう。その人はね、焦らなくてもいいからね。コツコツ練習していけば、必ず意味あるヒントが取れるようになります。大丈夫。では、リード文を確認してみましょう。

> 次の【文章Ⅰ】は、正岡子規の書斎にあったガラス障子と建築家ル・コルビュジエの建築物における窓について考察したものである。また、【文章Ⅱ】は、❶**ル・コルビュジエの窓について【文章Ⅰ】とは別の観点から考察したもの**である。❷**どちらの文章にもル・コルビュジエ著『小さな家』からの引用が含まれている**（引用文中の（中略）は原文のままである）。これらを読んで、後の問い（問1〜6）に答えよ。

かなり重要な「読解のヒント」がつかめるのがわかりますか? 一緒に**読解ナビ**を作ってみましょう。

まずは❶から得られるヒント。【文章Ⅰ】と【文章Ⅱ】は、「建築家ル・コルビュジエの建築物における窓」という**同じ話題について「別の観点」で考察したもの**だとありますね。ということは当然、**「両者の相違点」を読み取っていく**ということです。

次に❷からのヒント。**どちらにも同じ『小さな家』から文章が引用されている**、とあります。〈引用文〉は、筆者が「自分の主張を伝えるために用いる」ものでしたよね。【文章Ⅰ】と【文章Ⅱ】は、❶で確認したように論点が違うんです。**「別の観点から考察した文章＝主張したいことが違う」のに「同じ引用をしている」**。ということは、当然、**「同じ文章でも『引用のされ方』が違うんだな」**と予想できるわけです。まとめると、こうなります。

読解ナビ

【文章Ⅰ】

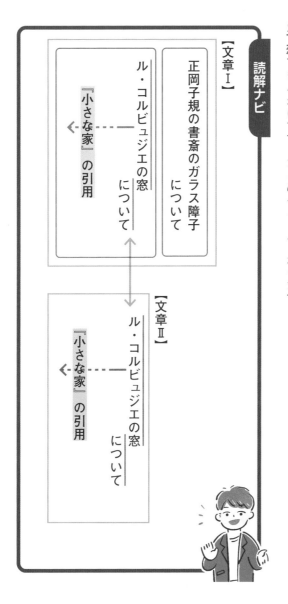

正岡子規の書斎のガラス障子について

ル・コルビュジエの窓について ← 『小さな家』の引用

↕

【文章Ⅱ】

ル・コルビュジエの窓について ← 『小さな家』の引用

――という論点の【文章Ⅰ】では、〈引用文〉は――を論じるために用いられているはずですし、――が論点の【文章Ⅱ】では――を論じるために用いられているはずです。

実はね、いま見てきたヒント以上に、さらにもう一つ予想できることがあります。【文章Ⅰ】の話題は、「正岡子規の書斎にあったガラス障子」と「建築家ル・コルビュジエの建築物における窓」についてでしたよね。この2つについて論じるんです。ということは、**この両者にも〈共通点〉か〈相違点〉、もしくはその両方がある。**だからこそ並べて論じられている。そう予想できます。

みなさんはすでに問題を解いているのでわかるでしょうが、実際、そういう話でしたね。そして、設問は次のように付加されていました。気づきましたか？

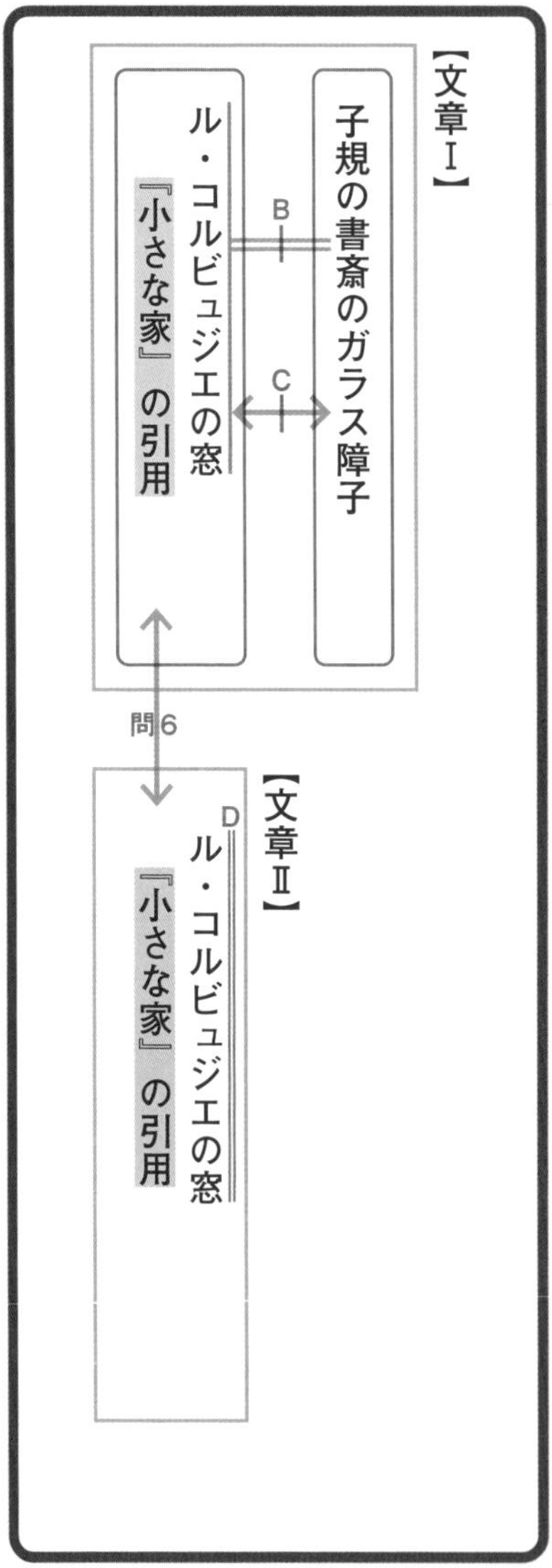

【文章Ⅰ】の「子規のガラス障子」と「コルビュジエの窓」の〈共通点〉を傍線部Bで問い、〈相違点〉を傍線部Cで問う。【文章Ⅱ】の論点を傍線部Dで問い、最後の問6が**【文章Ⅰ】【文章Ⅱ】**の〈比較〉です。〈引用文〉についても問われていましたね。

こんなふうに、**共通テストの評論問題では、傍線部は「意味段落の核心部分」に引かれること**がほとんど。出題者はきちんと大事なところを設問にしている、ということです。逆にいえば、読解のヒントに使える、ということです。

ここまで解説してきたように、「リード文」や「設問の条件」、「傍線部」など、頭を働かせて様々な情報を利用できるようになっていってください。それを使って**読解ナビ**を作る。最強の〈速読・速解〉対策ができるようになるはずです。

POINT

「複数テキスト問題」のポイント

★読み取るのは〈共通点〉と〈相違点〉！

↓そのために本文の「ホネ」を残せ！

★「リード文・設問の条件」など〝情報〟にアンテナを張れ！

さあ、これで**読解ナビ**ができました。あくまで「こうなるだろうな」という〝予想〟ですが、「**リード文＝出題者がする条件設定」に基づいての予想ですから、かなりの確率で予想通りの展開になります。**もし違ったらどうするかって？　そりゃあ方向修正します。それも応用力です。とにかく、まずはこうやって、リード文から「予想できる」こと、自分で「俯瞰的な予想」を立てられるようになることが重要です。

では、**読解ナビ**に基づいて文章を見ていきましょう。紙幅の関係で、ポイントを絞って解説します。まずは**【文章Ⅰ】**からです。【文章Ⅰ】は、下のように大きく２つの〈意味段落〉に区切ることができます。

【文章Ⅰ】

- **第Ⅰ意味段落**　1 → 5　**子規の書斎のガラス障子**
- **第Ⅱ意味段落**　6 → 10　**ル・コルビュジエの窓**

第Ⅰ意味段落（1～5段落）が「子規の書斎のガラス障子」についての話、**第Ⅱ意味段落**（6～10段落）が「ル・コルビュジエの建築における窓」の話です。

第7段落で述べられていたように、子規のガラス障子もコルビュジエの窓も「『視覚装置』である」という点では同じなのですが、違う点がある。それは、コルビュジエの窓の方が、より「操作的に、つくられたフレームであった」という点です。「意識的に作った窓」だということですね。

> しかし、ル・コルビュジエは、住まいを徹底した視覚装置、まるでカメラのように考えていたという点では、子規のガラス障子のようにおだやかなものではなかった。子規のガラス障子は、フレームではあっても、操作されたフレームではない。**他方**、**ル・コルビュジエの窓は、確信を持ってつくられたフレームであった。**

第Ⅱ意味段落は、最後まで「コルビュジエの窓＝つくられた窓」という論点です。

引用の直後に「風景を見る『視覚装置』としての窓（開口部）と壁をいかに構成するかが、ル・コルビュジエにとって課題であった」とあるように、最後の『小さな窓』の引用も、コルビュジエにとっての「窓」は「操作的に、つくられたフレームであった」ということの繰り返しですね。当然、「引用文」の内容も、同様のはずです。

まとめてみましょう。

ポイントのまとめ

【文章Ⅰ】

1 5 子規の書斎のガラス障子 ＝ 「視覚装置」(B) フレームでありスクリーンである

6 10 ル・コルビュジエの窓 ＝ 「視覚装置」である点は同じ

より操作的に、つくられたフレーム (C)

引用 ← いかに構成するかが、課題であった

傍線部B・Cが、　　　と——という、論旨の重要な部分に付加されていることがわかりますね。設問を解いていきましょう。

問2

傍線部の説明問題です。

病気で「寝返りさえままならなかった子規」（15行目には「寝たきりで身体を動かすことができなくなり、絶望的な気分の中で自殺することも頭によぎっていた子規」とあります）にとっては、室内に様々なものを置いて眺めたり、ガラス障子の向こうに見える景色を眺めるのが慰めだった、とあります。ということは、この慰めがなければ「死んでしまいたいと思う」わけですから、子規は視覚によって「生きる力が持てた」ということです。これが3行目の「視覚こそが子規自身の存在を確認する感覚だった」という意味です。

傍線部Aを含む一文を確認すると、「障子の紙をガラスに入れ替えることで↓子規は季節や日々の移り変わりを楽しむことができた」とあります。いま説明したように、ここで言う「楽しむ」は単に「風景を楽しむ」という意味ではなく、「自分の存在を確認する＝自分が生きているということを確かめる」行為だった、ということですね。ですから、それを説明している選択肢を選びます。

正解は③。「ガラス障子を通して多様な景色を見る↓生を実感する契機となっていた」が、必要な内容をバッチリ説明しています。

①は「現状を忘れるための有意義な時間」が、④は「外の世界への想像をかき立ててくれた」が、⑤は「作風に転機をもたらした」が、いずれも「自分の存在を確認する」の説明として×です。

②は、「ガラス障子から確認できる外界の出来事が」が×。「庭や空」は「出来事」ではありません。

解答　問2　③

問3

この設問は重要。しっかり解説を読んでください！　まずは設問を確認しましょう。

> 傍線部B「ガラス障子は『視覚装置』だといえる」とあるが、筆者がそのように述べる理由として最も適当なものを、次の①～⑤のうちから一つ選べ。

この条件を見て、答えの形がパッと思い浮かばない人は要注意！　このタイプの問題は、知っていれば即決、知らないと時間がかかることが多いんです。ここで《解》の技法をしっかり覚えてください。

「なぜか」ではなくて「なぜ…と言うのか（考えるのか）」と問う理由説明のことを、普通の理由説明とは区別して〈判断根拠説明〉と呼びます。結論から言うと、〈判断根拠説明〉では「答え」が、

「傍線部の言い換え説明」＋から

になることが多いんです。たとえば、こんな感じです。

> 彼は、キャプテンに相応しい。（傍線A）［なぜそのように言うのか］
> ←
> 言葉より態度で部員を引っ張るべきキャプテンには、黙々と地道に努力を続けてきた彼が相応しいと考えたから。

答えが「キャプテン」と「彼」の〈言い換え説明〉になっていますね。「キャプテンはどんな存在か」と「彼はどんな人か」という説明をすれば、〈傍線部と判断した根拠〉の説明ができるわけです。

もう一つ例を挙げてみましょう。

A 冬のイカ釣りには**この仕掛け**が最適だ。　**【そのように述べるのはなぜか】**

←

海が荒れ気味のコンディションのことが多い冬のイカ釣りには、**水中での安定感に定評があるこの仕掛け**が最適だと言える**から**。

こんな具合です。〈解法〉をまとめておきます。

POINT

〈解〉の技法「判断根拠説明」のポイント

★「なぜ……と言うのか／述べるのか」という条件の理由説明は〈判断根拠説明〉。

普通の理由説明とは区別して考えろ！

答えは

「傍線部の言い換え説明」＋から。　**で考えればOK！**

なぜそのような〈解法〉になるのかを、簡単に説明しておきます。

〈判断根拠説明〉の設問では、傍線部は「ある人の判断」です。（たとえば「彼はキャプテンにふさわしい」）。その「傍線部＝ある人の判断」に対して**「なぜそう言うの？（考えたの？）」**と問う時、問うている人が**知りたいのは「その人がどう考えているのか」**です。だから、「傍線部＝ある人の判断」を詳しく「言い換え」説明すれば、答えになるんですね。

では、これを踏まえて、今回の設問を解いてみましょう。

> 傍線部B「ガラス障子は『視覚装置』だといえる」とあるが、**筆者がそのように述べる理由**として最も適当なものを、次の①～⑤のうちから一つ選べ。

右の設問の条件を見て「あ、〈判断根拠説明〉だ」とわかれば、すぐに**答えは「傍線部＋から」**だとわかります。あとは傍線部の**「ガラス障子＝《『視覚装置』だ》」**を〈言い換え〉ればOKです。文脈から、〈言い換え〉を探していきましょう。

第4段落を整理すると、次のようになっています。

段落頭で「アン・フリードバーグは、『窓』は『フレーム』であり『スクリーン』でもあるといっている」と述べた上で、アン・フリードバーグの文章を〈引用〉します。ということは、引用文も「フレーム」と「スクリーン」の話をしているんだろうな、と予想できますね。案の定、その通りの内容になっていました。さらに、引用のあとも同じように　　　と　　　の話です。

アン・フリードバーグは、

「窓」は《**「フレーム」**であり**「スクリーン」**でもある》と言っている。

窓は《**スクリーン**＝外界を二次元平面の映像として投影する面

フレーム・プロセニアム＝視界を額縁状に制限する》

（引用文）

正岡子規の書斎は、**ガラス障子**による**プロセニアム**がつくられたのであり、

それは《**スクリーン**であり**フレーム**となった》のである。

B

ガラス障子は《**「視覚装置」**だ》といえる

こう整理できれば《　》部分の言い換えは、《スクリーンとフレーム》の説明をすればいいんだと、わかりますね。

正解は②です。きちんとその2点の説明ができています。

② ガラス障子は、**室外に広がる風景の範囲を定める**ことで、**外の世界を平面化されたイメージとして映し出す**仕掛けだと考えられるから。

他の選択肢はこの2点の説明ができていません。

① ガラス障子は、季節の移ろいをガラスに映すことで、隔てられた外界を室内に投影して見る楽しみを喚起する仕掛けだと考えられるから。×
③ ガラス障子は、外の世界と室内とを切り離したり接続したりすることで、視界に入る風景を制御する仕掛けだと考えられるから。×
④ ガラス障子は、視界に制約を設けて風景をフレームに収めることで、新たな風景の解釈を可能にする仕掛けだと考えられるから。×
⑤ ガラス障子は、風景を額縁状に区切って絵画に見立てることで、その風景を鑑賞するための空間へと室内を変化させる仕掛けだと考えられるから。×

①は、**「フレーム＝枠で区切る」という説明がありません**。さらに、後半の「外界を室内に投影し」が×。投影されるのは「ガラス障子」にであって「室内」ではありませんね。

③は、「外の世界と室内とを切り離したり接続したりする」が×。**「フレーム」の説明にも「スクリーン」の説明にもなっていません**。

④は、「フレーム」の説明はありますが、**「スクリーン＝外界を二次元平面に映し出す」の説明がありません**。さらに「新たな風景の解釈を可能にする」もここで必要な説明になっていませんね。

⑤は、「フレーム＝額縁状に区切る」はよいのですが、そのことは、即「絵画に見立てる」ことには限定されません。単に「平面に映す」と言っているだけですから、必ずしも「絵画に見立てる（＝なぞ

らえる)」のではありませんね。したがって×です。

以上より、**正解は②**となります。

解答 **問3** ②

問4

傍線部は、第Ⅱ意味段落の核心部分に付加されています。

「窓＝『視覚装置』」という点では同じである子規のガラス障子とコルビュジエの窓にも、違いがありました。それは、コルビュジエの窓は「操作された」もの、「つくられた」フレームだという点です。ここを傍線部にしているのが問4です。

そのことが意識できていれば、この設問は**「コルビュジエの『窓』が、どんなふうに『つくられた』のか」**を説明する問題だとわかります。文脈でチェックしていきましょう。

傍線部に続く第8〜10段落を吟味します。第9段落には引用文がありますね。本来であれば「引用文は前後の説明がつかめれば〈速読〉してOK」でしたね。ところが今回は、引用の前の第8段落を見ても「コルビュジエの窓がどんなふうにつくられたのか」という説明はありません。さらに、引用の後ろの第10段落にもない。ということは、定石からは外れますが、今回は「引用文の中にそれを探すしかない」ということになります。

他方、cル・コルビュジエの窓は、確信を持ってつくられたフレームであった。

窓によって「建築の性格が決定されてきた」←
窓は採光のためにあり、換気のためではない
8 窓は外界を切り取るフレームだ
↓窓のフレームと窓の形、すなわち「アスペクト比」の変更を引き起こした

四方八方に広がる景色は焦点を欠いていて、退屈 ← …ⓐ

（引用）

囲い壁で視界を閉ざす／限定する ← …ⓑ
↓そこに「窓＝開口部」を開けることで、（風景に）水平線の広がりを求める …ⓒ

□部分を見てください。コルビュジエがどんなふうに、窓を「意識して」「操作的に」つくったのかという説明をしていますね。「ⓐなので、壁を作って限定するⓑ、その上で窓を開けることで水平線の広がりを求めるⓒ」とあります。「コルビュジエの窓がどんなふうにつくられているのか」をバッチリ説明していますね。もちろん、この「ⓐ→ⓑ→ⓒ」の流れを説明している選択肢が正解になります。

選択肢を見ていきましょう。

正解は⑤です。

> ⑤　ル・コルビュジエの窓は、換気よりも視覚を優先したものであり、**視点が定まりにくい風景に限定を施すことでかえって広がりが認識されるようになる。**

「視点が定まりにくい風景（ⓐ）に↓限定を施すことで（ⓑ）↓かえって広がりが認識される（ⓒ）」と、バッチリ「ⓐ↓ⓑ↓ⓒ」の流れを説明できていますね。

他の選択肢を見ていきましょう。

①は、「壁を枠として」が×です。「枠」は、「壁」ではなく「窓」です。

②は、「窓は居住性を向上させる」「生活環境が快適なものになる」が×です。焦点である「窓」の説明ができていません。

③は、「アスペクト比の変更を目的としたもの」が×。コルビュジエが「換気ではなく採光を重視した↓アスペクト比の変更を引き起こした」とありますから、「目的」ではなく「結果」です。

④は、迷う人が多い選択肢です。「囲い壁を効率よく配置することで」風景に没入できるのではありません。壁はあくまで「限定」しただけ。「窓＝開口部」が大切です。ですから×です。

解答　**問4**　⑤

以上で【文章Ⅰ】の設問は解答できました。次に【文章Ⅱ】を見ていくことにしましょう。

【文章Ⅱ】

読解ナビ を再確認してください。読んでいくのは【文章Ⅰ】との"相違点"ですね。
まずは「意味段落の核心」である傍線部をチェックします。傍線部は一本しかありません。

> D 壁がもつ意味は、風景の観照の空間的構造化である

論点は「壁がもつ意味」です。【文章Ⅰ】は「コルビュジエの窓」が中心の論点でしたから、「あ、もしかしたら『壁』と『窓』の違いなのかもな」と"軽く予想"してください。

本文を見ていきましょう。

第1段落は「サヴォア邸」という「住宅」の話ではじまります。サヴォア邸の特徴は「横長の窓」なのだけれど、それは内側から見れば「横長の壁」だといいます。やはり焦点は「壁」のようです。

第2・3段落で、人間には、外での「仕事の時間」と「瞑想の時間」があり、「住宅」は後者、「沈思黙考（心を静かに落ち着けて、黙って考える）」する、内的世界に関わる場である、と述べます。

第4段落に入ると『小さな家』の引用が出てきますね。本来ならさっと読み飛ばしてOKですが、今回は「引用のされ方の違い」を読み取ることが一つのポイントでした。ですから、今回は〈引用文〉を読む必要があります。**「壁」が焦点かな、と予想しながら"さっと"読んでみましょう。** 気づきましたか？　【文章Ⅰ】でチェックした引用文のポイント「ⓐ→ⓑ→ⓒ」のうち、「焦点が定まりにくい景色（ⓐ）→囲い壁はそれを限定することが存在理由だ（ⓑ）」という「ⓐ→ⓑ」の部分はありますが、ⓒの「窓」についての説明部分が【文章Ⅱ】では（中略）されてしまっているんです。やはり【文章Ⅰ】は「窓」に、【文章Ⅱ】は「壁」に注目しているところが、両者の〈相違点〉です。

ポイントのまとめ

サヴォア邸

「横長の窓」は内側から見れば「横長の壁」

住宅

「沈思黙考」の場

瞑想の時間・内面的な世界 ↔ 仕事の時間・外的な世界

囲い壁の存在理由＝視界を閉ざすため

・四方八方に広がる景色は焦点を欠き、退屈

・このような状況では、私たちは風景を〝眺める〟ことができない　（引用）

←

・景色を望むには、それを限定しなければならない

「動かぬ視点」は風景を切り取る／風景は一点から見られ、眺められる

視点と風景は壁によって隔てられ、つながれる

D 壁がもつ意味は、風景の観照の空間的構造化である

以上でポイントは整理できました。設問を見ていきましょう。

問5

傍線部の「観照」や「空間的構造化」という言葉を見て〝うわ、難しい〟と思ってしまった人。よーく条件を見てください。この設問は「傍線部によって住宅はどのような空間になるのか」を問うている問題です。傍線部の説明ではない。ということは、知らない言葉があっても、何らかのアプローチができるはずです。**ポイントのまとめ**より、次のように考えることができます。

囲い壁で視界を閉ざす
動かぬ視点で風景を切り取る　⇒　住宅は「沈思黙考」の場となる

＝　　　　　　　　　　　　　　　＝

D 壁がもつ意味は　⇒　風景の観照の空間的構造化である

「壁」は周囲を囲うことで「視界を閉ざし」、「動かぬ視点」によって風景を切り取ります。そのことによって、住宅は「沈思黙考の空間になる」と述べています。「観照（＝物事の本質を見極めること）」という意味がわからなくても、答えは導けますね。選択肢を見ていきましょう。

すべての選択肢が「により」で二分できます。もちろん、その上は「壁」で「視界を閉ざし」「動かぬ視点」を得るという説明、下は「沈思黙考の場となる」という説明をしている選択肢が正解です。

正解は③。上も下も、きちんと必要な説明ができています。
①は、上の「光を制限・調整」の時点で×。②は、下の「人間が風景と向き合う空間」が、④も、下の「風景を鑑賞するための空間」が「沈思黙考の場」の説明になっていないので×。
⑤は、迷う人が多い選択肢ですが、下の「自己省察する（＝自分のことを省みて考えをめぐらす）ための空間」は、静かに考える内容を「自分のこと」に限定してしまっています。その点が×です。

解答　問5　③

問6(i)

さあ、最後は「新課程問題」です。設問は【文章Ⅰ】【文章Ⅱ】を読んだ後に、生徒たちが話し合っているという設定で、その会話文に空欄補充する問題です。

> 生徒A——【文章Ⅰ】と【文章Ⅱ】は、両方ともル・コルビュジエの建築における窓について論じられていたね。
>
> 生徒B——【文章Ⅰ】にも【文章Ⅱ】にも**同じル・コルビュジエからの引用文があったけれど、少し違っていたよ。**
>
> 生徒C——よく読み比べると、［　X　］。
>
> 生徒B——そうか、同じ文献でもどのように引用するかによって随分印象が変わるんだね。

空欄 X は、予想通り「同じ引用文でも、引用のされ方が違う」という会話に空欄補充する問題です。ここまでの解説、特に【文章Ⅱ】の解説で説明したように、【文章Ⅰ】は「窓」が論の中心、【文章Ⅱ】は「壁」が中心でした。引用文を比較しても、【文章Ⅰ】では重要部分であった「窓」についての説明（ⓒの部分）が、【文章Ⅱ】の引用では（中略）されてしまっていましたね。

【文章Ⅰ】

囲い壁の存在理由は、北から東にかけて、さらに部分的に南から西にかけて視界を閉ざすためである。四方八方に蔓延（まんえん）する景色というものは圧倒的で、焦点をかき、長い間にはかえって退屈なものになってしまう。このような状況では、もはや〝私たち〟は風景を〝眺める〟ことができないのではなかろうか。景色を望むには、むしろそれを限定しなければならない。思い切った判断によって選別しなければならないのだ。すなわち、まず壁を建てることによって視界を遮（さえ）ぎり、つぎに連（つ）らなる壁面を要所要所取り払い、そこに水平線の広がりを求めるのである。

【文章Ⅱ】

囲い壁の存在理由は、北から東にかけて、さらに部分的に南から西にかけて視界を閉ざすためである。四方八方に蔓延（まんえん）する景色というものは圧倒的で、焦点をかき、長い間にはかえって退屈なものになってしまう。このような状況では、もはや〝私たち〟は風景を〝眺める〟ことができないのではなかろうか。景色を望むには、むしろそれを限定しなければならない。（中略）北側の壁と、そして東側と南側の壁とが〝囲われた庭〟を形成すること、これがここでの方針である

正解は④です。

④【文章Ⅰ】の引用文は、周囲を囲う壁とそこに開けられた窓の効果についての内容だけど、【文章Ⅱ】の引用文では、壁に窓を設けることの意図が省略されて、視界を遮って壁で囲う効果が強調されている

【文章Ⅰ】の説明では「壁→そこに窓を開ける効果（ⓑ→ⓒ）」がきちんと書かれていますし、【文章Ⅱ】の説明でも「窓の省略」「壁の強調」がきちんと書かれていますね。ばっちりです。

他の選択肢を見ておきましょう。

①は、【文章Ⅰ】の説明に「窓」への言及がないので×。②は、【文章Ⅰ】の説明はよいのですが、後半の【文章Ⅱ】の説明の、「どの方角を遮るかが重要視されている」が×です。③は、問4のポイント「ⓐなので、壁を作って閉ざしⓑ、その上で窓を開けるⓒ」を踏まえて解きます。③の前半は「広がる景色→窓で制限」となってしまっているのが×です。制限するのは「窓」ではなく「壁」です。

解答 問6（i） ④

問6（ii）

設問部分を確認しましょう。

生徒C——【文章Ⅰ】は正岡子規の部屋にあったガラス障子をふまえて、ル・コルビュジエの話題に移っていた。
生徒B——**なぜわざわざ子規のことを取り上げたのかな。**
生徒A——それは、［　Y　］のだと思う。

空欄［Y］には、直前の「なぜわざわざ子規のことを取り上げたのかな」という質問に対する生徒Aの返答が入ります。この話し合いは【文章Ⅰ・Ⅱ】を読んでの話し合いですから、空欄には生徒Aの個人的な考えが入るわけではなくて、【文章Ⅰ】の正しい読解内容が入ります。

考え方としては、「引用文」の場合と同じように考えます。つまり、**「筆者は、自分が主張したいことを読者に伝えるために、子規について述べた」**ということです。

選択肢を見てください。すべて「ル・コルビュジエの……を理解しやすくするために、子規のことについてまず示した」という構成になっていますね。

① **ル・コルビュジエの**建築論が現代の窓の設計に大きな影響を与えたことを**理解しやすくするために、子規の**書斎にガラス障子がもたらした変化を**まず示した**

では、筆者はなぜ「ル・コルビュジエ」のことを述べるために「子規」の話題を出すのでしょうか。

これも「引用文」と同様に考えればＯＫです。子規の話題を出すのは、ル・コルビュジエとの間に〈相違点〉か〈共通点〉があるからです。

さあ、そう言われて気づきましたか？

これは【文章Ⅰ】の中心論点ですよね。問３と問４、傍線部ＢとＣで設問になっていたポイントです。

ほら、やはり**「新課程問題」はそこまでの設問の解き方が勝負です。**170ページの**ポイントのまとめ**のように読解して、問３・４にきちんと解答できていれば、瞬殺です。

（共通点）窓は「視覚装置」だった　［↓問３・傍線部Ｂ］
（相違点）ル・コルビュジエの方が、意識的に操作した　［↓問４・傍線部Ｃ］

選択肢を見ていきましょう。**正解は②**です。

> ② ル・コルビュジエの設計が居住者と風景の関係を考慮したものであったことを理解しやすくするために、子規の日常においてガラス障子が果たした役割をまず示した

コルビュジエは、居住者がよい景色を眺められるように、「窓」を「視覚装置として」「意識的に」設計した、というのが【文章Ⅰ】の論点です。――部分はそのことを説明しています。そして、子規

のガラス障子も「視覚装置」だった点で同じなので、まず子規の話をした、という選択肢です。

他の選択肢を見ていきましょう。

① ル・コルビュジエの建築論が現代の窓の設計に大きな影響を与えたことを理解しやすくするために、子規の書斎にガラス障子がもたらした変化をまず示した

③ ル・コルビュジエの窓の配置が採光によって美しい空間を演出したことを理解しやすくするために、子規の芸術に対してガラス障子が及ぼした効果をまず示した

④ ル・コルビュジエの換気と採光についての考察が住み心地の追求であったことを理解しやすくするために、子規の心身にガラス障子が与えた影響をまず示した

①は、「ル・コルビュジエの建築論が現代の窓の設計に大きな影響を与えたことを理解しやすくするため」が×。「窓＝視覚装置だった」というのが中心の論点だからこそ、同じように「窓＝視覚装置」だった「子規のガラス障子」の話を持ってきたわけです。

③は、後半の「子規の芸術に対してガラス障子が及ぼした効果」が×です。「ガラス障子」が「子規の芸術に」影響したというような論点はありませんでした。

④は、前半の「換気と採光についての考察↓住み心地の追求」が×です。「窓」は「視覚装置」であり、「換気」のためにあるのではなくて「採光」のためのものだ、というのが【文章Ⅰ】で述べられていたことでした。

解答　**問6(ii)**　②

もう一度言いますが、**「新課程問題」自体は難しくはない。そこまでの設問の解き方が勝負！**です。

では最後の問題です。

問6(iii)

設問部分を確認しましょう。

> 生徒B――なるほど。**でも、子規の話題は【文章Ⅱ】の内容ともつながる**ような気がしたんだけど。
> 生徒C――そうだね。**【文章Ⅱ】と関連づけて【文章Ⅰ】を読むと、**［　Z　］**と解釈できるね。**
> 生徒A――こうして二つの文章を読み比べながら話し合ってみると、いろいろ気づくことがあるね。

続く**「～と解釈できる」**という表現から考えると、空欄には「こんなふうにも考えられるよね」という「解釈の可能性」が入ります。いかにも「新課程問題」の出題ですね。本文の内容から自分で発展的に考える**〈思考力〉**を問おうとしています。

それだけに、僕たち〝解説者〟がこの部分を強調しすぎてしまうと、受験生は**「自分で発展的に考える問題なんだな」と思いがち**です。

でもね、この**THEME 3**の冒頭でも説明したように、そういう思考をマーク式で問うのはやはり難しい。だから**「かならず設問に〈条件〉があって、それが解決の糸口になる」**わけです。そのことを意識してほしい。この問題の場合もそう。会話の——部分に注目してください。

子規の話題は【文章Ⅱ】の内容ともつながる

＝

【文章Ⅱ】と関連づけて↓【文章Ⅰ】を読むと↓ Z

決して「自由に解釈していい」わけではありません。**あくまで「【文章Ⅱ】と関連づけて読むと」なんです。条件付きの解釈。**そうなると、結局は【文章Ⅱ】の読解が勝負です。(ii)の問題と同じですね。やはり**そこまでの設問の解き方が勝負**です。選択肢を吟味していきましょう。

正解は③です。

③ 病で自由に動くことができずにいた子規は、書斎にガラス障子を取り入れることで動かぬ視点を獲得したと言える。そう考えると、**子規の書斎も**ル・コルビュジエの言う沈思黙考の場**として機能し**ていた

「住宅は沈思黙考の場」であり、「動かぬ視点」を持っている、という内容は【文章Ⅱ】の中心論点でしたね。それと関連づけて【文章Ⅰ】を解釈するわけですから、「動かぬ視点＝ガラス障子から見える景色」を持つ**「子規の書斎」**も「コルビュジエの住宅と同様**沈思黙考の場**として機能した」と解釈できますね。

他の選択肢を見ていきましょう。

① 病で絶望的な気分の中にいた子規は、書斎にガラス障子を取り入れることで内面的な世界を獲得したと言える。そう考えると、子規の書斎もル・コルビュジエの主題化した宗教建築として機能していた ×

② 病で外界の眺めを失っていた子規は、書斎にガラス障子を取り入れることで光の溢れる世界を獲得したと言える。そう考えると、子規の書斎もル・コルビュジエの指摘する仕事の空間として機能していた ×

④ 病で行動が制限されていた子規は、書斎にガラス障子を取り入れることで見るための機械を獲得したと言える。そう考えると、子規の書斎もル・コルビュジエの住宅と同様の視覚装置として機能していた ×

①は、「ル・コルビュジエの主題化した宗教建築」が【文章Ⅱ】に反していて×です。【文章Ⅱ】の最終段落では、「後期に手がけた『礼拝堂』や『修道院』においてこの**テーマ（＝動かぬ視点・それ**

による沈思黙考）が再主題化された」と述べているのであって、主題は「動かぬ視点」です。「宗教建築が主題」なのではありません。

②は、「ル・コルビュジエの指摘する仕事の空間として」が、これも【文章Ⅱ】に反していて×です。【文章Ⅱ】の2段落で、コルビュジエは「人間には〈仕事の時間〉と〈瞑想の時間〉とがある」と言ったと出てきますが、そのうち「住宅＝〈瞑想の時間〉」の方の空間を作るために、コルビュジエは「壁と窓」を用いたわけです。ですから「ガラス障子を用いた子規の書斎」が「ル・コルビュジエの指摘する仕事の空間として機能していた」は×です。

④は、「ル・コルビュジエの住宅と同様の視覚装置として機能していた」が×です。「え、『視覚装置』って本文で述べられていたよね？」と思った人は注意してください。そう、意外と気がつかない人が多いんです。実は「ル・コルビュジエの窓＝視覚装置」という論点は【文章Ⅰ】で述べられていたことなんです。でもここで求められているのは【文章Ⅱ】と関連づけて【文章Ⅰ】を解釈すること。だから【文章Ⅰ】の内容だけでは×です。ということで④は×なんです。

解答　**問6(iii)**　③

漢字は解答を示しておきます。(エ)「琴線」などは言葉の知識として覚えておきましょう。(ii)のような問題が出題される可能性はありますが、言葉の意味を考えれば解ける問題で、難問ではありません。

解答 **問1**

(i) (ア)＝① (エ)＝③ (オ)＝②

(ii) (イ)＝④ (ウ)＝③

以上見てきたように、苦手意識を持っている人も多い「新課程問題」も決して難しくはありません。ポイントは3つ。

❶ 出題者が設定している〈設問の条件〉をきちんと意識する
❷ そこまでの設問をきちんと解く
❸ 時間の余裕を作る

まずはTHEME 1〈読〉の技法と、THEME 2〈解〉の技法を、これからいろんな問題を通して徹底的に練習していってください。その中で「新課程問題」の正答率も上がっていくはずです。ここで身につけた道具で、みなさんが本番で高得点が取れることを願っています！

Memo

SECTION 2

小説（文学的な文章）分析編

THEME

1　小説〈心情問題〉を客観的に解くとは
2　小説　設問タイプ別の解法
3　共通テスト小説　新課程問題の攻略法

きめる! KIMERU SERIES

SECTION 2で学ぶこと

ここが問われる!

求められているのは、小説問題を「客観的に解く」こと。まずはそのための方法を知ろう!

まずは「そもそも論」から。

共通テストの小説問題は、「描かれていることを正確に読み取るテスト」です。キミが「どう感じたか」ではなくて、「作者はどう描いているのか」。それを「客観的に」読み取る。まずは大前提として、そういうテストだということを意識してください。

そこで問題になるのが、十人十色、人によって感じ方が違って当然の「心理＝主観的なもの」を、どうやって「客観的に」「読み」「解く」のかということ。**「読めているのに選択肢に引っ掛かってしまう」と嘆く人のほとんどはここがあいまいです。** まずはその方法を教えます。

ここが問われる!

表現、描写、論理型設問…。求められるのは心情把握だけではない!
心情問題以外の問題を解くポイントを知ろう!

共通テストの小説では、心情把握ばかりが設問になるわけではありません。

たとえば、**苦手な受験生が多い〈表現・叙述の問題〉。**いままで多くの先輩を教えた経験から言うと、解けない原因は、「苦手」だからではなくて「知らない」から。要は、「何を」問われ、「どんな選択肢になるのか」ということを、知らない受験生がほとんどです。

共通テストは「基本をきちんと踏まえておけば解けるテスト」です。設問タイプごとに、問われるポイントを教えます。


ここが問われる！


最後のポイントは、やはり「時短」。

限られた時間内で、速く正確に解くポイントを知ろう！


小説の実力はあっても、解くのに時間がかかってしまって、**評論や古文・漢文を解く時間を圧迫してしまうと実力も宝の持ち腐れ**になってしまうのが共通テストの悲しいところ。しかも、「小説はできるだけ時間短縮して、評論や古文に時間を回したい」という受験生も多いのではないでしょうか。評論同様、小説でも〈時短〉は重要な攻略ポイントです。

素早く読み解くには「道具」は少ないほうがいい。しかも、できるだけシンプルであるのが理想です。緊張感でキリキリするような本番でも落ち着いて「使える」、シンプルかつ最強な「道具」を与えます。

THEME 1

小説〈心情問題〉を客観的に解くとは

ここで固める！

攻略のために、まずは「敵を知る」

先入観を排して冷静に「敵＝過去問題」を分析し、身につけるべき力を明確にしよう！

POINT

手早くポイントをつかむために、「意識の切り替え」をしよう！

小説「読」のポイント　全体読み・部分読み

1 まずは「全体読み」
＊ストーリーの把握。「ざっくり」でＯＫ！
・「人物関係」「場面の変化」をつかむ。
・「主人公」を中心に、その「心理」を追って読む。

← 2 次に「部分読み」。解くために読む。
・「傍線部を中心に」分析。
・「事態→心理→行動」の３要素をチェック！

「2つ」の心情把握

THEME 1では、〈心情把握〉の方法を学んでいきます。〈心情把握〉のための読みには、大きく分けて2つのタイプがあります。

1「全体読み」…物語の「全体像」を読み取る。
2「部分読み」…傍線部における、その人物の心理を読み取る。

1は、「大きくストーリーをつかむ」読み、2は、「傍線部の周囲を丁寧に読む」読み、つまり「解くための読み」です。

本当なら問題文は丁寧に読みたい。でも、全部を丁寧に読んでいては時間が足りなくなってしまう。**共通テスト対策では、この相反する要求を満たす必要があります。**だから「ストーリーを把握」する時は、ざっくりと右にまとめた「読」のポイントぐらいをつかむように読む。その上で「傍線部を分析する時」は丁寧に。意識を切り替えることによって、「速く」しかし「丁寧に」という、矛盾した要求に応えることができます。

小説は「読めても解けない」人が多い

右ページのまとめを見てください。**「全体読み」と「部分読み」ではポイントが違っています。**「部分読み＝解く」時には、「全体読み＝読む」時よりもチェックするポイントが増える、と言い換えてもいい。ここを意識して欲しいんです。

よく、「小説は、話の内容がつかめたら、それで選択肢は選べる」と勘違いしている人がいます。「全体読み」だけで解けると思っているんですね。得意な人ほどその傾向が強い。でもね、そういう人はおそらく、**共通テストの過去問題をきちんと分析したことがない人**です。**だから、模試が解けたら過去問題もできると思っている**。でもそれは大きな誤解です。これから一緒に過去問題を分析していけば一目瞭然ですが、全体の流れを追うアバウトな読みでは選択肢は選べないんです。

かといって、全部を丁寧に見ていては時間が足りない。だから意識を切り替えて、設問部分だけは丁寧に読む「部分読み」をする。そういうことなんです。

「読めているのに解けない」の理由

これが、小説が**「読めているのに解けない」理由**です。

自分では小説が得意だと思っている生徒からよく受ける相談に、**「模試ではできるのに過去問になると解けない」**というのがあります。その理由がこれ。つまり、模試には「全体読み」だけで正答に至れる設問が多い、ということです。

では、次からいよいよ「部分読み＝客観的・分析的読み」の方法を学んでいきます。ここが共通テスト小説の最大のポイントと言ってもいいところです。しっかり読み込んで、理解してください！

○マーク式小説の「宿命」

まず最初に、みなさんに**「マーク式の小説問題は『矛盾』を孕んだテストである」という大前提を知っておいてほしいん**です。

どういうことか。

「マーク式問題＝客観テスト」ですから、答えは「客観的に」決まらなければなりません。つまりきちんと読めていれば「誰が解いても同じ答えにならなければならない」ということです。ところが「心理」は「主観的なもの」。同じ場所にいて、同じものを見たり聞いたりしても、感じ方は人によって様々に異なります。

心理 ＝ 主観的なもの ⟷ マーク式 ＝ 客観テスト

もうすこし説明していきましょう。たとえば、僕はよく授業で「失恋した時の気持ち」を例に出して説明をします。

失恋した時、どんな気持ちになるでしょうか。「つらい、悲しい、苦しい、切ない…」。いろんな気持ちが考えられますよね。当然、人によって感じ方は違うし、同じ人でも時によって、場合によって異なるものでしょう。また一つの心理にしぼれるものでもなくて、「切なくてつらい」とか「悲しくって苦しくってどうしようもない」というような場合もあるでしょう。

これらの気持ちは、どれか一つが正解でもなければ、どれが間違いというわけでもありません。どれも失恋の感情として十分にあり得るわけで、間違っていないのです。

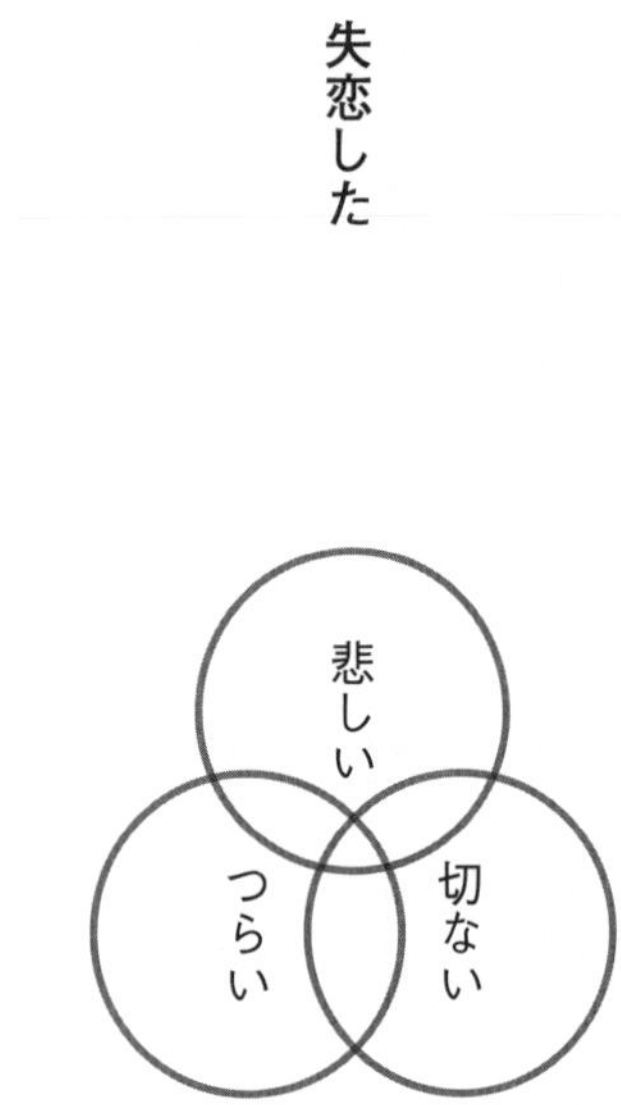

こんなふうに、ある場面や状況における心理は、人によって、また状況によっても違います。だから**心理というのは、他人が推測しようとすると〝だいたいこんな感じの気持ちかな〟というぐらいにしかわからないもの**なんです（もちろん本人がはっきり「悲しい」と言ったり、小説なら「彼女は悲しんだ」とはっきり書いてある場合は「推測」する必要がないので別です）。

登場人物の気持ちにならなくていい

小説が苦手な生徒と話していると、「僕、女子中学生の気持ちになんてなれません」とか「先生、わたし中年のおじさんの気持ちになんて、なられへんわ（関西弁）」というようなことをよく言われます。

彼らは、**小説の問題を解くためには、登場人物の気持ちになりきらないといけないと思っているんですね。**そして、自分はなりきることができないから苦手なんだと思っている。でもね、**それは大きな勘違い**です。いま説明したように、他人の気持ちは「だいたいこんな感じかな」というふうにしか推測することはできない。一部の、ものすごく小説が得意な人を除いて、登場人物になりきることなんてできないんです。男子高校生は中学生女子になりきることはできないし、女子高生が中年のおじさんになんてなれません。当然です。それで普通なんです（じゃあ、どうして問題が解けないのかという理由は、これから説明していきます）。

心情を「読む」

では、小説はどうやって読めばいいのか。繰り返しますが、他者に完全になりきることはできない。でも、「たぶんこんな気持ちなんだろうな」と、**だいたいの気持ちを理解することはできる。**それができなければ、日常生活が成り立ちません。

「友達の普段と違う様子から『何か悩んでいるんじゃないかな』と気づいてあげる」
「好きな人の仕草から、自分のことをどう想っているか感じ取る」
「ふとした息子の表情から、彼の気持ちを察してあげる」

僕らは周囲の人の気持ちを、「たぶんこうなんだろうな」と推測しながら生活しています。それができないと大変です。人に優しくしてあげられないし、恋人だってできない。将来娘に「パパなんて何にもわかってない！」と、無視されてしまうかも知れません。**仕草や振る舞いから、そこに現れた気持ちを読む。**小説読解でも、これと同じようなことを求められているんです。

知っておきたい、設問・選択肢を作る「前提条件」

共通テストの小説問題は、いま説明したような条件下で作られています。

心理は人によってぶれるから、仕草や表情から「だいたいこんな感じかな」としか推測できない。それなのに「誰が見ても答えが一つになる」ように選択肢を作らないといけない。**出題者は大変です。**かといって、心理がはっきり書いてあるような問題は簡単すぎて入試問題としては意味がない。ここから、設問や選択肢を作る「前提条件」が見えてきます。

***マーク式小説　設問・選択肢を作る「前提条件」**

条件①　「微妙な心理」では、選択肢を切る決め手は作れない。
〈心理〉で選択肢を切る場合は「はっきり×」の時のみ！

条件②　「心理を微妙なものにした場合」は、
心理以外の部分に選択肢を切るポイントを作る必要がある。

もしも微妙な心理で選択肢を作ったら、「客観テスト」にはなりません。**ということは「微妙な心理」では選択肢を切る決め手は作れない**ということになります。心理で×を作るなら、「はっきり×とわかるもの」でないとだめです。**【条件①】**

でも「はっきり×」だけでは、簡単すぎて入試にならない。どうしてもみんなが悩む「微妙な心理の選択肢」も作らないといけない。そこで**「心理を微妙なものにした場合」**は「**心理以外のところにはっきり×を作る**」ことになります。**【条件②】**

客観テストにするならば、言われてみれば当然の条件です。

小説問題の「誤解」

要するに「選択肢のポイントは心理ではない」ということです。小説は「心理が大切」と思っている人にとって、これは衝撃的な事実です。納得がいかない人も多い。これまでも、結構噛みついてくる生徒もいました(笑)。「先生、そうは言っても、結局、答えは心理で決まるじゃないですか」って。**先入観は恐ろしい**。そんな生徒たちに、僕はこんなセンター試験の選択肢の例を見せるんです。

① 「おねえちゃん」と呼ばれて当然だと思っていたが、「おばちゃん」という呼び方に表れた子どもたちの気さくな態度に触れたので、仲間意識の高まりを感じて**嬉しく思っている**。

② まだ二十代なのに「おばちゃん」と呼ばれるのは不本意ではあるが、自分を頼りにする子どもたちの気持ちが伝わってくるので、保護者になったように感じて**嬉しく思っている**。

③ 子どもたちから「おばちゃん」と呼ばれると年寄り扱いされているようで嫌だったが、陽平さんに近づいたような気がしたので、書道教室を一緒に経営しているように感じて**嬉しく思っている**。

④　父親の死後、母親とふたりきりで寂しく暮らしていたが、自分になついて遠慮なく振る舞う子どもたちとにぎやかに交流するようになったので、家族に対するような親密さを感じて**嬉しく思っている。**

⑤　部屋を貸すまで、大人ばかりで静かに暮らしていたが、泣くふりをすると喜ぶ生意気盛りの子どもたちが出入りするようになったので、以前の活気がよみがえったように感じて**嬉しく思っている。**

［07年　センター試験］

わかりますね。**選択肢の心理は全部同じ**です。ということは、**選択肢を切るポイントは、当然心理以外のところにある**ということです。例は、他にいくらでもあります。

①　父には頼らない生活を始めるという母の決意を頼もしく受け止めたが、今後も父親からの金銭的援助をあてにしている自分を思い出し、母の決意とかけ離れている**自分を恥ずかしく感じたから。**

②　父との決別による困窮を覚悟する母に同調せざるを得なかったが、短篇の執筆にかまけるなど母に頼るばかりの自分の生活を改めて意識し、経済的に自立できていない**自分を恥ずかしく感じたから。**

③　新たな生活をしようとする母を支えていくと宣言したが、夢想がちであった子ども時代の思い出に浸り続けていたことを思い返し、過去にばかりとらわれ現実を直視できない**自分を恥ずかしく感じたから。**

④ ひとりで家を支えていくという母の覚悟に心を大きく動かされたが、短篇の中に不在の父を思う温かな家族の姿を描いたことを改めて意識し、感情に流されやすく態度の定まらない**自分を恥ずかしく感じたから。**

⑤ 母を苦しめる父を拙い言葉を用いてののしったが、大人に褒められたいとばかり考えていた幼い自分を短篇の中に描いたことを思い出し、いつまでも周囲に媚びる癖の抜けない**自分を恥ずかしく感じたから。**

［13年　センター試験］

① 健三は、夫婦にとってよりも実家にとってこそ大切な一人っ子であったので、いつかは夫婦のもとから実家に帰ってしまうのではないかと**気がかりだった**のである。

② 健三は、夫婦から大切に育てられたが、感受性が鋭く正義感も強かったので、彼らはその愛情の裏にある意図を見破られてしまうのではないかといつも**心配だった**のである。

③ 健三は、子供ながらに自分が養子でしかないことを十分に知っており、そのことが夫婦の将来の生活への見通しに対して無言の圧迫を与えてしまっていたのである。

④ 健三は、神経質で頭のよい少年だったので、夫婦がいくら高価なおもちゃなどを与えても、いつもその魂胆が見透かされているのではないかと、**気がかりだった**のである。

⑤ 健三は、夫婦にとってよそからもらい受けた大切な一人っ子であったが、自分たちを父母として本当に認めているかどうか確信が得られず、いつも**心配だった**のである。

［91年　センター試験］

最後の例は、「気がかり」と「心配」で一見違って見えますが、辞書で「気がかり」を引くと「心配」と出てきますから、結局同じです。あえて幅広い年度から3つの例を挙げたのは、**センター試験の三〇年間の歴史の中で、どの年代にもこういう選択肢がある**ということを示すためです。もちろん、これから例題で見ていくように、**共通テストの選択肢も同じように作られています。**

○「心理が重要ではない」という意味でなく

僕はこれらの例で、〈心理〉が大切ではないと言いたいわけではありません。小説読解にとって「心情把握」が大切なのは当然です。特に「全体読み」の時にはそれが中心のポイントになる。ただ、「選択肢を選ぶ時」は違う。ここまで説明してきた「設問・選択肢を作る前提の条件」を踏まえて、**「選択肢を分析する時には心理以外の要素にも注目しよう」**、そう言いたいんです。

そういうことを知らないまま、迷ったら「心理を見比べて」「こっちの方がしっくりくるな」「えいっ」と選ぶような〝フィーリング重視〟の解き方で、選択肢に引っかかって涙を流す受験生があまりにも多い。そういう悲しみを、減らしたいんです。

○「心理以外のどこに注目するのか」

では、心理以外のどこに注目するのか。次の例で考えてみましょう。

（例①）

「オレたちは超ラブラブだ！」と思って付き合ってきたのに、彼女から「実はずっとあなたとは合わないって思ってたの。さよなら」と突然別れを切り出された

←ので

悲しい

←

彼は一週間、食事も喉（のど）を通らず、塞（ふさ）ぎ込んでしまった。

(例②)

今まで何回も付き合っては別れを繰り返していたカップルだったが、彼に「そろそろ入試も近いし、別れて、真面目に勉強しよう」と別れを切り出された

←ので

悲しい

←

「わたしもそう思っていたけど…」そう呟(つぶや)いて、彼女はちょっと唇(くちびる)をかみしめた。

(例①)(例②)の〈心理〉はどちらも「悲しい」ですね。でも、文字の上では同じ「悲しい」でも、**両者が違うことは読み取れるはず**です。では、僕らはその違いを、どうやって読み取っているのでしょうか。

(例①)では、彼は「オレたちは超ラブラブだ!」と思っていたのに、「ずっと合わないと思っていた」と彼女に突然言われたんですから、間違いなく「ショックは大きい」だろうと推測できる。案の定、「一週間も食事が喉を通らなかった」んですから、その推測が正しかったことが分かります。

(例②)は、「今まで何度も付き合っては別れを繰り返している」んだから、「今回別れようと言われても、それなりに免疫はあるはずだろうな」と推測できます。予想通り、彼女は「ちょっと唇をかみしめた」程度です。つまり、この悲しみは（例①）ほど深くはないと推測できます。
こんなふうに、**同じ「心理」でも、「原因」と「反応」から推測して考えると、2つの心理の違いがわかる。**心理を「客観的に」つかむことができます。まとめてみましょう。

POINT

心情把握「部分読み」のポイント

人は「ある原因があった」から「ある気持ち」になり、そしてその気持ちから「何らかの反応」をします。この流れのことを「〈事態〉→〈心理〉→〈行動〉」と呼び、〈心理〉は〈事態〉と〈行動〉で**「はさみ撃ち」して読み取ります。**

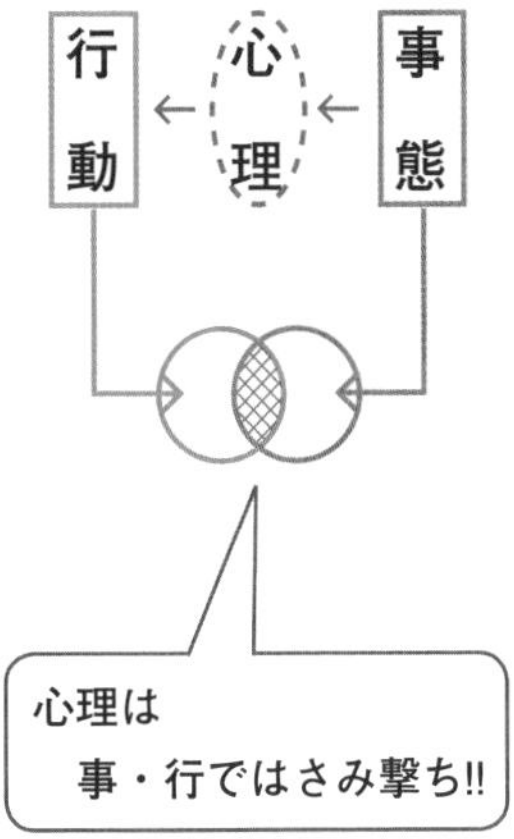

「こけた↓痛い↓泣いた」のイメージです。「どんな転び方をしたか」と「どんな泣き方をしているか」の両方から考えれば「どの程度の痛みなのか」は推測できますね。

☆「心理」は「事・行」ではさみ撃ち！

※ 語句の意味からいえば、「行動＝実際に何かをすること」ですが、ここでは「心理に対する反応」はすべて〈行動〉と呼びます。たとえば「彼に冷たくされて↓悲しい↓黙り込んだ」の「黙り込んだ」は何も動作をしていませんが〈行動〉と呼びます。ですから「『黙り込む』っていうのは動作をしていないから『行動』じゃないんじゃないか？」とは考えないようにしてください。

これで、小説を「客観的に読む」方法のポイントはお話ししました。

以上のポイントを踏まえて、実際に問題を解きながら、共通テストの小説問題を攻略していきましょう！

過去問にチャレンジ

例題1-1

目標解答時間 5分

次の文章は、野呂邦暢(のろくにのぶ)「白桃」の一節で、戦後の食糧難の時代を背景としている。ある日、少年とその兄は、かつて父の使用人であった酒場の主人のところへ使いに出された。これを読んで、後の問いに答えよ。

秋であった。

医師は妹の肺炎にペニシリン(注1)がいるとつげた。金さえあれば解決することである。兄弟は包みをもたされて、それは九歳と十二歳の子供にもてるくらいの量だったが、店へやって来た。

主人はいつもの上機嫌で(ア)心得顔に二人をむかえ、包みをうけとって奥へ消えたまま出てこない。ついさっき、気むずかしい顔つきの男が呼ばれて奥へ去ったのも、包みにかかわりがあると思われて弟は不安だった。

客の出入りは多かった。

「どうしたんでしょうねえ」

わずかな暇をみて女主人が奥へ去り、しばらくしてもどると、二人のまえにおいてあった桃をとりあげて皮をむきはじめた。女主人はなにかいうのだろうかと顔をみつめても少年たちには黙っている。

奥で、なにか(イ)のっぴきならないことがおこったのかもしれない、と弟は想像した。女主人の細い指が器用にナイフをあやつって、手の中で桃をあたかも一つの毬(まり)のようにくるくるところがしながら皮をむくのを彼は見ていた。皮は細い紐(ひも)になってテーブルの上におちた。

皮をむかれた桃は、小暗い電灯の照明をやわらかに反射して皿の上にひっそりとのっている。汁液が果肉の表面ににじみ出し、じわじわと微細な光の粒になって皿にしたたった。弟はテーブルから目をそむけた。

しかし、壁を見ても客の姿を見ても、目にうかぶのは輝くばかりの桃である。淡い蜜(みつ)色の冷たそうな果実は、目をとじてさえも鮮やかに彼の視界にひろがる。戦争以来、何年も見たことのない果実であった。

女主人は客のいるカウンターへ去った。

「帰ろうよ」

弟はささやいた。

「お金をもらったら帰る」

兄がおもおもしく宣言した。弟の目には兄がおとなっぽく映った。A自分ひとりが乳のみ児(ご)のように道理をわきまえない子供だと思われ、それが肚(はら)だたしくもあった。いったい兄は皿の桃をどう思っているのだろう。手をのばして触りたくもないのだろうか。(注2)大豆滓(かす)とうもろこしの雑炊を食べていて、どうして平然とおちつきはらっていられるのだろう。

弟はズボンのポケットに握りこぶしを入れ背をまるくしてうなだれた。兄はいう。

「おまえが小さいときは何でもあったのだよ。チョコレートもカステーラも。忘れたのかい、食べきれずにすてるほどだった」

いよいよ弟は背をまるくした。兄が嘘(うそ)をついているとは思わなかったが、そんなことは一つもおぼえていなかった。たぶん事実だろうが、〝何でもあった昔〟を考えるのはつらかった。〝今は何もない〟のだから。

（注）1　ペニシリン――抗生物質。肺炎などに効く画期的な薬とされた。
2　大豆滓――大豆から油をしぼり取ったかす。通常は肥料などにする。

問1　傍線部(ア)・(イ)の語句の本文中における意味として最も適当なものを、次の各群の①～⑤のうちから、それぞれ一つずつ選べ。

(ア)　心得顔
①　何かたくらんでいそうな顔つき
②　扱いなれているという顔つき
③　いかにも善良そうな顔つき
④　事情を分かっているという顔つき
⑤　何となく意味ありげな顔つき

(イ)　のっぴきならない
①　予想もつかない
②　どうにもならない
③　決着のつかない
④　言い逃れのできない
⑤　口出しのできない

問2　傍線部A「自分ひとりが乳のみ児のように道理をわきまえない子供だと思われ、それが肚だたしくもあった」とあるが、このときの弟の心情の説明として最も適当なものを、次の①〜⑤のうちから一つ選べ。

① 妹のためにお金を得ることだけを考えている兄に比べて、米が売れそうにもない不安から帰ってしまおうとする自分が幼稚に感じられ、情けなく思っている。

② 必ず役目を果たすという強い意志を持って臨んでいる兄に比べて、そんな意欲を持てず放棄したいと考える自分が卑怯（ひきょう）に思われ、怒りを感じている。

③ 桃を食べることが絶望的になり、兄に帰りたいと言ったため、周囲から兄に比べて幼稚だと思われてしまい、そんな事態を招いた自分に腹を立てている。

④ ひたすら役目を果たそうとしている兄に比べて、桃の魅力に耐えられずこの場から逃れたいと考える自分が幼く感じられ、いまいましく思っている。

⑤ 感情を表に出さない兄に比べて、桃を食べたいという欲求を抑えきれずすぐ態度に出してしまう自分が卑しく思われ、嫌悪を感じている。

解いてみてどうでしたか？

問題としては基本的なものなので、正解する人も多いと思います。でもね、たとえば「①は〝幼稚に感じられ〟はいいけど〝情けなく思っている〟は違うな〜」という切り方ではダメなんです。その選択肢の切り方では、たとえ今回は正解したとしても、この先絶対行き詰まる。

繰り返しますが、大事なのは答えが合っていたかどうかではありません。評論同様、**正解に至る正しい〈思考回路〉を学ぶこと**、これが重要です。解説を丁寧に読んで〈思考回路〉を学んでください！


時間が限られた共通テストで、小説問題に効率よく取り組むポイント。それは、

〈全体読み〉は「ざっくり」と。〈部分読み〉は「丁寧に」。


でした。この「意識の切り替え」、言い換えれば「強弱をつけて取り組む姿勢」が、「速く」しかし「確実に」という一見相反する共テ小説の要求を満たすことを可能にします。

でも、実際にはこれができていない受験生が多い。小説が得意な人は、さーっと読んで、パパッと解くから選択肢に引っかかってしまうし、苦手な人はものすごく丁寧に読んで解くから時間がオーバーしてしまう。

意識の切り替え、これに注意しながらこの問題を見ていきましょう。

全体読み

まずは**〈全体読み〉**から。主人公を中心に読んで、ざっくりと大きくストーリーをつかみます。

はじめに、リード文を確認します。〝**リード文は「読解のヒント」**〟です。焦って、いいかげんに読み流してしまわないように！　しっかり情報をつかんでください。

> 次の文章は、野呂邦暢「白桃」の一節で、戦後の食糧難の時代を背景としている。ある日、**少年とその兄は**、かつて父の使用人であった酒場の主人のところへ使いに出された。これを読んで、後の問いに答えよ。

この小説、生徒たちに「主人公は誰？」と質問すると、「兄弟！」と答える人が多いんです。でも違いますよね。右のリード文には「少年とその兄は」とあります。出題者は「少年＝弟」を中心に見ている。つまり**主人公は「弟」**です。あいまいだった人。こういうところに注意していってください。

〈全体読み〉は**主人公の心理を追いかけて読んでいきます**。「弟」の心理を追いかけて読んでいきましょう。

秋であった。

医師は妹の肺炎にペニシリンがいるとつげた。金さえあれば解決することである。兄弟は包みをもたされて、それは九歳と十二歳の子供にもてるくらいの量だったが、店へやって来た。

主人はいつもの上機嫌で(ア)心得顔に二人をむかえ、包みをうけとって奥へ消えたまま出てこない。ついさっき、気むずかしい顔つきの男が呼ばれて奥へ去ったのも、包みにかかわりがあると思われて弟は不安だった。

客の出入りは多かった。

「どうしたんでしょうねえ」

わずかな暇をみて女主人が奥へ去り、しばらくしてもどると、二人のまえにおいてあった桃をとりあげて皮をむきはじめた。女主人はなにかいうのだろうかと顔をみつめても少年たちには黙っている。奥で、なにか(イ)のっぴきならないことがおこったのかもしれない、と弟は想像した。女主人の細い指が器用にナイフをあやつって、手の中で桃をあたかも一つの毬のようにくるくるところがしながら皮をむくのを彼は見ていた。皮は細い紐になってテーブルの上におちた。

皮をむかれた桃は、小暗い電灯の照明をやわらかに反射して皿の上にひっそりとのっている。汁液が果肉の表面ににじみ出し、じわじわと微細な光の粒になって皿にしたたった。弟はテーブルから目をそむけた。

しかし、壁を見ても客の姿を見ても、目にうかぶのは輝くばかりの桃である。淡い蜜色の冷たそうな果実は、目をとじてさえも鮮やかに彼の視界にひろがる。戦争以来、何年も見たことのない果実であった。

女主人は客のいるカウンターへ去った。

「帰ろうよ」

弟はささやいた。

弟の心情が「――――」**から**「〜〜〜〜」**へ変化**していることがわかりますね。

はじめは、奥へ入ったまま主人が出てこないことや気難しい顔をした男が奥へ入って行ったことが、自分たちが持ってきた包みに関係したことだと思って、「不安」になったり「何か奥でどうにもならないようなことが起こっているのかもしれない」と思ったりしていた。それが目の前に桃を置かれたことで、「壁を見ても客の姿を見ても、目にうかぶのは輝くばかりの桃」「目をとじてさえ視界に広がる」という状態に変わります。**頭の中が桃でいっぱいになっている**わけです。

ここで注意して欲しいのは、「帰ろうよ」という弟のセリフは、「頭の中が桃でいっぱい↓『帰ろうよ』」という流れで発せられているということです。普通に考えれば、「不安↓『帰ろうよ』」という流れの方が自然に思えるかもしれませんが、ここではそうではない。そこが大切です。いま、弟の頭の中は桃一色です。その状態で「帰ろうよ」と言っている。こういう部分は選択肢のひっかけに使われる。そう思えるようになっていくことが大切です。

こういう流れで、傍線部の部分に入っていきます。続きは〈部分読み〉で丁寧に解説していくことにします。

部分読み

ここからは**〈部分読み〉**です。意識を切り替えて、傍線部分を中心に〈**事態**↓**心理**↓**行動**〉を丁寧に分析していきます。

> A 自分ひとりが乳のみ児のように道理をわきまえない子供だと思われ、それが肚だたしくもあった

傍線部は「…と思われ、それが肚立たしい」ですから〈心理〉ですね。ということは、残りの**〈事態・行動〉**を探していこう、こう考えます。

事 →（　　　　）
心 → A **自分だけ赤ん坊みたいに思われて、肚が立つ**
行 →（　　　　）

「自分だけが赤ん坊みたい」という気持ちは、兄と比較してそう思っているわけですから、逆に「兄は自分と違って、しっかりしていて大人のようだ」と感じているということです。当然、そう思わせた原因〈事態〉も、彼と兄がどう違うのかをチェックします。

「帰ろうよ」

弟はささやいた。

「お金をもらったら帰る」

兄がおもおもしく宣言した。弟の目には兄がおとなっぽく映った。自分ひとりが乳のみ児のように道理をわきまえない子供だと思われ、それが肚だたしくもあった。いったい兄は皿の桃をどう思っているのだろう。手をのばして触りたくもないのだろうか。大豆滓とうもろこしの雑炊を食べていて、どうして平然とおちつきはらっていられるのだろう。

弟はズボンのポケットに握りこぶしを入れ背をまるくしてうなだれた。


自分は「頭の中が桃一色の状態」でお金のことなんてどこかにいってしまっているのに、兄は「お金をもらったら帰る」と、きちんとここに来た役目を果たそうとしています。兄のその宣言に、「自分だけが、だだをこねている赤ん坊みたいに思えて肚が立つ」わけです。これで〈事態〉はわかりました。

次に、傍線部の続きをみると〈心理〉の描写が続いています。「兄は手をのばして桃を触りたくもないのだろうか」と思うということは、裏返せば「自分は触りたくて仕方がない」わけだし、「兄はどうして平然とおちつきはらっていられるのだろう」と思うということは、「自分は平然としてなんていられない」ということです。桃を触りたくて仕方がない。そんな自分に肚が立っているわけです。

最後に〈行動〉。彼はその「触りたくて仕方ない気持ち」をどうしたのかというと、「ズボンのポケットに握りこぶしを入れ」た、とあります。手を伸ばして桃を触りたくて仕方がなかったのに、その手をズボンのポケットに入れた。つまり、手を伸ばしたいのを何とかガマンした、ということです。でも、本当は食べたくって仕方ないから「背をまるくしてうなだれた」わけです。これが〈行動〉です。

実は、ここも苦手な人にとっては誤読しやすいポイント。「自分への怒り↓握りこぶしを握った」と誤ってつないでしまう人がいるので注意してください。「怒り」と「握りこぶし」という「単語」を都合よくつないでしまう読み方です（「ポケットの中でこぶしを握りしめた」と書かれているならその可能性もありますが、「こぶしをポケットに入れた」ですから「気持ちを収めた」「伸ばしたい手をしまった」と読むべきですね）。まとめてみましょう。

事 → 心 → 行

兄↔自分　頭の中は桃一色 ↓ 「帰ろうよ」と言った
「お金をもらったら帰る」（ここに来た役目を忘れていない）

A 自分だけ赤ん坊みたいに思われて、肚が立つ
兄は手をのばして桃を触りたくもないのだろうか。
（↓自分は触りたい）
どうして平然とおちつきはらっていられるのだろう。
（↓自分は平然としていられない）

弟はズボンのポケットに握りこぶしを入れ（ガマンした！）
背をまるくしてうなだれた。

では、この読解をベースに選択肢を吟味していきましょう。

正解は④です。〈事態〉の説明もバッチリですし、〈心理〉も傍線部にぴったり合っています。

④ ひたすら役目を果たそうとしている兄に比べて、桃の魅力に耐えられずこの場から逃れたいと考える自分が幼く感じられ、いまいましく思っている。

他の選択肢を見ておきましょう。

① 妹のためにお金を得ることだけを考えている兄に比べて、米が売れそうにもない不安から帰ってしまおうとする自分が幼稚に感じられ、情けなく思っている。

② 必ず役目を果たすという強い意志を持って臨んでいる兄に比べて、そんな意欲を持てず放棄したいと考える自分が卑怯に思われ、怒りを感じている。

③ 桃を食べることが絶望的になり、兄に帰りたいと言ったため、**周囲から兄に比べて幼稚だと思われてしまい**、そんな事態を招いた自分に腹を立てている。

⑤ 感情を表に出さない兄に比べて、桃を食べたいという欲求を抑えきれずすぐ態度に出してしまう自分が卑しく思われ、嫌悪を感じている。

選択肢①は「米が売れそうにもない不安から帰ってしまおうとする自分」が×です。ほら、予想通りにここを選択肢のひっかけに使っていますね。弟が「帰ろうよ」と言ったのは「頭の中が桃一色だったから」です。

選択肢②は「そんな意欲を持てず放棄したいと考える自分」が×です。ここでいう「役目を放棄」するは「帰ろうよと言った」ことですね。その理由は「意欲を持てないから」ではなくて桃に心を奪われているからでした。①と同じポイントで×です。また①②両方ともそうなのですが、肝心の「桃」が原因だという説明が全くありません。

選択肢③は「周囲から兄に比べて幼稚だと思われてしまい」が×です。傍線部の「思われ」を〈受け身〉に取ってしまった選択肢です。古典でも学習するように、「思う」や「感じる」などに続く「る・らる（れる・られる）」は、〈自発［＝自然と～される］〉の意味です。したがって〈受け身〉と捉えてしまった③は×です。

選択肢⑤は「桃を食べたいという欲求を抑えきれずすぐ態度に出してしまう自分」が×です。「ズボンのポケットに握りこぶしを入れ」たんですから、態度に出すのを我慢したんでしたね。

以上より、**正解は④**に決定します。

解答　問2　④

最後に、語句の意味の問題です。

○「語句の意味問題」への意識

共通テストに変わった当初は、「語句の意味」を問う問題が出題されなかったこともあって、『語句の意味問題』が消えた！」と話題になったりもしました。が、独立した問題として出題されなかった場合でも、読解問題のポイントとして出題されています。ですから「語句の意味」の知識は必須。表面的な変化に惑わされず、コツコツと覚えていってください。

注意点としては、**共通テストの「語句の意味」は「辞書的意味重視」の問題だ**ということです。受験生の中には、模試や他の問題のイメージをひきずって「前後の文脈から推測すれば解ける」と勘違いしている人が多いんですね。設問の条件にも「本文中における意味として」と書いてあるので、そう思ってしまうのもわかる。でも違うんです。

文部科学省管轄の大学入試センターが作る試験で（共通テストを作っているのは「大学入試センター」です）、高等学校で身につけた「語彙力」を問うのは当然のことです。英語では単語力を問われるのに国語の語彙力を問わないなんてあり得ません。ですから、**まずは前提として「辞書的意味の知識」が必要。**その上で「それを文中に当てはめた意味を答えよ」という問題だと理解してください。

では、対策はどうすればいいのか。何を覚えればいいんだ？

センター試験時代は過去に出題されたものが繰り返し問われている場合がありました。共通テストでも大きくは変わらないはずです。そこで別冊の「語句ドリル」に**「過去の語句の意味『全問題』」**を掲載しておきました（掲載不可のものや一部の年度の語句の意味問題ではないものは除く）。早い時期から取り組んで、コツコツと覚えていってください。

問1

(ア)「心得顔」は「こころえがお」と読みます。こう読めればすっとわかったかもしれませんね。「心得ている」ですから「ウンウン、わかってるよ」という意味で、**正解は④です。**

(イ)「のっぴきならない」は頻出。「退っ引きならない」と書きます。敵に追いつめられてもう「退くことも引くこともできない」という感じで「どうしようもない」という意味です。**正解は②になります。**

解答 **問1 (ア)＝④ (イ)＝②**

どうですか？　小説の選択肢を〝客観的に切る〟というイメージがわかってきたでしょうか。

先にも言ったように、たとえばこの問題を、「①は〝幼稚に感じられ〟はいいけど〝情けなく〟はちょっと違うかなー、②は〝卑怯〟は違うなー」というふうに、「心理だけ」「心理を中心に」見ていてはダメです。**模試ではできるのに過去問になるとできなくなる人の多くは、これが原因**です。共通テストの問題は、そうはなっていないんです。これからは、単なる「マーク式対策」ではなく、出題傾向を踏まえた本物の「共通テスト対策」をしていってほしい。

繰り返しますが、**大切なのは〈思考回路〉**です。他の問題の時も同じように考える。これから問題を解いていく時も、「この文章の内容が読めたかどうか」「この問題が解けたかどうか」ではなくて、**他の文章や問題にも通じる〈思考回路〉で考えたか**を意識していってください！

決めるKIMERU SERIES

過去問にチャレンジ

例題1・2

目標解答時間 7分

次の文章は、岡本かの子の小説「快走」の一節である。これを読んで、後の問いに答えよ。

中の間で道子は弟の準二の正月着物を縫い終って、今度は兄の陸郎の分を縫いかけていた。

「それおやじのかい」

離れから廊下を歩いて来た陸郎は、通りすがりにちらと横目に見て訊いた。

「兄さんのよ。これから兄さんも会社以外はなるべく和服で済ますのよ」

道子は顔も上げないで、忙がしそうに縫い進みながら言った。

「(注1)国策の線に添ってというのだね」

「だから、着物の縫い直しや新調にこの頃は一日中大変よ」

「はははははは、一人で忙がしがってら、だがね、断って置くが、(注2)銀ぶらなぞに出かけるとき、俺は和服なんか着ないよ」

そう言ってさっさと廊下を歩いて行く兄の後姿を、道子は顔を上げてじっと見ていたが、A<u>ほーっと吐息をついて縫い物を畳の上に置いた。</u>すると急に(注3)屈托して来て、大きな脊伸びをした。肩が凝って、坐り続けた両腿がだるく張った感じだった。道子は立上って廊下を歩き出した。そのまま玄関で下駄を履くと、冬晴れの午後の戸外へ出てみた。

陽は既に西に遠退いて、西の空を薄桃色に燃え立たせ、眼の前のまばらに立つ住宅は(注4)影絵のように黝ずんで見えていた。道子は光りを求めて進むように、住宅街を突っ切って空の開けた多摩川脇の草原に出た。一面に燃えた雑草の中に立って、思い切り手を振った。

冬の陽はみるみるうちに西に沈んで、桃色の西の端れに、藍色(注6)の山脈の峰を浮き上らせた。(注5)秩父の連山だ！　道子はこういう夕景色をゆっくり眺めたのは今春女学校を卒業してから一度もなかったような気がした。あわただしい、始終追いつめられて、縮こまった生活ばかりして来たという感じが道子を不満にした。

ほーっと大きな吐息をまたついて、彼女は堤防の方に向って歩き出した。冷たい風が吹き始めた。彼女は勢い足に力を入れて草を踏みにじって進んだ。道子が堤防の上に立ったときは、輝いていた西の空は白く濁って、西の川上から川霧(注7)と一緒に夕靄(注8)が迫って来た。東の空には満月に近い月が青白い光りを(ア)刻々に増して来て、幅三尺の堤防の上を真白な坦道のように目立たせた。道子は急に総毛立ったので、身体をぶるぶる震わせながら堤防の上を歩き出した。途中、振り返っていると住宅街の窓々には小さく電灯がともって、人の影も定かではなかった。ましてその向うの表通りはただ一列の明りの線となって、川下の橋に連なっている。

誰も見る人がない……よし……思い切り手足を動かしてやろう……道子は心の中で呟いた。膝を高く折り曲げて足踏みをしながら両腕を前後に大きく振った。それから下駄を脱いで駆け出してみた。女学校在学中ランニングの選手だった当時の意気込みが全身に湧き上って来た。道子は着物の裾を端折って堤防の上を駆けた。髪はほどけて肩に振りかかった。ともすれば堤防の上から足を踏み外しはしないかと思うほどまっしぐらに駆けた。もとの下駄を脱いだところへ駆け戻って来ると、さすがに身体全体に汗が流れ息が切れた。胸の中では心臓が激しく衝ち続けた。その心臓の鼓動と一緒に全身の筋肉がぴくぴくとふるえた。――ほんとうに溌剌と活きている感じがする。女学校にいた頃はこれほど感じなかったのに。毎日窮屈な仕事に圧えつけられて暮していると、こんな駈足ぐらいでもこうまで活きている感じが珍らしく感じられるものか。いっそ毎日やったら——

道子は髪を束ねながら急ぎ足で家に帰って来た。彼女はこの計画を家の者に話さなかった。両親はきっと差止めるように思われたし、兄弟は親し過ぎて揶揄うぐらいのものであろうから。いやそれよりも彼女は月明の中に疾駆する興奮した気持ちを自分独りで内密に味わいたかったから。

翌日道子はアンダーシャツにパンツ(注9)を穿き、その上に着物を着て隠し、汚れ足袋も新聞紙にくるんで家を出ようとした。

「どこへ行くんです、この忙がしいのに。それに夕飯時じゃありませんか」

母親の声は鋭かった。道子は(イ)腰を折られて引返した。夕食を兄弟と一緒に済ました後でも、道子は昨晩の駈足の快感が忘れられなかった。外出する口実はないかと頻りに考えていた。

「ちょっと銭湯に行って来ます」

道子の思いつきは至極当然のことのように家の者に聞き流された。道子は急いで石鹸と手拭と湯銭(注10)を持って表へ出た。彼女は着物の裾を蹴って一散に堤防へ駈けて行った。冷たい風が耳に痛かった。堤防の上で、さっと着物を脱ぐと手拭でうしろ鉢巻をした。凛々しい女流選手の姿だった。足袋を履くのももどかしげに足踏みの稽古から駈足のスタートにかかった。爪先立って身をかがめると、冷たいコンクリートの上に手を触れた。(注11)オン・ユアー・マーク、ゲットセッ、道子は弾条仕掛のように飛び出した。昨日の如く青白い月光に照らし出された堤防の上を、遥かに下を多摩川が銀色に光って(注12)淙々と音を立てて流れている。

次第に脚の疲れを覚えて速力を緩めたとき、道子は月の光りのためか一種悲壮な気分に衝たれた——自分はいま潑剌と生きてはいるが、違った世界に生きているという感じがした。人類とは離れた、淋しいがしかも厳粛な世界に生きているという感じだった。

道子は着物を着て小走りに表通りのお湯屋へ来た。湯につかって汗を流すとき、初めてまたもとの人間界に立ち戻った気がした。道子は自分独特の生き方を発見した興奮にわくわくして肌を強くこすった。B
家に帰って茶の間に行くと、母親が不審そうな顔をして
「お湯から何処(どこ)へまわったの」と訊いた。道子は
「お湯にゆっくり入ってたの。肩の凝りをほごすために」
傍(そば)で新聞を読んでいた兄の陸郎はこれを聞いて「おばあさんのようなことをいう」と言って笑った。(注13)
道子は黙って中の間へ去った。

(注) 1 国策――国家の政策。この小説が発表された昭和一三（一九三八）年前後の日本では、国家総動員法が制定されるなど国民生活に様々な統制が加えられた。
2 銀ぶら――東京の繁華街銀座通りをぶらぶら散歩すること。
3 屈托――「屈託」に同じ。
4 多摩川――山梨県に発し、南東へ流れて東京湾に注ぐ川。
5 秩父の連山――東京、埼玉、群馬、山梨、長野の都県境にまたがる山地。秩父は埼玉県西部の地名。
6 女学校――旧制の高等女学校の略。
7 幅三尺――一尺は約三〇・三センチメートル。
8 坦道――平坦な道。
9 パンツ――運動用のズボン。
10 湯銭――入浴代のお金。

11　オン・ユアー・マーク、ゲットセッ――競走のスタートの際のかけ声。
12　淙々――よどみなく水の流れるさま。
13　「ほごす」――「ほぐす」に同じ。

問1　傍線部(ア)・(イ)の本文中における意味として最も適当なものを、次の各群の①〜⑤のうちから、それぞれ一つずつ選べ。

(ア)　刻々に
① 突然に
② あっという間に
③ 順番通りに
④ ときどきに
⑤ 次第次第に

(イ)　腰を折られて
① 下手(したて)に出られて
② 思わぬことに驚いて
③ やる気を失って
④ 途中で妨げられて
⑤ 屈辱を感じて

問2　傍線部A「ほーっと吐息をついて縫い物を畳の上に置いた」とあるが、このときの道子の心情はどのようなものか。その説明として最も適当なものを、次の①〜⑤のうちから一つ選べ。

① 家族のための仕事をひたすらこなすよう強いられているにもかかわらず、兄にその辛い状況を理解してもらえず、孤独を感じている。
② 家族のための仕事を精一杯こなしていたつもりが、その仕事の使命感に酔っていると兄に指摘され、恥ずかしさにいたたまれなくなっている。
③ 家族のための仕事に精一杯取り組んできたのに、その苦心が兄には真剣に受け止められていないことに気づき、張りつめた気持ちが緩んでいる。
④ 家族のための仕事は正しいものであると信じてきたので、その重要性を理解しようとしない兄に対して、憤りを抑えがたくなっている。
⑤ 家族のための仕事が自分には楽しいものとは思えないうえ、兄に冷やかされながらその仕事を続けなければならないので、投げやりな気分になっている。

問3　傍線部B「わくわくして肌を強くこすった」とあるが、この様子からうかがえる道子の内面の動きはどのようなものか。その説明として最も適当なものを、次の①～⑤のうちから一つ選べ。

① 月光に照らされて厳かな雰囲気の中を「走る」うちに、身が引き締まるような思いを抱くとともに自分の行為の正しさを再認識し、その自信を得たことで胸の高鳴りを抑えきれずにいる。
② 月光に照らされた堤防を人目につかないように「走る」うちに、非常時では世間から非難されるかもしれないことに密（ひそ）かな喜びを感じ始め、その興奮を自分一人のものとしてかみしめようとしている。
③ 月光に照らされて「走る」という行為によって、まるで女学校時代に戻ったような気持ちになり、窮屈に感じていた生活が変わるかもしれないという明るい予感を繰り返し味わっている。
④ 月光の下を一人で「走る」という行為によって、社会や家族の一員としての役割意識から逃れた別の世界を見つけられたことに胸を躍らせ、その発見をあらためて実感しようとしている。
⑤ 月光の下を一人で「走る」という行為によって、他者とかかわりを持てないことの寂しさを強く実感しつつも、社会や家庭の中で役割を持つ自分の存在を感覚的に確かめようとしている。

きめる! KIMERU SERIES

分析

解いてみてどうでしたか? 例題1-1で学んだことを、意識して解けましたか? 繰り返しますが、ポイントは**正解に至る正しい〈思考回路〉を学ぶこと**。学んだことを次の問題を解く時にしっかりと生かしてください。

時間が限られた共通テストで、小説問題に効率よく取り組むポイントは「意識の切り替え」、言い換えれば「強弱をつけて取り組む姿勢」でしたね。

〈全体読み〉は「ざっくり」と。〈部分読み〉は「丁寧に」。

これを意識しながら、この問題も見ていきましょう。

全体読み

今回、リード文には特に情報はありませんでした。

冒頭では、「道子」を中心に、「弟の準二」「兄の陸郎」と書かれていますから、**主人公は「道子」**ですね。「道子」の心理を追って読んでいきます。

道子は「国策〔=（注）より、国家総動員法による生活の統制〕」に従って、一生懸命に家族のための着物を縫っているのに、兄はそれを笑い飛ばして出ていってしまう。道子は「吐息をつく（＝がっかりする）」と、気持ちが「屈托して来て（＝そのことばかりが気になって）」縫い物が手につかず、戸外へ出ます。

多摩川の脇へ出て、遠く秩父の連山の景色を見ていると、道子は「こういう夕景色をゆっくり眺めたのは今春女学校を卒業してから一度もなかったような気がし」てきて、「あわただしい、始終追いつめられて、縮こまった生活ばかりして来た」と感じて、そういう日々を「不満」に思います。

ほーっと大きな吐息をまたついた道子は、そのまま多摩川の堤防に出て、そこを思い切り「駈け」ます。その行為に「潑剌と活きている感じ」を感じた道子は、日々の不満を解消する行為として「堤防を走ること」を発見します。そののち、家族になんとか言い訳をしながら、こっそり堤防をランニングするようになる…。ざっくりこんなストーリーです。

部分読み

さて、ここからは**〈部分読み〉**です。意識を切り替えて、傍線部分を中心に「丁寧に」「分析的に」見ていきましょう。

問2

まずは、与えられた「設問の条件」をしっかり見ます。

> 傍線部A「ほーっと吐息をついて縫い物を畳の上に置いた」とあるが、このときの道子の心情はどのようなものか。

傍線部は「吐息をついた」「縫い物を畳の上に置いた」ですから〈行動〉です。ということは、残りの**〈事態・心理〉**を探していきます。

☆傍線部は 行→事 と 心 をチェック！

こんなふうに、問題を見たらすぐに「パッ、パッ」と思考が進むことが大事です。**共通テストは時短が勝負ですから「流れるように思考する」ことが重要。**しっかり、共テ小説を解く〈思考回路〉を身につけていってください。では、探すべきポイントが明確になったところで、本文を見ていきましょう。


中の間で道子は弟の準二の正月着物を縫い終って、今度は兄の陸郎の分を縫いかけていた。

「それおやじのかい」

離れから廊下を歩いて来た陸郎は、通りすがりにちらと横目に見て訊いた。

「兄さんのよ。これから兄さんも会社以外はなるべく和服で済ますのよ」

道子は顔も上げないで、忙しそうに縫い進みながら言った。

「国策の線に添ってというのだね」

「だから、着物の縫い直しや新調にこの頃は一日中大変よ」

「ははははは、一人で忙がしがってら、だがね、断って置くが、銀ぶらなぞに出かけるとき、俺は和服なんか着ないよ」

はさみうちして
省略されている心理を
考えるんだね。

そう言ってさっさと廊下を歩いて行く兄の後姿を、道子は顔を上げてじっと見ていたが、ほーっと吐息をついて縫い物を畳の上に置いた。すると急に屈托して来て、大きな脊伸びをした。肩が凝って、坐り続けた両腿がだるく張った感じだった。道子は立上って廊下を歩き出した。そのまま玄関で下駄を履くと、冬晴れの午後の戸外へ出てみた。

傍線部の直前、「そういってさっさと廊下を歩いていく兄の後姿を見ていると」ある気持ちになって、「ほーっと吐息をついた」んですから、これで〈**事態・行動**〉は確定。「吐息＝がっかりした時やほっとした時につく息」なので、

事 家族のために一日中忙しく頑張っている（しかも、いま縫っているのは兄さんの分だと言っている！）のに「ははは。そんなものは着ないよ」と笑って去っていく兄の姿を見ていると

↓

心 がっかりして

↓

行 ほーっと吐息をついて、縫い物を畳の上に置いた

とまとめられます。

こう整理できればもう選択肢は切れます。

「微妙な心理」では選択肢は切れませんから、心理を問う問題の選択肢を切るときは、**「〈心理〉はだいたいストライクゾーンに入っていればOK。〈心理〉で×していいのは思いっきり違っているときのみ！」**です。ですから〈事態〉と〈行動〉を中心に選択肢を見ていきます。

まず**正解は③**です。

③ 家族のための仕事に精一杯取り組んできたのに、その苦心が兄には真剣に受け止められていないことに気づき、張りつめた気持ちが緩んでいる。

〈事態〉もまとめにバッチリ合致していますし、「吐息（ため息）をつく」という「行動」から逆算した〈心理〉として「張りつめた気持ちが『ほーっと』緩む」はバッチリですね。これが正解です。

では、他の選択肢を見ていきましょう。

①家族のための仕事をひたすらこなすよう強いられているにもかかわらず、兄にその辛い状況を理解してもらえず、孤独を感じている。
②家族のための仕事を精一杯こなしていたつもりが、その仕事の使命感に酔っていると兄に指摘され、恥ずかしさにいたたまれなくなっている。
④家族のための仕事は正しいものであると信じてきたので、その重要性を理解しようとしない兄に対して、憤りを抑えがたくなっている。

①・②・④は、「吐息をつく（＝がっかりして息を吐く）」という〈行動〉から考えて、〈心理〉の説明が×です。

⑤家族のための仕事が自分には楽しいものとは思えないうえ、兄に冷やかされながらその仕事を続けなければならないので、投げやりな気分になっている。

⑤は「『はあ、もういいや』と投げやりな気持ちになって『吐息をついた』」というのは考えられるので〈心理〉では×はできないですが、〈事態〉の説明が×です。ここでの「事態」は「兄に冷やかされながらその仕事を続けなければならないので」ではなくて「せっかく家族のためにがんばっているのにそれを兄に『ははは』と笑って小馬鹿にされた」ですね。

以上より、**正解は③**に決定します。

解答 **問2** ③

問3

問2と同様、まずは、与えられた「設問の条件」をしっかり見ます。

> 傍線部B「わくわくして肌を強くこすった」とあるが、この様子からうかがえる道子の内面の動きはどのようなものか。

設問は「傍線部から読み取れる道子の内面」を問うています。傍線部は「わくわくして／肌を強くこすった」ですから、〈心理〉と〈行動〉です。そう思った瞬間に〝さっ〟と、

☆ 傍線部は 心 と 行 ↓ 事 をチェック！

と考えてください。

もう一度言います。ここまでの思考が〝流れるように〟できることが大切です。**共通テストは時短が勝負のテストですから、「シンプルな思考回路で」「すばやく」解くことが勝利の秘訣です。** い

ま、もし君が複雑な解法で解いているとしたら、一旦忘れてシンプルに考えてみて下さい。共通テストでは、それで正解を導けるはずです。

では、探すポイントが明確になったところで、本文を見ていきましょう。

> 次第に脚の疲れを覚えて速力を緩めたとき、道子は月の光りのためか一種悲壮な気分に衝たれた――自分はいま潑剌と生きてはいるが、違った世界に生きているという感じがした。人類とは離れた、淋しいがしかも厳粛な世界に生きているという感じだった。
>
> 道子は着物を着て小走りに表通りのお湯屋へ来た。湯につかって汗を流すとき、初めてまたもとの人間界に立ち戻った気がした。道子は自分独特の生き方を発見した興奮に B わくわくして肌を強くこすった。

傍線部の直前、「自分独特の生き方を発見した興奮に」が〈事態〉ですが、ここでポイント。〈事態〉を発見する際のアドバイスがあります。

〈事態〉を発見するポイント

〈事態〉は「ので／から／ため」のような「理由を示す語」だけで表されるわけではありません。

たとえば、

彼が合格したので、僕は喜んだ。

という文は、

彼の合格が、僕を喜ばせた。

と置き換えることができます。前者では「…ので」が〈事態〉ですが、後者では「…が」の部分が〈事態〉になっています。このように、

………ので、心。

⇦

………［が／を／に／に対して］、心。

という具合に、「が／を／に／に対して」などでも〈事態〉が示されることは意識しておくといいでしょう。

「ので／から／ため」でなくても、〈事態〉になっているね!!

問題に戻りましょう。

あらためて、ここでの**《事態》**は「自分独特の生き方を発見した興奮に、」です。「自分独特の生き方」とはどういうことを言っているのかというと、直前で説明されていました。

> 次第に脚の疲れを覚えて速力を緩めたとき、道子は月の光りのためか一種悲壮な気分に衝たれた——自分はいま潑剌と生きてはいるが、違った世界に生きているという感じがした。人類とは離れた、淋しいがしかも厳粛な世界に生きているという感じだった。
>
> 道子は着物を着て小走りに表通りのお湯屋へ来た。湯につかって汗を流すとき、初めてまたもとの人間界に立ち戻った気がした。道子は自分独特の生き方を発見した興奮にわくわくして肌を強くこすった。

本文冒頭に「国策」とあったように（もちろん（注）も参考にしてください）、国家総動員法の制定によって、人々の生活には様々な制約が加えられている状況です。道子も「毎日窮屈な仕事に圧えつけられて暮して（35行目）」いました。そんな中、久しぶりに「駈足」をした道子は、「ほんとうに潑剌と活きている感じがする（34行目）」と思います。だからこそランニングを続けようと思ったわけです。

ここでも、ランニングをすることで「自分はいま潑剌と生きている」と感じますが、同時に「(他の人とは）違った世界に生きている」とも感じます。道子と他の人々の間の違い、このギャップを指して「違った世界に生きている」「自分独特の生き方」と表現しているわけですね。まとめてみましょう。

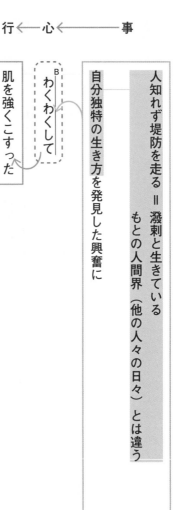

事 ――→ **心** ―→ **行**

事
人知れず堤防を走る ＝ 溌剌と生きている
もとの人間界（他の人々の日々）とは違う
自分独特の生き方を発見した興奮に

↓

心
わくわくして(B)

↓

行
肌を強くこすった

こう整理できればもう選択肢は切れます。〈心理〉はだいたいストライクゾーンに入っていればOK、〈事態〉と〈行動〉の説明を満たしている選択肢を選ぶ、でしたね。見ていきましょう。

まず、いままとめた内容をきちんと満たしている**正解は④**です。

④　月光の下を一人で「走る」という行為によって、社会や家族の一員としての役割意識から逃れた別の世界を見つけられたことに**胸を躍らせ**、その発見をあらためて実感しようとしている。

〈**事態**〉と〈**心理**〉はバッチリ合致しています。〈行動〉ですが、「肌を強くこする」は、よく、信じられないことが起こった時にきゅっとほっぺたをつねってそれが現実だということを確かめるように、ここでは肌を強くこすることで「現実だと確かめている」と読めます（そう思えなければ、他の選択肢を先に切ってもいいでしょう）。

他の選択肢を見ていきましょう。①・②は、いずれも〈**心理**〉は「わくわくして」に反していませんが〈**事態**〉が×です。

①　月光に照らされて厳かな雰囲気の中を「走る」うちに、身が引き締まるような思いを抱くとともに**自分の行為の正しさを再認識し、その自信を得たことで**胸の高鳴りを抑えきれずにいる。

②　月光に照らされた堤防を人目につかないように「走る」うちに、**非常時では世間から非難されるかもしれないことに**密かな喜びを感じ始め、その興奮を自分一人のものとしてかみしめようとしている。

①は「自分の行為が正しいという自信を持った［から］わくわくしている」のではありませんし、

②も「非常時では非難される（戦争の時にそんなことをしていたら責められる）ようなことをこっそりすること［に］わくわくしている」のではありませんね。

③と⑤はいずれも「心理」がハッキリ×です。

③……窮屈に感じていた生活が変わるかもしれないという明るい予感を繰り返し味わっている。
⑤……つつも、社会や家庭の中で役割を持つ自分の存在を感覚的に確かめようとしている。

道子はいま、「自分が今溌剌と生きている世界は、人類の世界とは違った世界」だと感じているのですから、③の「窮屈に感じていた生活（現実の生活）」が「変わるかもしれない」は×です。あくまで、いま道子が生きている溌剌とした世界は、現実とは切り離された「自分だけの世界」なのです。

⑤は「社会や家庭の中で役割を持つ自分の存在を感覚的に確かめよう」は正反対ですね。逆に「現実の世界とは切り離された自分だけの世界」に「わくわくしている」のです。

解答 **問3** ④

最後に問1の語句問題を見ておきましょう。

問1

(ア)「刻々に」は「刻々」の意味を問われています。「刻々」には「(1)名詞で使う時は『その時々』という意味、「(2)副詞の時には『次第に』」という意味がありますが、今回は傍線部が「刻々に増して来て」ですから(2)の副詞で、「時が経つにつれて次第に」という意味です。したがって⑤が正解です。

(イ)「腰を折られて」は「腰を折る」の意味を問われています。よく「話の腰を折る」という形で使いますが、「途中で妨げる」という意味で、**正解は④**になります。

解答　**問1　(ア)＝⑤　(イ)＝④**

どうですか？　共通テストの小説の選択肢を〝客観的に切る方法〟がわかってきたでしょうか。この〈思考回路〉をしっかりと身につけていって下さい！

THEME 2

小説 設問タイプ別の解法

ここで創きめる！

敵の更なる「攻撃パターン」を知る

苦手な人が多い「表現・叙述問題」にも、実は攻略のための秘策がある。過去問を緻密に分析し、身につけるべき力を明確にしよう！

POINT

小説問題の「設問タイプ別」解法

共通テスト小説、心情把握以外の残る２つの設問タイプを攻略する！

1 〈論理型設問〉の解法

＊評論のように理屈で解く問題。「指示語・接続語」などに注目！

2 〈表現・叙述問題〉の解法

＊「選択肢のパターン」を知る

＊〈比喩〉の基本を知る

＊〈視点〉への意識

いろいろなタイプの問題

1 〈論理型設問〉の解法

小説の問題には、「理屈で解けるもの」つまり、評論のように「指示語や接続語に注目して読めば答えが導けるタイプの問題」があります。そういうタイプの問題を〈論理型設問〉と呼びます。

〈論理型設問〉＝評論のように「指示語・接続語」に注目すれば解ける問題

心情把握が重視されるという一般的な印象からは意外に思えるかもしれませんが、〈論理型設問〉は、一定数出題されています。具体的な問題を通して、見ていくことにしましょう。

決める! KIMERU SERIES

過去問にチャレンジ

例題2-1

目標解答時間 3分

次の文章は、山田詠美(えいみ)の小説「眠れる分度器」の一節である。主人公の時田秀美は転校してきて一か月になる。秀美は、子供を親の価値観でしばりつけたくないと考える母親のもとに育った。彼はいつも自分の感じたままに行動してしまうため、教室全体の協調性を重んじる担任の奥村の気持ちをことごとく逆なでしてしまうし、クラスの子供たちとも親しくなれないでいる。そんなある日、教室で、奥村から「このままだと不良になってしまうぞ」と言われて、秀美は立ち上がって反発する。本文はそれに続く場面である。これを読んで、後の問いに答えよ。

他の子供たちは、強烈な事件の成り行きを(ア)固唾(かたず)を呑(の)んで見守っていた。子供が教師に逆らうというのを彼らは、初めて、目撃したのだった。彼らにとって、教師は、自分たちの上に君臨する脅威に等しかった。彼らは、教師を漠然と恐れていた。その恐れを少なく感じさせる教師程、彼らの好意をものにすることが出来たが、その分、威厳は失われた。恐れるということは、従うということだった。彼らは、従うことが、どれ程、学校での生活を快適にするかという知恵を身につけていた。両親の口振り、特に母親のそれは、教師の領域を犯してはいけないのを、子供たちに常に悟らせているのだった。そこに、「尊厳に値するもの」というラベルの扱い方を、上手(うま)い具合に、組み込んでいた。それ故、子供たちは、そのラベルを剥(は)がすのが、自分に困難をもたらすことに等しいと、本能的に悟っていた。

親しみ深い教師は、何人も存在していた。彼らを見つけ出すたびに、そっと、子供たちは、ラベルを剥がしてみる。そのことが、教師を喜ばせ、休息を伴った自らの地位の向上に役立つのを知っていたからだ。しかし、糊（のり）は、いつも乾かさないように注意している。生（なま）あたたかい唾（つば）を広げて、不都合を察知すると、すぐに、(イ)休息を封印する。

教師に忌み嫌われる子供は、その方法を、知らないのだった。習得してしまえば、これ程便利なものの存在に気付いていないのだった。鈍感さのために。あるいは、知ろうとしない依怙地（いこじ）さのために。A賢い子供たちは、前者を見下し、後者を排斥する。すると、不思議な優越感に身を浸すことが出来る。優越感は、連帯意識を育て、いっそう強固になって行く。そうなると、もう、それを捨てることが出来なくなる。恐（こわ）いのだ。教師に対して持つ脅威よりも、はるかに、連帯から、はじき出されることに対する脅威の方が大きいのだ。

子供たちは、とうに、秀美を排斥しつつあったが、このような事件に遭遇すると、混乱して言葉を失ってしまうのだった。秀美が何の役にも立たない勇気を意味なく誇示しているように思われた。そこまでして、彼が、何を証明したいのかを理解するには、子供は子供であり過ぎる。そして、彼を理解しようと試みるには、子供は、あまりにも大人のやり方を学び過ぎていた。

問1　傍線部(ア)・(イ)の本文中における意味として最も適当なものを、次の各群の①～⑤のうちから、それぞれ一つずつ選べ。

(ア)　固唾を呑んで
① 声も出ないほど恐怖に怯（おび）えながら
② 何もできない無力さを感じながら
③ 張りつめた様子で心配しながら
④ 驚きと期待を同時に抱きながら
⑤ 緊張した面持ちで不快に思いながら

(イ) 休息を封印する
① 子供が教師から「尊厳に値するもの」という威厳を奪いとること
② 子供と教師が互いを「尊厳に値するもの」と認めて連帯し合うこと
③ 子供と教師が互いを「尊厳に値するもの」と認め合うのをやめること
④ 子供が教師を「尊厳に値するもの」としての存在に復帰させること
⑤ 子供が自分を「尊厳に値するもの」として級友に認知させること

問2 傍線部A「賢い子供たちは、前者を見下し、後者を排斥する」とあるが、それはどういうことか。その説明として最も適当なものを、次の①～⑤のうちから一つ選べ。

① 教師を喜ばせるための秘訣(ひけつ)を知っている子供たちは、クラス内で自分の地位を向上させようとしない子供を見下し、教師の言うことを聞かない意地っ張りな子供を排斥するということ。
② クラス内で安定した地位を占めることができた子供たちは、自分たちに媚(こ)びる子供を見下し、頑(かたくな)に自分たちに反抗する態度をとり続ける子供を排斥するということ。
③ 自分が教師よりも利口だと思っている子供たちは、無神経に教師の領域を犯してしまう子供を見下し、いつまでも子供らしいままでいようとする人間を排斥するということ。
④ 学校での生活を快適にするための術(すべ)を心得ている子供たちは、表立って教師に逆らうような子供を見下し、クラスの連帯意識の重要性に気がつかない子供を排斥するということ。
⑤ 教室の中でうまく立ち回るための知恵を身につけている子供たちは、教師との関係に対して不器用な子供を見下し、自己主張を曲げない子供を排斥するということ。

分析

問2が〈論理型設問〉です。この例題2-1には〈論理型設問〉しかありませんが、読解は心理を問う問題がある場合と同様に、「全体読み→部分読み」の順で進めていきましょう。

全体読み

リード文から、この小説の主人公が「秀美」であること、また「彼」の性格や、この場面の状況設定がわかります。

「秀美」は、「子供を親の価値観でしばりつけたくないと考える母親」のもとに育ったため、自分の感じたままに行動してしまうような少年です。それは相手が教師であっても関係ない。

それに対して、**「他の子供たち」**は「教師の領域を犯してはいけない」と考える母親の影響下で育っているので、教師に逆らうことなんて考えられない。教師は「自分たちの上に君臨する脅威」です。

では、そんな子供たちが教師とどう接していくのかというと、「賢い子供たち」は「方法」を使って「やりすごす」。頭を使ってうまく距離感をはかりつつ、接していくわけです。教師はそのような子供のことを気に入るし、逆にうまくやれない子供のことは叱り、威圧します。子供たちも教師と同様、そのような子供のことを「忌み嫌う」。すると、そういう「賢い子」の中に連帯意識が生まれ、子供たちはそこからはじきだされることに恐怖を感じるようになる。

秀美も、そんな子供たちから当然排斥されていたけれど、今、目の前で実際に教師に逆らう秀美の姿は、子供たちの理解を超えたものであった…。

ざっとこんな話です。〈全体読み〉としては、このぐらいつかめていれば十分でしょう。

部分読み

では設問。ここからは意識を切り替えて〝丁寧に〟〝分析しながら〟見ていきます。

問2

まずは、与えられた「設問の条件」をしっかり見ます。今回は、

> 傍線部A「賢い子供たちは、前者を見下し、後者を排斥する」とあるが、それはどういうことか。

です。「どういうことか」と問われていますね。傍線部の〈心理〉を問われているのではなくて、評論の問題のように傍線部の〈言い換え説明〉を求められています。こういう問題が〈論理型設問〉です。

〈論理型設問〉＝評論のように「指示語・接続語」に注目すれば解ける問題

でしたが、今回の問題にも傍線部に「前者」「後者」という指示語があるのに気づきましたか？ 指示語の説明がポイントの、まさに〈論理型設問〉です。

本文を見ていきましょう。

> 教師に忌み嫌われる子供は、その方法を、知らないのだった。習得してしまえば、これ程便利なものの存在に気付いていないのだった。**鈍感さのために**。あるいは、**知ろうとしない依怙地さのために**。A賢い子供たちは、**前者**を見下し、**後者**を排斥する。すると、不思議な優越感に身を浸すことが出来る。優越感は、連帯意識を育て、いっそう強固になって行く。そうなると、もう、それを捨てることが出来なくなる。恐いのだ。教師に対して持つ脅威よりも、はるかに、連帯から、はじき出されることに対する脅威の方が大きいのだ。

「前者」は「見下される」ような対象、「後者」は「排斥される」ような対象です。どちらも「マイナス評価」ですが、「見下す＝バカにして下にみる」と「排斥＝受け入れられないと拒む」ですから、少し意味が違います。そこで、

鈍感さのために（教師に忌み嫌われる子供）

（教師とうまくやる方法を）**知ろうとしない依怙地さのために**（教師に忌み嫌われる子供）

前者を**見下し**、**後者**を**排斥する**

「鈍感」な方がバカにされ、「依怙地」の方が避けられる、と考えます。「依怙地＝意地になって、頑固にそうしない」という〈語句の意味〉は覚えておきましょう。

以上でポイントが決まりました。この2点を説明している選択肢を発見していきましょう。

正解は⑤です。「鈍感」「依怙地」ともにバッチリ説明できています。

⑤ 教室の中でうまく立ち回るための知恵を身につけている子供たちは、**教師との関係に対して不器用な子供**を見下し、**自己主張を曲げない子供**を排斥するということ。

他の選択肢を見ておきましょう。

① 教師を喜ばせるための秘訣を知っている子供たちは、クラス内で自分の地位を向上させようとしない子供を見下し、教師の言うことを聞かない意地っ張りな子供を排斥するということ。

② クラス内で安定した地位を占めることができた子供たちは、自分たちに媚びる子供を見下し、頑に自分たちに反抗する態度をとり続ける子供を排斥するということ。

③ 自分が教師よりも利口だと思っている子供たちは、無神経に教師の領域を犯してしまう子供を見下し、いつまでも子供らしいままでいようとする人間を排斥するということ。

④ 学校での生活を快適にするための術を心得ている子供たちは、表立って教師に逆らうような子供を見下し、クラスの連帯意識の重要性に気がつかない子供を排斥するということ。

選択肢①は「地位を向上させようとしない」が「鈍感」の説明として×。「向上させようとしない」のではなくて、「鈍感」だからその方法に「気付かない」のです。

選択肢②は「自分たちに媚びる」が「鈍感」の説明として×。後半も「頑に自分たちに反抗する態度をとり続ける子供」というのが「依怙地」の説明として「頑に」というのは悪くはないのですが、ここでいう「依怙地」は、「教師の言うことを聞かない」という意味ではなくて、「教師とうまくやる『方法』を使おうとはしない」という意味です。

選択肢③は「鈍感」の説明として「無神経に教師の領域を犯してしまう」はよいとしても、後半の「いつまでも子供らしいままでいようとする」が×です。まったく、ここでいう「依怙地」の説明になっていません。

選択肢④は「表立って教師に逆らう」は「鈍感」の説明として×ですし、「クラスの連帯意識の重要性に気がつかない」も「依怙地」の説明として×ですね。「気がつかない」のではなくて「意地になって、頑固にそうしようとしない」のです。

以上で⑤に決まります。

解答 問2 ⑤

どうですか？〈論理型設問〉のイメージが湧いてきましたか？

もう一題解いて、さらにイメージを明確にしましょう。

その前に、問1の〈語句の意味〉問題の説明をしておきます。

問1

2題ありますが、(ア)は「知識」で決まるもの、(イ)は「文脈を踏まえて解く」ものです。

(ア)**「固唾を呑(飲)む」**は**「どうなることかと心配しながら、息を凝らして成り行きを見守ること」**という意味です。**「息を凝らす」＝「呼吸をおさえてじっとする」**という意味も覚えておきましょう。

この意味が説明できているのは、③「張りつめた様子で心配しながら」だけですね。⑤は「緊張した」はいいとしても**「面持ち＝顔の様子」**となっているので×です。

繰り返しますが、〈語句の意味〉は傍線部問題のポイントにもなるし、選択肢にも出てきますから大切ですよ。別冊の「語句ドリル」も活用しながら、しっかり覚えてください。

(イ)「休息を封印する」は、知識ではありません。読解問題として「休息」と「封印する」の2つに分けて考えます。ここでいう「休息」は、普段は「尊厳に値する存在」である教師に「気を遣いながら接している」のを「一旦休みにする」という意味です。つまり「教師と親しく接している状態」のことですね。それを「封印する」と言っているんですから、また「尊厳に値するもの、に戻す」ということです。**正解は④**になります。

解答 **問1 (ア)＝③ (イ)＝④**

では、もう一問解いてみましょう。

過去問にチャレンジ

例題2-2

目標解答時間 7分

次の文章は、夏目漱石の小説『道草』の一節である。これを読んで、後の問いに答えよ。

島田は吝嗇な男であった。妻のお常は島田よりもなお吝嗇であった。

「爪に火を点すってえのは、あの事だね」

彼が実家に帰ってから後、こんな評が時々彼の耳に入った。しかし当時の彼は、お常が長火鉢のそばへすわって、下女に味噌汁をよそってやるのを何の気もなくながめていた。

「それじゃ何ぼ何でも下女がかわいそうだ」

彼の実家のものは苦笑した。

お常はまた飯櫃やお菜のはいっている戸棚に、いつでも錠をおろした。たまに実家の父が訪ねて来ると、きっと蕎麦を取り寄せて食わせた。その時は彼女も健三も同じものを食った。その代わり飯時が来ても決していつものように膳を出さなかった。それを当然のように思っていた健三は、実家へ引き取られてから、間食の上に三度の食事が重なるのを見て、大いに驚いた。

しかし健三に対する夫婦は金の点に掛けてむしろ不思議なくらい寛大であった。外へ出る時は黄八丈(注1)の羽織を着せたり、縮緬の着物を買うために、わざわざ越後屋(注2)まで引っぱって行ったりした。その越後屋の店へ腰を掛けて、柄を択り分けている間に、夕暮れの時間がせまったので、おおぜいの小僧が広い間口の雨戸を、両側から一度に締め出した時、彼は急に恐ろしくなって、大きな声を揚げて泣き出した事もあった。

彼の望むおもちゃは無論彼の自由になった。その中には写し絵(注3)の道具も交じっていた。彼はよく紙を継ぎ合わせた幕の上に、(注4)三番叟の影を映して、烏帽子姿に鈴を振らせたり足を動かさせたりして喜んだ。彼は新しい独楽を買ってもらって、時代を着けるために、それを河岸ぎわの泥溝の中に浸けた。ところがその泥溝は薪積み場の柵と柵との間から流れ出して河へ落ち込むので、彼は独楽の失くなるのが心配さに、日に何べんとなく(注5)扱い所の土間を抜けて行って、何べんとなくそれを取り出して見た。そのたびに彼は石垣の間へ逃げ込む蟹の穴を棒で突ッついた。それから逃げそこなったものの甲を抑えて、いくつも生け捕りにして袂へ入れた。……

要するに彼はこの吝嗇な島田夫婦に、よそからもらい受けた一人っ子として、異数の取り扱いを受けていたのである。

しかし夫婦の心の奥には健三に対する一種の不安が常に潜んでいた。

彼らが長火鉢の前で差し向かいにすわり合う夜寒の宵などには、健三によくこんな質問を掛けた。

「お前のおとっさんはだれだい」

健三は島田の方を向いで彼を指さした。

「じゃお前のおっかさんは」

健三はまたお常の顔を見て彼女を指さした。

これで自分たちの要求を一応満足させると、今度は同じような事をほかの形できいた。

「じゃお前の本当のおとっさんとおっかさんは」

健三はいやいやながら同じ答えを繰り返すよりほかに仕方がなかった。しかしそれがなぜだか彼らを喜ばした。彼らは顔を見合わせて笑った。

ある時はこんな光景がほとんど毎日のように三人の間に起こった。ある時は単にこれだけの問答では済まなかった。ことにお常はしつこかった。

「お前はどこで生まれたの」

こう聞かれるたびに健三は、彼の記憶のうちに見える赤い門――高藪（たかやぶ）でおおわれた小さな赤い門の家（うち）をあげて答えなければならなかった。お常はいつこの質問を掛けても、健三が差しつかえなく同じ返事のできるように、彼を仕込んだのである。彼の返事は無論器械的であった。けれども彼女はそんな事には一向頓着（とんじゃく）しなかった。

「健坊、お前本当はだれの子なの、隠さずにそうおいい」

彼は苦しめられるような心持ちがした。時には苦しいより腹が立った。向こうの聞きたがる返事を与えずに、わざと黙っていたくなった。

「お前だれが一番好きだい。おとっさん？　おっかさん？」

健三は彼女の意を迎えるために、向こうの望むような返事をするのがいやでたまらなかった。彼は無言のまま棒のように立っていた。それをただ年歯の行かないためとのみ解釈したお常の観察は、むしろ簡単に過ぎた。彼は心のうちで彼女のこうした態度を忌み悪（にく）んだのである。

夫婦は全力を尽くして健三を彼らの専有物にしようとつとめた。また事実上健三は彼らの専有物に相違なかった。従って彼らから大事にされるのは、つまり彼らのために彼の自由を奪われるのと同じ結果に陥った。A<u>彼にはすでに身体（からだ）の束縛があった。しかしそれよりもなお恐ろしい心の束縛が、何もわからない彼の胸に、ぼんやりした不満足の影を投げた。</u>

夫婦は何かに付けて彼らの恩恵を健三に意識させようとした。それである時は「おとっさんが」という声を大きくした。ある時はまた「おっかさんが」という言葉に力を入れた。おとっさんとおっかさんを離れたただの菓子を食ったり、ただの着物を着たりする事は、自然健三には禁じられていた。

自分たちの親切を、無理にも子供の胸に外部からたたき込もうとする彼らの努力は、かえって反対の結果をその子供の上に引き起こした。健三はうるさがった。

「なんでそんなに世話を焼くのだろう」

「おとっさんが」とか「おっかさんが」とかが出るたびに、健三はおのれひとりの自由をほしがった。自分の買ってもらうおもちゃを喜んだり、錦絵(にしきえ)（注6）を飽かずながめたりする彼は、かえってそれらを買ってくれる人をうれしがらなくなった。少なくともB両(ふた)つのものをきれいに切り離して、純粋な楽しみにふけりたかった。

夫婦は健三をかわいがっていた。けれどもその愛情のうちには変な報酬が予期されていた。金の力で美しい女を囲っている人が、その女の好きなものを、いうがままに買ってくれるのと同じように、彼らは自分たちの愛情そのものの発現を目的として行動する事ができずに、ただ健三の歓心を得るために親切を見せなければならなかった。そうして彼らは自然のために彼らの不純を罰せられた。しかも自ら知らなかった。

（注）1 黄八丈――黄色の地に鳶(とび)・茶などの縞(しま)を織り出した絹織物。八丈島が本産地。
2 越後屋――東京日本橋にあった大呉服店。
3 写し絵――光線によって、ガラスに描いた絵などを幕に映し出すもの。幻灯。
4 三番叟――歌舞伎の舞の役。ここでは、それを模した人形のおもちゃ。
5 扱い所――今の区役所または町役場などに当たるもの。
6 錦絵――江戸時代に創始された華麗な多色刷浮世絵版画。

問1　傍線部A「彼にはすでに身体の束縛があった。……ぼんやりした不満足の影を投げた。」とあるが、ここで「身体の束縛」「心の束縛」とはどのようなことをさすか。その説明として最も適当なものを、次の①～⑤のうちから一つ選べ。

① 「身体の束縛」とは、生まれながら身体に制約を受けた存在として、健三がその限界を越えられなかったことであり、「心の束縛」とは、健三が自分の実の父母や生家について自由に話すことが許されていなかったこと。

② 「身体の束縛」とは、健三が自分の知らない間に島田夫婦の養子にされてしまっていたことであり、「心の束縛」とは、健三の将来が養父母の恩恵を意識させられるだけの、きわめてせまいものになってしまっていたこと。

③ 「身体の束縛」とは、健三が島田夫婦のもとを離れて、自由に遊びまわることが禁じられていたことであり、「心の束縛」とは、健三が自分の自由な意志で菓子やおもちゃを買い求めることを、養父母が許さなかったこと。

④ 「身体の束縛」とは、島田夫婦がよそからもらい受けた養子として、健三が二人の専有物になっていたことであり、「心の束縛」とは、健三のすべての事柄が養父母との関連のもとにあり、心の自由な分野を持てなかったこと。

⑤ 「身体の束縛」とは、島田夫婦がしばしば健三に質問をしたために、それが苦痛にまでなったことであり、「心の束縛」とは、健三が養父母以外の人々と心の交流を持つことが、養父母により妨げられてしまっていたこと。

問2　傍線部B「両つのもの」とは何と何をさすか。最も適当なものを、次の①～⑤のうちから一つ選べ。

① おのれひとりの自由と純粋な楽しみ
② おもちゃや錦絵と島田夫婦
③ おもちゃや錦絵と実家の人々
④ おのれひとりの自由と島田夫婦
⑤ 純粋な楽しみとおもちゃや錦絵

分析

問1、問2ともに〈論理型設問〉ですね。

読んでみてどうでしたか？　漱石の小説で**古い文体**なので、小説が苦手な人は読むのに少し手間取ったかもしれませんね。残念ながら、この手のものには慣れるしかないんです。苦手意識を乗り越えて、教科書や模試、問題集などで出合ったら、その問題を何度も読んで、慣れていってください。とはいえ、学校の授業で扱う時のように、そこまで深く読み込むことはありません。あくまで設問は〝共通テストレベル〟のもの。「全体読み」でストーリーがつかめるようになればそれで十分です。

さて、今回も設問は〈論理型〉のみですが、読解は「全体読み↓部分読み」で行っていきます。

全体読み

リード文には特に情報はありません。なので、文章を読みながら**〈人物関係〉**や**〈話の展開〉**を確認していきます。

島田夫婦はかなりの吝嗇（＝けち）です。ところが、健三に対しては金の面で不思議なほど寛大で、健三は着物も高価なものを着せられ、おもちゃも彼の望むように買ってもらえます。

いったいどうしてそんなふうだったかというと、それは健三が「よそからもらい受けた一人っ子」だったからです。だから健三は、夫婦から例外的に特別扱いされて育てられます。

ところが夫婦は、健三が「自分たちを本当の両親として認めているかどうか」が不安で仕方ない。だから健三に、「お前のおとっさんはだれだい」とか「お前のおっかさんは」としつこく質問します。何かを買ってあげた時にも、それは「おとっさんが」買ってあげた、「おっかさんが」買ってあげたと、自分たちの恩恵であることを強調します。

そうされた健三の方はたまったものではありません。それをうるさがり、夫婦に縛られているように感じた健三の心は、逆に夫婦から離れていってしまう…。というような話です。

最後に作者（漱石）は、そのことを、「彼らは自分たちの愛情そのものの発現を目的として行動する事ができずに、ただ健三の歓心を得るために親切を見せなければならなかった」ために、「自然のために彼らの不純を罰せられた…」と述べて本文を終えています。「漱石」について学ぶならばここを深めるのでしょうが、今回は必要なし。もし必要ならば、問6あたりで課される〈発展的な学び〉の設問で、問いの方がリードしてくれるはずです。

部分読み

問1
まずは、与えられた「設問の条件」をしっかり見ます。

傍線部A「彼にはすでに身体の束縛があった。……ぼんやりした不満足の影を投げた。」とあるが、ここで「身体の束縛」「心の束縛」とは**どのようなことをさすか**。

設問は「どのようなことをさすか」です。文字通り「**指示内容**」を問われていますから**〈論理型設問〉**ですね。評論と同じように、傍線部の周囲を分析していきましょう。

説明する要素は「**身体の束縛**」と「**心の束縛**」です。

夫婦は全力を尽くして健三を**彼らの専有物にしよう**とつとめた。また事実上健三は彼らの専有物に相違なかった。従って彼らから大事にされるのは、**つまり**彼らのために**彼の自由を奪われる**のと同じ結果に陥った。A彼にはすでに**身体の束縛**があった。しかしそれよりもなお恐ろしい**心の束縛**が、何もわからない彼の胸に、ぼんやりした不満足の影を投げた。

夫婦は何かに付けて彼らの恩恵を健三に意識させようとした。それである時は「おとっさんが」という声を大きくした。ある時はまた「おっかさんが」という言葉に力を入れた。おとっさんとおっかさんを離れたただの菓子を食ったり、ただの着物を着たりする事は、自然健三には**禁じられていた**。

自分たちの親切を、**無理にも子供の胸に外部からたたき込もうとする**彼らの努力は、かえって反対の結果をその子供の上に引き起こした。健三はうるさがった。

「**身体の束縛**」ですが、「束縛＝**自由を奪われる**こと」と考えて、前にチェックしたように結べます。すると、直前に「つまり」という「前後イコールの接続語」がありますから、さらに前文とも結ぶことができます。以上で「身体の束縛」については、次のようにまとめられます。

「身体の束縛」＝夫婦の専有物として扱われて、自由を奪われること

次に「**心の束縛**」です。傍線部に続く部分に〈言い換え〉を発見できます。「(自分たちと切り離したお菓子を食ったり着物を着たりすることを)**禁じる**」や「自分たちの親切を、**無理にも子供の胸にたたき込もうとする**」は「束縛」の言い換えですね。「子供の胸にたたき込む」んですから、これは「心の束縛」です。

「心の束縛」＝何をするにも、夫婦の恩恵を意識させられてしまうこと

以上でポイントが決まりました。この2点を説明している選択肢を発見していきましょう。

正解は④です。「身体の束縛」「心の束縛」ともにバッチリ説明できています。

④ 「身体の束縛」とは、島田夫婦がよそからもらい受けた養子として、健三が二人の専有物になっていたことであり、「心の束縛」とは、健三のすべての事柄が養父母との関連のもとにあり、心の自由な分野を持てなかったこと。

他の選択肢を見ておきましょう。

① 「身体の束縛」とは、生まれながら身体に制約を受けた存在として、健三がその限界を越えられなかったことであり、…

② 「身体の束縛」とは、健三が自分の知らない間に島田夫婦の養子にされてしまっていたことであり、「心の束縛」とは、健三の将来が養父母の恩恵を意識させられるだけの、きわめてせまいものになってしまっていたこと。

③ 「身体の束縛」とは、健三が島田夫婦のもとを離れて、自由に遊びまわることが禁じられていたことであり、「心の束縛」とは、健三が自分の自由な意志で菓子やおもちゃを買い求めることを、養父母が許さなかったこと。

⑤ 「身体の束縛」とは、島田夫婦がしばしば健三に質問をしたために、それが苦痛にまでなったことであり、…

選択肢①は「身体の束縛」の時点でハッキリ×。後半を見る必要もありません。

選択肢②も「身体の束縛」の時点で×。後半の「心の束縛」も、健三の「将来が」夫婦の恩恵を意識させられるものになる、のではありませんね。

選択肢③は前半も後半も×、選択肢⑤も前半で×できます。

解答 問1 ④

問2

この問題も、与えられた「設問の条件」をしっかり見ます。

傍線部B「両つのもの」とは何と何をさすか。

この問題も「何と何をさすか」ですから〈論理型設問〉ですね。問1と同様、傍線部の周囲を〝評論文を解くように〟分析していきましょう。

「おとっさんが」とか「おっかさんが」とかが出るたびに、健三はおのれひとりの自由をほしがった。自分の買ってもらうおもちゃを喜んだり、錦絵(にしきえ)を飽かずながめたりする彼は、かえってそれらを買ってくれる人をうれしがらなくなった。少なくともB両(ふた)つのものをきれいに切り離して、純粋な楽しみにふけりたかった。

この部分の問題文を図式化してみましょう。

こう整理できます。

「おもちゃ」はうれしいけれど「買ってくれるおとっさんやおっかさん」はうるさいから嫌だ、切り離したい、と言っているわけですね。だから**正解は②**。

② おもちゃや錦絵と島田夫婦

指示語の問題ですから、正解が決まれば自動的に他の選択肢は×となります。

解答 問2 ②

以上、２つの例題で見てきたように、小説問題にも〈論理型設問〉という「評論のように理屈で解ける問題」があるということを覚えておいてください。

ただし、評論のように考えれば〝すべての問題が解ける〟というわけではありませんから、そこは勘違いしないように！（時々、「小説も、評論のように解けば答えが出る！」と習っている人がいるんです…）

あくまで、小説は小説特有のポイントを問うために出題されているのですが、中には「こういう設問もある」、ということです。

２〈表現・叙述問題〉の解法

設問別解法の２つ目は、小説の〈表現・叙述〉を問う問題です。苦手としている受験生も多い問題ですよね。頻出問題ですから、ここでしっかり解法を身につけて攻略しましょう。

まずは問題を解いてください。

きめる! KIMERU SERIES

過去問にチャレンジ

例題2-3

目標解答時間 12分

次の文章は、中沢けいの小説『楽隊のうさぎ』の一節である。学校嫌いで引っ込み思案だった克久は、花の木中学校に入学後、勧誘されて吹奏楽部に入り、夏の地区大会さらには県大会をめざして練習づけの毎日を送っていた。以下はそれに続く部分である。これを読んで、後の問いに答えよ。

譜面をパートごとに練習して、セクションごとに音として仕上げていくのは、山から石を切り出す作業だが、そのごろごろした石がようやくしっかりとした石組みになろうとしていた。森勉(注1)が細やかに出す指示は、石と石の接続面をぴったりと合わしていく仕事だった。

この日、何度目かで「くじゃく」(注2)をさらっていた時、克久はばらばらだった音が、一つの音楽にまとまる瞬間を味わった。スラブ風の曲だが、枯れ草の匂いがしたのである。斜めに射す入り陽の光が見えた。それは見たことがないほど広大な広がりを持っていた。いわく言い難い哀しみが、絡み合う音の底から湧き上がっていた。悔しいとか憎らしいとか、そういういらいらするような感情は一つもなくて、大きな哀しみの中に自分がいるように感じた。つまり、音が音楽になろうとしていた。地区大会前日だった。

オーボエの鈴木女史(注3)の苦情から有木部長(注4)が解放されたのは、地区大会の翌日からだ。一年生にもようやく自分たちが求められているものがどの水準にあるのかが解ったのだ。ベンちゃんが初期の頃は苦労していた部員の統制は、今では指揮者を煩わせることなく鈴木女史のようなメンバーで守られているのだから有木部長もそうそう閉口という顔もできなかったが、とにもかくにも苦情を聞かずにすむのは喜ばしい。「音になってない」という森勉の決まり文句をはじめとして、「やる気があるのか」とか「真面目（まじめ）にやれ」とか言われる理由がのみ込めたのだ。怒られるたびに内心で「ちゃんとやってるじゃないか」とむくれていた気持ちがすっかり消えた。

スゴイ学校は他（ほか）にいくらでもあった。

今年こそは地区から県大会(注5)を突破しようという気迫で迫ってくる学校(注6)があった。

その中でも、課題曲に「交響的譚詩（たんし）」を選んだある中学校の演奏は、克久の胸のうさぎが躍り上がるような音を持っていた。

花の木中学とは音の質が違った。花の木中学はうねる音だ。大海原のうねりのような音を作り出していた。ところが、その学校の音はもっと硬質だった。

「スゲェナ」

有木がつぶやいた隣で克久は掌（て）を握り締めた。

「和声理論の権化だ」

密（ひそ）かに音楽理論の勉強を始めていた宗田がそう言い放つのも無理はない。

最初のクラリネットの研ぎ澄ました音は、一本の地平線を見事に引いた。地平線のかなたから進軍してくる騎馬隊がある。木管は風になびく軍旗だ。金管は四肢に充実した筋肉を持つ馬の群れであった。打楽器が全軍を統括し、西へ東へ展開する騎兵をまとめあげていた。

わずか六分間のこととはとても思えない。

遠く遠くへ連れ去られた感じだ。

克久の目には騎兵たちが大平原に展開する場面がはっきり見えた。宗田の脳髄には宇宙工学で必要とされるような精密機器の設計図が手際良く作製される様子が浮かんでいた。宗田は決して口に出しては言わなかったが、最近、人が人間的なと呼ぶような感情に嫌悪を感じ始めていた。

うんと唸(うな)った川島が、

「負けた」

といった一言ほど全員の感情を代弁している言葉は他になかった。

「完成されているけど、音の厚みには欠けるよ」

「負けた」と言う全員の感情、とりわけ一年生たちの驚きを代弁した川島の一言だけでは、出番を控えていた花の木中学吹奏楽部は気持ちの立て直しはできなかったかもしれない。川島の唸り声は全員の気持ちは代弁していたが、気持ちを向ける方向の指示は持っていなかった。

「完成されているけど、音の厚みには欠けるな」

こんなことを言うOBがいなかったら、自分たちの出番前だということも忘れただろう。

「やっぱり、中学生はね。技術が良くても音の量感には乏しいよ」

「うちはまあ、中学生にしては音の厚みはあるしさ」

現役の生徒の後方の席でOBたちはこんな批評をしていたのだ。昨日まで、鳥の鳴き声みたいに聞こえたOBの言葉が、今日はちゃあんと人間の話し声に聞こえる。

これは克久にとって、驚きに値した。

克久がいちばん間抜けだと感じたのは百合子(ゆりこ)(注7)だった。なにしろ、地区大会を終わって家に戻って最初に言ったのは次の一言だ。

「やっぱり、強い学校は高い楽器をたくさん持っているのね」

それを言っては、みもふたもない。言ってはならない真実というものは世の中にはある。それに高価な楽器があれば演奏できるというものでもない。演奏する生徒がいて、初めて高価な楽器がものを言うのだなんてことを、克久は百合子に懇切丁寧に説明する親切心はなかった。

「小学生とはぜんぜん違う」

実は百合子も少し興奮気味だったのである。克久には小学校時代は太古の昔、悠久のかなただったが、百合子にはわずか六カ月前にもならない。だいたい、その頃、銀行に申し入れた融資の審査がまだ結論（注8）が出ていなかった。伊万里（いまり）焼の皿の並んだテーブルをはさんで恐竜と宇宙飛行士が会話しているという比喩（ひゆ）で良いのかどうか。そのくらい、時の流れの感覚が食い違っていた。これだから中学生は難しい。百合子がうれしい時に使う古典柄の伊万里が照れくさそうに華やいでいた。この皿はうれしい時も出番だが、時には出来合いのロールキャベツを立派に見せるためにお呼びがかかることもあった。

翌日から一年生は「やる気あるのか」と上級生に言われなくなった。帰宅は毎日九時を過ぎた。

県大会の前日はさすがに七時前に克久も家に帰って来た。「ただいま」と戻った姿を見た百合子はたちまち全（すべ）てを了解した。了解したから、トンカツなどを揚げたことを後悔した。大会にカツなんて、克久流に言えば「かなりサムイ」しゃれだった。

「ベンちゃんが今日は早く風呂（ふろ）に入って寝ろってさ」

「そうなんだ」

百合子はこんな克久は見たことがなかった。なんでもなく、普通そうにしているけれども、全身に緊張があふれていた。それは風呂場で見せる不機嫌な緊張感とはまるで違った。ここに何か、一つでも余分なものを置いたら、ぷつんと糸が切れる。そういう種類の緊張感だった。

彼は全身で、いつもの夜と同じように自然にしてほしいと語っている。「明日は大会だから、闘いにカツで、トンカツ」なんて駄ジャレは禁物。

もっとスマートな応対を要求していたのである。会話だって、音楽の話もダメなら、大会の話題もダメであった。

そういうことが百合子にも解る顔をしていた。こんなに穏やかな精神統一のできた息子の顔を見るのは初めてだ。一人前の男である。誇りに満ちていた。

もちろん、彼の築き上げた誇りは輝かしいと同時に危ういものだ。

「お風呂、どうだった」

「どうだったって?」

「だから湯加減は」

音楽でもなければ、大会の話でもない話題を探そうとすると、何も頭に浮かばない。湯加減と言われたって、家の風呂は温度調整のできるガス湯沸かし器だから、良いも悪いもないのである。

「今日、いい天気だったでしょ」

「毎日、暑くてね」

「……」

練習も暑くて大変ねと言いかけて百合子は黙った。

「……」

克久も何か言いかけたのだが、目をぱちくりさせて、口へトンカツを放り込んでしまった。

「あのね、仕事の帰りに駅のホームからうちの方を見たら、夕陽が斜めに射して、きれいだった」

「そう。……」

なんだか、ぎこちない。克久も何か言おうとするのだが、大会に関係のない話というのは探しても見つからない。それでも、その話はしたくなかった。この平穏な気持ちを大事に、そっと、明日の朝までしまっておきたかった。

A初めて会った恋人同士のような変な緊張感。それにしては、百合子も克久もお互いを知り過ぎていた。

百合子は「こいつは生まれる前から知っているのに」とおかしくて仕方がなかった。

「……」

改めて話そうとすると、息子と話せる雑談って、あまり無いものだなと百合子は妙に感心した。

「……」

克久は克久で、何を言っても、話題が音楽か大会の方向にそれていきそうで閉口だった。

「これ、うまいね」

こういうことを言う時の調子は夫の久夫が百合子の機嫌を取るのに似ていた。ぼそっと言ってから、少し遅れてにやりと笑うのだ。

「西瓜（すいか）でも切ろうか」

久夫に似てきたが、よく知っている克久とは別の少年がそこにいるような気もした。

「……」

西瓜と言われれば、すぐ、うれしそうにする小さな克久はもうそこにいない。

「……」

百合子は西瓜のことを聞こうとして、ちょっとだけ息子に遠慮した。彼は何かを考えていて、ただぼんやりとしていたわけではない。少年の中に育ったプライドはこんなふうに、ある日、女親の目の前に表れるのだった。

（注）1　森勉——花の木中学校の音楽教師。吹奏楽部の顧問をつとめている。部員たちからは「ベンちゃん」と呼ばれている。

2　「くじゃく」――ハンガリーの作曲家コダーイがハンガリー民謡「くじゃく」の旋律をもとに作った曲。
3・4　鈴木女史・有木部長――ともに吹奏楽部の上級生。
5　「交響的譚詩」――日本の作曲家露木正登が吹奏楽のために作った曲。
6　克久の胸のうさぎ――克久が、自分の中にいると感じている「うさぎ」のこと。克久は、小学校を卒業して間もなく花の木公園でうさぎを見かけて以来、何度かうさぎを見つけては注意深く見つめていた。吹奏楽部に入った克久は、いつの間にか一羽の「うさぎ」が心に住み着き、耳を澄ましているように感じ始めていた。
7　百合子――克久の母。夫の久夫は転勤したため、克久とふたりで暮らしている。
8　銀行に申し入れた融資――伊万里焼の磁器を扱う店を出すため、百合子が銀行に借り入れを申し入れた資金のこと。

問1　傍線部A「初めて会った恋人同士のような」とあるが、この表現は百合子と克久のどのような状態を言い表したものか。その説明として最も適当なものを、次の①〜⑤のうちから一つ選べ。

① 自分の好意を相手にきちんと伝えたいと願っているのに、当たり障りのない話題しか投げかけられず、もどかしく思っている。
② 互いのことをよくわかり合っているはずなのに、相手を前にしてどのように振る舞えばよいかわからず、とまどっている。
③ 本当は心を通い合わせたいと思っているのに、話をしようとすると照れくささからそっけない態度しかとれず、悔やんでいる。
④ 相手の自分に対する気配りは感じているのに、恥ずかしくてわざと気付かないふりをしてしまい、きまり悪さを感じている。
⑤ なごやかな雰囲気を保ちたいと思って努力しているのに、不器用さから場違いな行動を取ってしまい、笑い出したくなっている。

問2　この文章の叙述の説明として**適当でないもの**を、次の①〜⑥のうちから二つ選べ。ただし、解答の順序は問わない。

① 本文では、「スゴイ学校は他にいくらでもあった」「スゲェナ」「サムイ」などをカタカナで表記することで、これらの表現に話し言葉らしさや若者言葉らしさを与えている。
② 百合子と克久の会話文で多用されている「……」は、適当な言葉を見つけられなくて会話を続

けられないでいる二人の様子を効果的に表現している。

③ 本文では、県大会の前日までのできごとが克久の経験した順序で叙述されており、このことによって登場人物の心情の変化が理解しやすくなっている。

④ 本文276ページには比喩を用いて音楽を表現している部分がある。そこでは、「大海原のうねりのような音」といった直喩だけを用いて隠喩を用いないことで、音楽の描写をわかりやすいものにしている。

⑤ 本文277ページの「昨日まで、鳥の鳴き声～今日はちゃあんと人間の話し声に聞こえる」の文末が現在形になっていることで、OBたちの話を聞いたときの克久に読み手がより共感しやすくなっている。

⑥ 本文278ページの地区大会の後で克久が帰宅した場面では、あえて「恐竜と宇宙飛行士」といった大げさな対比を用いることによって、母親と息子のずれの大きさを強調している。

分析

設問は絞り込みましたが、バッチリ「表現・叙述」問題のポイントを学べる問題です。

全体読み

リード文から、主人公が中学生の**「克久」**であること、主人公が「名前」で呼ばれていることから〈三人称視点〉であることがわかります（視点についてはこの後、詳しく説明します）。また彼が「学校嫌いで引っ込み思案」な性格だったこと、中学校に入学後は「吹奏楽部に入」って、「県大会をめざして練習づけの毎日を送っていた」ことなどがわかります。

本文は、前半では、大会に向けて一生懸命に練習に取り組む中で主人公たちが成長していく姿が、克久の視点から描かれています。小説の〈「読」のポイント〉として〈場面の変化〉を意識して読んでいた人は、**「地区大会の前日↓翌日↓当日」と場面が変化している**ことに気がついたはずです（↓〈場面の変化〉と言われて「?」な人は287ページで解説します）。

後半は一転、母「百合子」の視点から物語が描かれます。まだまだ子供だと思っていた「克久」が、もろさを秘めつつも一人前の男へと成長していることを突然実感する母親の複雑な心境が描かれていました。

〈視点〉への意識

〈視点〉とは、作者が物語を「どこから見て描いているか」ということです。大きく次の2つに区別できます。

一人称視点

三人称視点

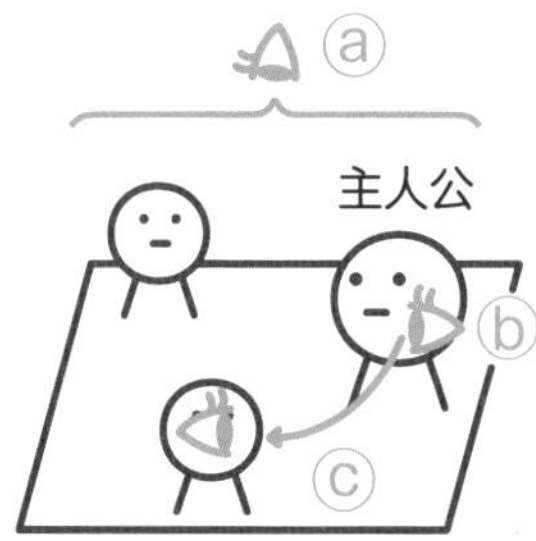

一人称視点は、**「作者が主人公の視点で物語を語る」書き方**です。「主人公が作者本人」ですから、主人公のことを「私」「僕」「オレ」など自分を表す表現で呼びます。自分のことを描くので、**基本的には出来事を冷静には描けません**。どうしても「主観的」になります。例外は「過去の出来事の回想」のとき。この場合は、「あの時のオレはばかだったよなぁ」というように、冷静に振り返って描くことができますよね。

三人称視点は、**「作者が第三者の立場から見て、主人公を描く」書き方**です。第三者、つまり物語の展開を外から見て描く描き方です。当然、主人公のことは「彼（女）」や「名前」などで表現します。

三人称視点では、視点を自由に置くことができます。「神の目」と言って上空から全体を俯瞰的に見渡すように描くこともできますし（ⓐ）、一人称視点のように主人公である「彼本人」に寄り添って見ることもできます（ⓑ）。また、ある場面は「彼」の視点から描き、場面が変わると同時に「友達」の視点から見るというように、視点を〈移動〉させることもできます（ⓒ）。描くのは「他人の気持ち」ですから、一人称視点と違って、**その人物の心情を冷静に描くことができます。**まとめておきます。

POINT

小説・「読」のポイント〈視点〉

〈視点〉とは、**作者が物語を「どこから見て描いているか」**ということ。ストーリーの印象を大きく変えるので、書き手にとっては重要なポイント。意識しよう。

一人称視点

作者が「作者＝主人公」の目で物語を語る。

・主人公は「私・僕」など
・自分のことを描くので、基本的に**主観的になる。**
↓例外として「過去の回想」の時は、客観的に描ける。

三人称視点

作者が「第三者の目で」物語を語る。

・主人公は「彼（女）・名前」など

・様々な視点に立てる。

ⓐ神の目
ⓑ寄り添う目
ⓒ視点の移動　など

・基本的に客観的な描き方になる。

〈場面〉の転換点

では、もう一つのポイント〈場面の転換〉についても説明しておきます。

小説における〈場面の転換〉は、「演劇」の舞台を考えてみるとイメージしやすいと思います。たとえば「照明」がオレンジになったり、暗くなったりすることで「夕方」や「夜」に変わり、後ろのセットが変わったことで「場所」が変わります。また、それまで市民がワイワイガヤガヤやっていたところに「王様」が入ってくると「王中心」の場面になるし、「幕が下りれば」幕間で、小休止になります。

こんなふうに、小説の場面の転換には、実は一定のルールがあるんです。今まで「なんとなく、ここかなぁ」という感じで区切っていた人は、これからはちょっと意識してみてください。
まとめておきましょう。

POINT

小説・「読」のポイント〈場面の転換〉

小説の読解では〈場面の転換〉を意識することも重要なポイント。次の点を意識して読んでいこう。

★小説では、

- 時　の変化
- 場所の変化
- 重要人物の出入り

＋

- 空白行

で場面が転換する！

では、以上のポイントを踏まえて、問題を解いていくことにしましょう。

部分読み

問1

傍線部の〈**比喩**〉を説明する問題です。ここで〈比喩〉の基本的なポイントをまとめておきます。

POINT

〈比喩〉の基本

「比喩」は「**説明しようとするもの［＝本体］」の様子を、**「何かに喩える［＝比喩する］」**ことで説明する技法**です。たとえば、こんな感じです。

比喩 **りんごの（ような）** 本体 **ほっぺ**

・寒さで子どもの**ほっぺが赤い**のを、**赤いりんご**に喩えている。

喩えることで「本体」の様子を説明するわけですから、比喩は「共通点」があるから成立します。逆に言えば、比喩を分析する時のポイントは**「本体と比喩の共通点に注目する！」**です。

では、このポイントを踏まえて、設問を見ていきましょう。傍線部は「初めて会った恋人同士の**ような**／変な緊張感」ですから〈比喩〉ですね。〈直喩法〉です。設問の条件から、「克久と百合子」を、傍線部に喩えているとわかります。

さあ、ここでポイント。**〈比喩〉は「共通点」に注目**ですね。「共通点」をチェックしてみましょう。

（なんだか、ぎこちない。克久も何か言おうとするのだが、大会に関係のない話というのは探しても見つからない。それでも、その話はしたくなかった。この平穏な気持ちを大事に、そっと、明日の朝までしまっておきたかった。）

A初めて会った恋人同士のような変な緊張感。それにしては、百合子も克久もお互いを知り過ぎていた。

百合子は「こいつは生まれる前から知っているのに」とおかしくて仕方がなかった。

「克久と百合子」は（　）のようにお互い変に緊張しています。その様子**【本体】**を、「初めて会った恋人同士**【比喩】**」に喩えたんですね。初めてデートしたカップルも「変に緊張する」し、この場面での克久と百合子も互いに「変に緊張して」会話がうまくできていない状態です。選択肢を見ていきましょう。

正解は②です。互いに「変な緊張感」でうまく振る舞えないという**〈共通点〉をきちんと説明できていますね。**

②　互いのことをよくわかり合っているはずなのに、相手を前にしてどのように振る舞えばよいかわからず、とまどっている。

他の選択肢は「共通点の説明」が間違っています。

①　自分の好意を相手にきちんと伝えたいと願っているのに、当たり障りのない話題しか投げかけられず、もどかしく思っている。

③　本当は心を通い合わせたいと思っているのに、話をしようとすると照れくささからそっけない態度しかとれず、悔やんでいる。

④　相手の自分に対する気配りは感じているのに、恥ずかしくてわざと気付かないふりをしてしまい、きまり悪さを感じている。

⑤　なごやかな雰囲気を保ちたいと思って努力しているのに、不器用さから場違いな行動を取ってしまい、笑い出したくなっている。

①は、「自分の好意を相手にきちんと伝えたいと願っている」が×です。これは恋人同士の説明としてはいいものの、百合子と克久の今の状況の説明になっていませんね。県大会を前に「母さん、好きだよ」「克久、母さんもよ」と伝え合うような変な母子関係（笑）の話ではありません。

③は「照れくささから」、④は「恥ずかしくて」、⑤は「不器用さから」がそれぞれ×です。ここでの二人の「ぎこちない態度」の原因はあくまで「変な緊張感」です。さらに③は「そっけない態度しかとれず」も×、⑤も「場違いな行動」は×です。ここでの二人の行動は別に「場違い」ではありません。

解答　**問1　②**

問2

設問は「この文章の叙述の説明として適当でないものを二つ選べ」です。基本的なことですが、「適当なものを選んでしまった」とか、「一つしか選ばなかった」というミスで、泣きを見る受験生がいつも出てしまいます。悲しすぎるミスですよね。油断なく、注意してください。

さて、この問題のように**「適当でないものを選べ」というタイプの問題は、実は「答えはハッキリ×」であることが多いんです。**受験生の多くは「きっと微妙な×でひっかけてくるぞー」と構えているのですが、実は逆。想像とは違って、過去問では（模試ではなく）微妙な×でのひっかけは意外と少ないんです。共通テストはまだ過去問題が少ないので断言はできませんが、この数年の傾向からもこの基本は知っておいていいでしょう。

〈表現・叙述問題〉選択肢の分析法

〈表現・叙述問題〉の選択肢は、次のように二分して考えるのが基本です。

> ……を用いて、／……を表そうとしている。

「どんなテクニックを使って描いているか」という【技巧部分】と、その技巧を使って「どんなことを表現したいのか」という【表現効果部分】に分けることができます。

技巧部分が×の場合もありますし、効果部分で×ができる場合もあります。また「その技巧で、その効果はないよね」というふうに、技巧と効果の係り受けで×ができることもあります。まとめておきましょう。

POINT

〈表現・叙述問題〉選択肢の分析法

〈表現・叙述問題〉の選択肢は、［技巧］と［表現効果］に「二分」して考える！

技巧 ……を用いて、／ 表現効果 ……を表そうとしている。

〈×のタイプ〉

❶「技巧」部分が×
❷「表現効果」部分が×
❸技巧と効果の「つながり」が×

では、今回の問題を通して、具体的に見ていきましょう。

まず、**正解は③・④**ですが、先にも述べたように、どちらも「はっきり×」のポイントがあります。

> ③ 本文では、県大会の前日までのできごとが克久の経験した順序で叙述されており、×**このことによって**登場人物の心情の変化が理解しやすくなっている。
>
> ④ 本文276ページには比喩を用いて音楽を表現している部分がある。そこでは、「大海原のうねりのような音」といった直喩だけを用いて隠喩を用いない×**ことで**、音楽の描写をわかりやすいものにしている。

どちらも**「このことによって」「～ことで」**の前、つまり「技巧部分」が×です。

③は「克久の経験した順序で叙述されており」が×です。全体読みで言及したように、問題文の前半は「**地区大会の**前日**→地区大会**翌日**→地区大会**当日」と場面が変化していました。〈場面の変化〉を意識して読んでいれば、すぐに間違いだと気づいたはずです。

「正しく学ぶ」ことの真価

ここで大切なのは、選択肢を見てから「えーっと、どこに書いてあったっけな…」と本文に戻るようではいけないということです。それでは選択肢中心の解き方になってしまっている。あくまで中心は本文です。287ページで説明したように、〈場面〉はストーリー把握の重要なポイントです。だから**きちんと〈小説読解法〉を学んだ人は、読んでいる時に必ず〈場面の変化〉を意識しているはず**なんです。よくできたテストはそれを意識して作られている。だから正しくアプローチできれば答えは即決するようになっている。ここが正しく学ぶことの意味であり、我流の解き方との大きな違いです。

④は「直喩だけを用いて隠喩を用いない」が×です。**〈直喩法・隠喩法〉**については、基本事項ですね。確認しておきましょう。

直喩法…「～ような」を用いる
隠喩法…「~~～ような~~」を用いない

これだけです。

もし選択肢④に書かれているように「直喩だけを用いて隠喩を用いない」のだとしたら、本文28行目の「木管は風になびく軍旗だ」や「金管は……馬の群れであった」は「比喩ではなくて事実だ」ということになります。でも、もしこれが比喩じゃなかったら大変です。ライバルの中学校の演奏が始まった途端に、舞台の上に馬は出るわ旗は出るわ、とんでもないことになってしまいます（笑）。当然「木管は風になびく軍旗**（のよう）**だ」「金管は…馬の群れ**（のよう）**であった」という〈隠喩法〉になっている。だから、④の「直喩だけを用いて隠喩を用いない」はハッキリ×だとわかります。

解答 **問2** ③・④

以上、**「適当でないものを選べ」というタイプの問題は「答えはハッキリ×」**というのを、実感してもらえたでしょうか。だからね、たとえば今回の問題の①の選択肢を見た時に、「スゲェナ」っていうのは「若者っぽいのかな？ そうじゃないのかな？ うーんどうだろう？」なんて悩む必要はないんです。

他にハッキリ×の選択肢があるんだから、「なんだか微妙な選択肢だな」と思ったら、放置して次の選択肢に行けばいい。それを**「一つひとつの選択肢を丁寧に吟味していく」なんていうキレイゴト**を信じてやっているから、時間が足りなくなってしまうんです。何度も言いますが、時間が厳しいテストなんです。作る方だってそのくらいわかって作っているんです。

以上で解説はおしまいです。〈視点〉〈場面〉〈比喩〉など、小説読解の大切なポイントがいろいろと出てきた問題でした。しっかり復習して、他の文章や問題にも通じる〈思考回路〉を身につけておいてください。

THEME 3

共通テスト小説 新課程問題の攻略法

ここで差がつく！

「思考力・判断力・表現力」問題を解くテクニック

小説の「新課程問題」は、過去問題を見ても様々な出題がされている。その中でも〝凝った〟出題の問題を取り上げて、対策のポイントを講義する。

小説編もいよいよ最後のテーマとなりました。ここでは、小説の「新課程問題」について講義します。評論編でも言いましたが、再度確認しましょう。「新課程問題」は、単なる「文章の読み取り」ではなく、**そこから発展して、君たちが自分で「考え」「判断し」「表現する」力を問おうとしている問題**です。そのため、出題者が様々な〝工夫〟を凝らしているのがこのタイプの設問の特徴です。それだけに、難しく考えてしまう受験生が多いのですが、設問自体は決して難解ではないし、ちょっとした〝コツ〟がわかれば選択肢も手早く切ることができます。

共通テスト対策の「永遠の課題」は**〈時短〉**。ここでその着眼点を身につけましょう。

では、まずは問題を解いてみてください！

決める! KIMERU SERIES

過去問にチャレンジ

例題3-1

目標解答時間 15分

次の文章は、黒井千次(くろいせんじ)「庭の男」(一九九一年発表)の一節である。「私」は会社勤めを終え、自宅で過ごすことが多くなっている。隣家(大野家)の庭に息子のためのプレハブ小屋が建ち、そこに立てかけられた看板に描かれた男が、「私」の自宅のダイニングキッチン(キッチン)から見える。その存在が徐々に気になりはじめた「私」は、看板のことを妻に相談するなかで、自分が案山子をどけてくれと頼んでいる雀(すずめ)のようだと感じていた。以下はそれに続く場面である。これを読んで、後の問いに答えよ。

立(たて)看板をなんとかするよう裏の家の息子に頼んでみたら、という妻の示唆を、私は大真面目で受け止めていたわけではなかった。落着(おちつ)いて考えてみれば、その理由を中学生かそこらの少年にどう説明すればよいのか見当もつかない。相手は看板を案山子などとは夢にも思っていないだろうから、雀の論理は通用すまい。ただあの時は、妻が私の側に立ってくれたことに救われ、気持ちが楽になっただけの話だった。いやそれ以上に、男と睨(にら)み合った時、なんだ、お前は案山子ではないか、と言ってやる僅かなゆとりが生れるほどの力にはなった。裏返されればそれまでだぞ、と窓の中から毒突くのは、一方的に見詰められるのみの関係に比べればまだましだったといえる。

しかし実際には、看板を裏返す手立てが摑(つか)めぬ限り、いくら毒突いても所詮空威張りに過ぎぬのは明らかである。そして裏の男は、私のそんな焦りを見透(みすか)したかのように、前にもまして帽子の広いつばの下の眼に暗い光を溜(た)め、こちらを凝視して止(や)まなかった。流しの窓の前に立たずとも、あの男が見ている、との感じは肌に伝わった。暑いのを我慢して南側の子供部屋で本を読んだりしていると、すぐ隣の居間に男の視線の気配を覚えた。そうなると、本を伏せてわざわざダイニングキチンまで出向き、あの男がいつもと同じ場所に立っているのを確かめるまで落着けなかった。

隣の家に電話をかけ、親に事情を話して看板をどうにかしてもらう、という手も考えた。少年の頭越しのそんな手段はフェアではないだろう、との意識も働いたし、その前に親を納得させる自信がない。もしも納得せぬまま、ただこちらとのいざこざを避けるために親が看板を除去してくれたとしても、相手の内にいかなる疑惑が芽生えるかは容易に想像がつく。あの家には頭のおかしな人間が住んでいる、そんな噂を立てられるのは恐ろしかった。

ある夕暮れ、それは妻が家に居る日だったが、日が沈んで外が少し涼しくなった頃、散歩に行くぞ、と裏の男に眼で告げて玄関を出た。家を離れて少し歩いた時、町会の掲示板のある角を曲って来る人影に気がついた。迷彩色のシャツをだらしなくジーパンの上に出し、俯きかげんに道の端をのろのろと近づいて来る。まだ育ち切らぬ柔らかな骨格と、無理に背伸びした身なりとのアンバランスな組合せがおかしかった。細い首に支えられた坊主頭がふと上り、またすぐに伏せられた。A隣の少年だ、と思うと同時に、私はほとんど無意識のように道の反対側に移って彼の前に立っていた。

「ちょっと」

声を掛けられた少年は怯えた表情で立ち止り、それが誰かわかると小さく頷く仕種で頭だけ下げ、私を避けて通り過ぎようとした。

「庭のプレハブは君の部屋だろう」

何か曖昧な母音を洩らして彼は微かに頷いた。

「あそこに立てかけてあるのは、映画の看板かい」

細い眼が閉じられるほど細くなって、警戒の色が顔に浮かんだ。

「素敵な絵だけどさ、うちの台所の窓の真正面になるんだ。置いてあるだけなら、あのオジサンを横に移すか、裏返しにするか――」

そこまで言いかけると、相手は肩を聳やかす身振りで歩き出そうとした。

「待ってくれよ、頼んでいるんだから」

肩越しに振り返る相手の顔は無表情に近かった。

「もしもさ――」

追おうとした私を振り切って彼は急ぎもせずに離れて行く。

「ジジイ――」

吐き捨てるように彼の俯いたまま低く叫ぶ声がはっきり聞えた。少年の姿が大野家の石の門に吸い込まれるまで、私はそこに立ったまま見送っていた。

ひどく後味の悪い夕刻の出来事を、私は妻に知られたくなかった。少年から見れば我が身が碌な勤め先も持たぬジジイであることに間違いはなかったろうが、一応は礼を尽して頼んでいるつもりだったのだから、中学生の餓鬼にそれを無視され、罵られたのは身に応えた。B<u>身体の底を殴られたような厭な痛み</u>を少しでも和らげるために、こちらの申し入れが理不尽なものであり、相手の反応は無理もなかったのだ、と考えてみようともした。謂れもない内政干渉として彼が憤る気持ちもわからぬではなかった。しかしそれなら、彼は面を上げて私の申し入れを拒絶すればよかったのだ。所詮当方は雀の論理しか持ち合わせぬのだから、黙って引き下るしかないわけだ。その方が私もまだ救われたろう。

無視と捨台詞にも似た罵言とは、彼が息子よりも遥かに歳若い少年だけに、やはり耐え難かった。

夜が更けてクーラーをつけた寝室に妻が引込んでしまった後も、私は一人居間のソファーに坐り続けた。穏やかな鼾が寝室の戸の隙間を洩れて来るのを待ってから、大型の懐中電灯を手にしてダイニングキチンの窓に近づいた。もしや、という淡い期待を抱いて隣家の庭を窺(うかが)った。手前の木々の葉越しにプレハブ小屋の影がぼうと白く漂うだけで、庭は闇に包まれている。網戸に擦(こす)りつけるようにして懐中電灯の明(あか)りをともした。光の環(わ)の中に、きっと私を睨(にら)み返す男の顔が浮かんだ。闇に縁取られたその顔は肌に血の色さえ滲(にじ)ませ、昼間より一層生々しかった。

「馬鹿奴(め)」

呟(つぶや)く声が身体にこもった。暗闇に立つ男を罵っているのか、夕刻の少年に怒りをぶつけているのか、自らを嘲っているのか、自分でもわからなかった。懐中電灯を手にしたまま素早く玄関を出た。土地ぎりぎりに建てた家の壁と塀の間を身体を斜めにしてすり抜ける。建築法がどうなっているのか(注)識(し)らないが、もう少し肥(ふと)れば通ることの叶(かな)わぬ僅かな隙間だった。ランニングシャツ一枚の肩や腕にモルタルのざらつきが痛かった。

東隣との低い生垣(いけがき)に突き当(あた)り、檜葉(ひば)の間を強引に割ってそこを跨(また)ぎ越し、我が家のブロック塀の端を迂回(うかい)すると再び大野家との生垣を掻(か)き分けて裏の庭へと踏み込んだ。乾いた小さな音がして枝が折れたようだったが、気にかける余裕はなかった。

繁みの下の暗がりで一息つき、足許(あしもと)から先に懐中電灯の光をさっと這(は)わせてすぐ消した。右手の母屋も正面のプレハブ小屋も、明りは消えて闇に沈んでいる。身を屈(かが)めたまま手探りに進み、地面に雑然と置かれている小さなベンチや傘立てや三輪車をよけて目指す小屋の横に出た。

男は見上げる高さでそこに平たく立っていた。光を当てなくとも顔の輪郭は夜空の下にぼんやり認められた。そんなただの板と、窓から見える男が同一人物とは到底信じ難かった。これではあの餓鬼に私の言うことが通じなかったとしても無理はない。案山子にとまった雀はこんな気分がするだろうか、と動悸(どうき)を抑えつつも苦笑した。

しかし濡(ぬ)れたように滑らかな板の表面に触れた時、指先に厭な違和感が走った。それがベニヤ板でも紙でもなく、硬質のプラスチックに似た物体だったからだ。思わず懐中電灯をつけてみずにはいられなかった。果(はた)して断面は分厚い白色で、裏側に光を差し入れるとそこには金属の補強材が縦横に渡されている。人物の描かれた表面処理がいかなるものかまでは咄嗟(とっさ)に摑めなかったが、それが単純に紙を貼りつけただけの代物ではないらしい、との想像はついた。雨に打たれて果無(はかな)く消えるどころか、これは土に埋められても腐ることのないしたたかな男だったのだ。

それを横にずらすか、道に面した壁に向きを変えて立てかけることは出来ぬものか、と持ち上げようとした。相手は根が生えたかの如(ごと)く動かない。これだけの厚みと大きさがあれば体重もかなりのものになるのだろうか。力の入れやすい手がかりを探ろうとして看板の縁を辿(たど)った指が何かに当った。太い針金だった。看板の左端にあけた穴を通して、針金は小屋の樋(とい)としっかり結ばれている。同じような右側の針金の先は、壁に突き出たボルトの頭に巻きついていた。その細工が左右に三つずつ、六ヵ所にわたって施されているのを確かめると、最早(もはや)男を動かすことは諦めざるを得なかった。夕暮れの少年の細めた眼を思い出し、理由はわからぬものの、<u>C あ奴(やつ)はあ奴でかなりの覚悟でことに臨んでいるのだ、と認めてやりたいような気分がよぎった。</u>

（注）モルタル――セメントと砂を混ぜ、水で練り合わせたもの。タイルなどの接合や、外壁の塗装などに用いる。

問1　傍線部A「隣の少年だ、と思うと同時に、私はほとんど無意識のように道の反対側に移って彼の前に立っていた。」とあるが、「私」をそのような行動に駆り立てた要因はどのようなことか。その説明として適当なものを、次の①～⑥のうちから二つ選べ。ただし、解答の順序は問わない。

① 親が看板を取り除いたとしても、少年にどんな疑惑が芽生えるか想像し恐ろしく思っていたこと。
② 少年を差し置いて親に連絡するような手段は、フェアではないだろうと考えていたこと。
③ 男と睨み合ったとき、お前は案山子ではないかと言ってやるだけの余裕が生まれていたこと。
④ 男の視線を感じると、男がいつもの場所に立っているのを確かめるまで安心できなかったこと。
⑤ 少年の発育途上の幼い骨格と、無理に背伸びした身なりとの不均衡をいぶかしく感じていたこと。
⑥ 少年を説得する方法を思いつけないにもかかわらず、看板をどうにかしてほしいと願っていたこと。

問2 傍線部B「身体の底を殴られたような厭な痛み」とはどのようなものか。その説明として最も適当なものを、次の①～⑤のうちから一つ選べ。

① 頼みごとに耳を傾けてもらえないうえに、話しかけた際の気遣いも顧みられず一方的に暴言を浴びせられ、存在が根底から否定されたように感じたことによる、解消し難い不快感。
② 礼を尽くして頼んだにもかかわらず少年から非難され、自尊心が損なわれたことに加え、そのことを妻にも言えないほどの汚点だと捉えたことによる、深い孤独と屈辱感。
③ 分別のある大人として交渉にあたれば、説得できると見込んでいた歳若い相手から拒絶され、

常識だと信じていたことや経験までもが否定されたように感じたことによる、抑え難いいら立ち。

④ へりくだった態度で接したために、少年を増長させてしまった一連の流れを思い返し、看板についての交渉が絶望的になったと感じたことによる、胸中をえぐられるような癒し難い無念さ。

⑤ 看板について悩む自分に、珍しく助言してくれた妻の言葉を真に受け、幼さの残る少年に対して一方的な干渉をしてしまった自分の態度に、理不尽さを感じたことによる強い失望と後悔。

問3　傍線部C「あ奴はあ奴でかなりの覚悟でことに臨んでいるのだ、と認めてやりたいような気分がよぎった」における「私」の心情の説明として最も適当なものを、次の①～⑤のうちから一つ選べ。

① 夜中に隣家の庭に忍び込むには決意を必要としたため、看板を隣家の窓に向けて設置した少年も同様に決意をもって行動した可能性に思い至り、共感を覚えたことで、彼を見直したいような気持ちが心をかすめた。

② 隣家の迷惑を顧みることなく、看板を撤去し難いほど堅固に設置した少年の行動には、彼なりの強い思いが込められていた可能性があると気づき、陰ながら応援したいような新たな感情が心をかすめた。

③ 劣化しにくい素材で作られ、しっかり固定された看板を目の当たりにしたことで、少年が何らかの決意をもってそれを設置したことを認め、その心構えについては受け止めたいような思いが心をかすめた。

④ 迷惑な看板を設置したことについて、具体的な対応を求めるつもりだったが、撤去の難しさを

確認したことで、この状況を受け入れてしまったほうが気が楽になるのではないかという思いが心をかすめた。

⑤ 看板の素材や設置方法を直接確認し、看板に対する少年の強い思いを想像したことで、彼の気持ちを無視して一方的に苦情を申し立てようとしたことを悔やみ、多少なら歩み寄ってもよいという考えが心をかすめた。

問4 Nさんは、二重傍線部「案山子にとまった雀はこんな気分がするだろうか、と動悸を抑えつつも苦笑した。」について理解を深めようとした。まず、国語辞典で「案山子」を調べたところ季語であることがわかった。そこでさらに、歳時記（季語を分類して解説や例句をつけた書物）から「案山子」と「雀」が詠まれた俳句を探し、これらの内容を【ノート】に整理した。このことについて、後の(i)・(ii)の問いに答えよ。

【ノート】

●国語辞典にある「案山子」の意味

㋐竹や藁（わら）などで人の形を造り、田畑に立てて、鳥獣が寄るのをおどし防ぐもの。とりおどし。

㋑見かけばかりもっともらしくて、役に立たない人。

季語・秋。

●歳時記に掲載されている案山子と雀の俳句

ⓐ「案山子立つれば群雀空にしづまらず」（飯田蛇笏（だこつ））
ⓑ「稲雀追ふ力なき案山子かな」（高浜年尾）
ⓒ「某（それがし）は案山子にて候（そうろう）雀殿」（夏目漱石）

●解釈のメモ
ⓐ 遠くにいる案山子に脅かされて雀が群れ騒ぐ風景。
ⓑ 雀を追い払えない案山子の様子。
ⓒ 案山子が雀に対して虚勢を張っているように見える様子。

●「案山子」と「雀」の関係に注目し、看板に対する「私」の認識を捉えるための観点。

・看板を家の窓から見ていた時の「私」　→　X
・看板に近づいた時の「私」　→　Y

(i) Nさんは、「私」が看板を家の窓から見ていた時と近づいた時にわけたうえで、国語辞典や歳時記の内容と関連づけながら【ノート】の傍線部について考えようとした。空欄XとYに入る内容の組合せとして最も適当なものを、後の①～④のうちから一つ選べ。

(ア) X ――歳時記の句ⓐでは案山子の存在に雀がざわめいている様子であり、国語辞典の説明㋐にある「おどし防ぐ」存在となっていることに注目する。

(イ) X ――歳時記の句ⓒでは案山子が虚勢を張っているように見え、国語辞典の説明㋑にある「見かけばかりもっともらし」い存在となっていることに注目する。

(ウ) Y ――歳時記の句ⓑでは案山子が実際には雀を追い払うことができず、国語辞典の説明㋑にある「見かけばかりもっともらし」い存在となっていることに注目する。

(エ) Y ――歳時記の句ⓒでは案山子が雀に対して自ら名乗ってみせるだけで、国語辞典の説明㋐にある「おどし防ぐ」存在となっていることに注目する。

① (X)―ア　(Y)―ウ
② (X)―ア　(Y)―エ
③ (X)―イ　(Y)―ウ
④ (X)―イ　(Y)―エ

(ii) 【ノート】を踏まえて「私」の看板に対する認識の変化や心情について説明したものとして、最も適当なものを、次の①～⑤のうちから一つ選べ。

① はじめ「私」は、ⓒ「某は案山子にて候雀殿」の虚勢を張る「案山子」のような看板に近づけず、家のなかから眺めているだけの状態であった。しかし、そばまで近づいたことで、看板は㋑「見かけばかりもっともらし」いものであることに気づき、これまで「ただの板」にこだわり続けていた

ことに対して大人げなさを感じている。

②　はじめ「私」は、ⓑ「稲雀追ふ力なき案山子かな」の「案山子」のように看板は自分に危害を加えるようなものではないと理解していた。しかし、意を決して裏の庭に忍び込んだことで、看板の㋐「おどし防ぐもの」としての効果を実感し、雀の立場として「ただの板」に苦しんでいる自分に気恥ずかしさを感じている。

③　はじめ「私」は、自分を監視している存在として看板を捉え、㋐「おどし防ぐもの」と対面するような落ち着かない状態であった。しかし、おそるおそる近づいてみたことで、ⓒ「某は案山子にて候雀殿」のように看板の正体を明確に認識し、「ただの板」に対する怖さを克服しえた自分に自信をもつことができたと感じている。

④　はじめ「私」は、㋐「とりおどし」のような脅すものとして看板をとらえ、その存在の不気味さを感じている状態であった。しかし、暗闇に紛れて近づいたことにより、実際にはⓑ「稲雀追ふ力なき案山子かな」のような存在であることを発見し、「ただの板」である看板に心を乱されていた自分に哀れみを感じている。

⑤　はじめ「私」は、常に自分を見つめる看板に対してⓐ「群雀空にしづまらず」の「雀」のような心穏やかでない状態であった。しかし、そばに近づいてみたことにより、看板は㋑「見かけばかりもっともらし」いものであって恐れるに足りないとわかり、「ただの板」に対して悩んできた自分に滑稽さを感じている。

全体読み

リード文から、この小説の主人公が**「私」**であること、その「私」は「会社勤めを終え、自宅で過ごすことが多くなっている」という設定がわかります。この主人公は定年退職したと読むことができますが、そのような話の小説では、

・再就職先がなかなか見つからない　↓　苦悩する主人公
・それまではチヤホヤされていた（大会社に勤めていた・役職付きだったなど）
↓　急に誰も相手にしてくれなくなった

というような理由で、自分という人間の存在価値に悩んだり、それによって精神が不安定な状態になる主人公の話がよくあります。今回も「我が身が碌な勤め先も持たぬジジイである」という表現が出てくるように、主人公はそのことを気にしていることがうかがえます（少年にとってはそんなことは気にもなっていないでしょう）し、看板の男を気にする様子からも、やや不安定な状態にあることが読み取れます。

そんな「私」が、裏の少年に直接交渉したものの相手にすらされず、自ら看板をひっくり返しにいくことを決意し実行する。ざっとこんな話だとつかめればいいでしょう。

部分読み

では設問です。これまで学んだ道具を使う意識で、解いていきましょう。

問1

傍線部Ａ「隣の少年だ、と思うと同時に、私はほとんど無意識のように道の反対側に移って彼の前に立っていた。」とあるが、「私」をそのような行動に駆り立てた要因はどのようなことか。

設問は「『私』をそのような行動に駆り立てた要因」を問うています。〈行動〉**の要因ですから〈心理〉と〈事態〉をチェック**。まさに基本通りの問題です。

「彼の前に立っていた」のは、続く文脈から庭の看板を何とかして欲しいと彼に直接交渉しようとしたからだとわかります。ではなぜ直接交渉しようとしたのかというと、傍線部の前段落（本文14～15行目）に「少年の頭越しに親に事情を話して解決するという手段はフェアではない」とありました。だから直接交渉しようとしたわけです。

以上の説明ができている選択肢は、②と⑥です。⑥の「少年を説得する方法を思いつけないにもかかわらず」は、本文2～3行目に「中学生かそこらの少年にどう説明すればよいのか見当もつかない」とありましたから○ですね。

他の選択肢ですが、①は「少年にどんな疑惑が芽生えるか想像し」が×。本文16～17行目に「相手の内にいかなる疑惑が芽生えるかは容易に想像がつく」とありましたが、ここでの「相手」とは「親」のことで、「少年」のことではありません。③・④・⑤は、いずれも「少年に直接交渉しようとした理由」になっていませんね。したがって×。以上より答えが決まります。

解答 問1 ②・⑥

問2

傍線部は「身体の底を殴られたような厭な痛み」ですから〈心理〉です。直前の「身に応えた（＝骨身に染みる・全身で強く感じる）」の言い換えですね。〈事態〉と〈行動〉をチェックしましょう。

ひどく後味の悪い夕刻の出来事を、私は妻に知られたくなかった。少年から見れば我が身が碌な勤め先も持たぬジジイであることに間違いはなかったろうが、一応は礼を尽して頼んでいるつもりだったのだから、中学生の餓鬼にそれを無視され、罵られたのは身に応えた。身体の底を殴られたような厭な痛み（B）を少しでも和らげるために、こちらの申し入れが理不尽なものであり、相手の反応は無理もなかったのだ、と考えてみようともした。謂（いわ）れもない内政干渉として彼が憤る気持ちもわからぬではなかった。

〈事態〉は、傍線部の直前の「（礼を尽くして頼んだのに）中学生の餓鬼に無視され」「罵られた」です。前の文脈で言い換えると、「頼んでいるのに話も聞かず立ち去ろうとする」「『ジジイ』と吐き捨てるように言われた」です。〈行動〉は、痛みを和らげるためにいろいろ考えようとしてみた、ということしか書かれていませんから、傍線部の「痛み」の説明にはなっていませんでした。
選択肢を見ていきましょう。――→――の説明ができているのは①です。

①　**頼みごとに耳を傾けてもらえないうえに、話しかけた際の気遣いも顧みられず一方的に暴言を浴びせられ、**
存在が根底から否定されたように感じたことによる、解消し難い不快感。

他の選択肢を見ておきます。
②と④は、いずれも選択肢の「…による」という部分、つまり〈事態〉部分が×です。②は、まずは「非難（＝人の欠点や過ちを責めること）」という〈語句の意味〉がわかっていれば「少年から非難され」で×ができます。また「そのことを妻にも言えないほどの汚点だと捉えたことによる」の部分も×です。本文に「ひどく後味の悪い夕刻の出来事を、私は妻に知られたくなかった。」とはありますが、**それによって**「厭な痛み」を感じたわけではありません。
③と⑤は、本文の冒頭部分の記述に反しているので×です。③は、「分別のある大人として交渉にあたれば、説得できると見込んでいた歳若い相手」が×。問１でも見たように、少年のことを説得できるとは思っていません。⑤は、「助言してくれた妻の言葉を真に受け」が×。これも冒頭に「妻の示唆を、私は大真面目で受け止めていたわけではなかった」とありましたから、正反対ですね。

解答　**問2**　①

問3　傍線部は「あ奴はあ奴でかなりの覚悟でことに臨んでいるのだ、と**認めてやりたいような気分**がよぎった」ですから**〈心理〉**です。**〈事態〉と**〈行動〉**をチェック**しましょう。傍線部は本文の末尾なので〈行動〉はなし。ということは、必然的にポイントは〈事態〉です。

事 → **心**

事
ベニヤ板でも紙でもなく、硬質のプラスチックに似た物体
断面は分厚い白色で、裏側に金属の補強材が縦横に渡されている
＋
太い針金で、しっかり固定されている

心
C あ奴はあ奴でかなりの覚悟でことに臨んでいるのだ、と**認めてやりたいような気分**

〈**事態**〉は「変化しない硬い素材＋しっかり固定」です。この時点で①の選択肢は×。「夜中に隣家の庭に忍び込むには決意を必要としたため」という「自分の決意」が〈事態〉なのではありませんね。残る選択肢を吟味します。

② 隣家の迷惑を顧みることなく、**看板を撤去し難いほど堅固に設置した少年の行動**には、×彼なりの強い思いが込められていた可能性があると気づき、陰ながら応援したいような新たな感情が心をかすめた。

③ **劣化しにくい素材で作られ、しっかり固定された看板を目の当たりにしたことで**、○少年が何らかの決意をもってそれを設置したことを認め、その心構えについては受け止めたいような思いが心をかすめた。

④ 迷惑な看板を設置したことについて、具体的な対応を求めるつもりだったが、×**撤去の難しさを確認したことで**、この状況を受け入れてしまったほうが気が楽になるのではないかという思いが心をかすめた。

⑤ **看板の素材や設置方法を直接確認し、看板に対する少年の強い思いを想像したことで**、彼の気持ちを無視して一方的に×苦情を申し立てようとしたことを悔やみ、×多少なら歩み寄ってもよいという考えが心をかすめた。

②と④は「素材」についての説明がないので△ですが、×ではないので残して吟味します。傍線部の「認めてやりたい」は、隣家の少年の「覚悟」についてであって、看板を撤去したいという

思い自体に変化はありません。ですから②の「陰ながら応援したいような新たな感情」、④の「この状況を受け入れてしまったほうが気が楽になるのではないか」は×です。

選択肢③は「その心構えについては受け止めたい」が「覚悟を認める」の説明として〇、⑤は「彼の気持ちを無視して一方的に苦情を申し立てようとしたことを悔やみ」も、「多少なら歩み寄ってもよいという考え」も文中から読み取れません。したがって、正解は③です。

解答　問3　③

問4

〈新課程問題〉です。評論の場合と同様、設問自体は決して難解というわけではないので落ち着いて解くこと。そして、そのための「時間的余裕」を作っておくことが大切です。

まずは二重傍線部を分析しましょう。

男は見上げる高さでそこに平たく立っていた。光を当てなくとも顔の輪郭は夜空の下にぼんやり認められた。**そんなただの板**と、窓から見える男が同一人物とは到底信じ難かった。これではあの餓鬼に私の言うことが通じなかったとしても無理はない。案山子にとまった雀は**こんな気分がする**だろうか、と動悸を抑えつつも苦笑した。

「庭の男」に対して、「私」はもともとは「案山子に脅された雀」の気分でした。気になって仕方ない。ところが、近くで見ると、それは「ただの板」だった。そのときの気持ちを、「案山子にとまった雀は**こんな気分がする**だろうか」と「動悸（どきどき）を抑えつつも苦笑した」という二重傍線部です。「自分は何を怯えていたんだろう。ばかだなぁ。」と思わず「苦笑い」している、そういう状況ですね。

これを【ノート】の内容と重ねてみると、こうなります。

「男の看板」に対して **【ノート】**

はじめ　「案山子に脅された雀」の気分　…語句の意味㋐／俳句ⓐ

↓

近くで見て　「ただの板」だった　…語句の意味㋑／俳句ⓑ

これをそのまま設問にしたのが(i)です。

(i)

・看板を家の窓から見ていた時の「私」　→　[X]

・看板に近づいた時の「私」　→　[Y]

［X］に入るのは㋐・ⓐ、［Y］に入るのは㋑・ⓑですね。

とすると、選択肢は、すぐに［X］＝(ア)、［Y］＝(ウ)に決まるので、答えは①に決定。秒殺、即決です。

(ii) これも【ノート】の内容を踏まえて解く問題です。選択肢はすぐに絞り込めます。

> ① **はじめ「私」は、**ⓒ「某は案山子にて候雀殿」の虚勢を張る「案山子」のような看板に近づけず、家のなかから眺めているだけの状態であった。しかし、…
>
> ② **はじめ「私」は、**ⓑ「稲雀追ふ力なき案山子かな」の「案山子」のように看板は自分に危害を加えるようなものではないと理解していた。しかし、…
>
> ③ **はじめ「私」は、**自分を監視している存在として看板を捉え、㋐「おどし防ぐもの」と対面するような落ち着かない状態であった。**しかし、おそるおそる近づいてみたことで、**ⓒ「某は案山子にて候雀殿」のように看板の正体を明確に認識し、…

(i)でまとめたように、「はじめの私」は、「㋐・ⓐ」ですから、この時点で①・②の選択肢は×です。

次に「近づいてみたことで」「㋑・ⓑ」になるわけですから、③の選択肢は×です。

これで④と⑤が残りました。④「㋐・ⓑ」、⑤「ⓐ・㋑」でいずれもその意味では○です。だから

この④と⑤で悩む人が多いんです。

まず、決め手となる一つは「二重傍線部の読み」です。

> 案山子にとまった雀は**こんな気分**がするだろうか、と動悸を抑えつつも**苦笑した**。

ここでいう「苦笑」とは、何に対する苦笑でしょうか。はじめは「案山子に睨まれた雀」のように怯えてビクビクしていたのに、近くに来てみたら「ただの板」だった。そんな自分を「ばかだなぁ。なにこんな板にビクビクしてたんだよ」と思わず「苦笑」している、そういう状況でしたね。

それがつかめていれば、④「自分に哀れみを感じている」ではなく、⑤「自分に滑稽さを感じている」を選べるはずです。

さらに、「苦笑」の〈語句の意味〉は、「他人または自分の行動やおかれた状況の愚かしさ・滑稽さを思って、しかたなく笑うこと」です。ここからも⑤を選べます。「語句なんて、そこまで丁寧に覚えていられないよ〜」と思った人。その気持ち、よくわかります。でもね、たとえば今回の「苦笑した」は、別の過去問題でも傍線部になっている語なんです（同じ過去問で、俳句の【解釈メモ】ⓒ「虚勢を張る」も出ています）。わかっているつもりのことから新しい気づきを得るのも学びの喜びの一つです。傍線部や選択肢で問われたものだけでも、きちんと確認しておぼえておくといいでしょう。

最後に細かい部分ですが、④の「暗闇に紛れて近づいたことにより」も×です。単に「近づいてみたら」ただの看板だったわけで、「暗闇に紛れて」は無関係。ですからここも×です。

④ **はじめ「私」は、**㋐「とりおどし」のような脅すものとして看板をとらえ、その存在の不気味さを感じている状態であった。しかし、暗闇に紛れて近づいたことにより、実際にはⓑ「稲雀追ふ力なき案山子かな」のような存在であることを発見し、**「ただの板」である看板に心を乱されていた自分に哀れみを感じている。**

⑤ **はじめ「私」は、**常に自分を見つめる看板に対してⓐ「群雀空にしづまらず」の「雀」のような心穏やかでない状態であった。**しかし、そばに近づいてみたことにより、**看板は㋑「見かけばかりもっともらし」いものであって恐れるに足りないとわかり、**「ただの板」に対して悩んできた自分に滑稽さを感じている。**

解答 **問4** (i)＝① (ii)＝⑤

これで解説はおしまいです。過去問を見ても、様々な設問形式が考えられる〈新課程問題〉。その中でも、今回はかなり凝った出題のものを扱ってみました。こうして解いてみると、普通に読解ができて、きちんと選択肢と照合できれば、見た目ほど難解ではないことがわかりましたね。まずはきちんと「読み・解く」力をつけることが先決。その上で「ポイントを絞って、手早く照合する」アタマの回転を身につけていってください。

SECTION 3

第3問　実用文対策

THEME

きめる! KIMERU SERIES

SECTION3で学ぶこと

ここが問われる!

新出の「実用文問題」。
国語全体で高得点を目指す人には、なかなか厳しい。

共通テストの第3問・実用的な文章は、新課程で新しく出題されるようになった問題です。解いてみるとわかるのですが、（まとめ）や【資料】として出される文章の読解も、図やグラフの読み取りも、基本的な力があれば十分に対応できるものです。つまり**問題自体は、さほど難しいものではありません。**

ところが、これを試験会場で解くとなると話が違ってきます。受験生が緊張感の中で、この問題を10分強の時間で解くのはなかなか厳しい。高得点を目指すならなおさらです。

ということは、ここでも、カギになるのは「読み解くスピード」。**実用文問題の〈速読・速解〉のテクニックが重要**になります。

ここが問われる!

演習を通して慣れることは大切。
その中で、基本的な「図・グラフ」の読み方は確認しておこう。

とはいえその前に、**基本的な「図やグラフ」の読み取り方は必須**です。棒グラフ・円グラフ・折線グラフなど、小学校の時からいろんな場面で学んできたと思いますが、実用文問題の演習を通して、再度グラフの読み取り方を確認しておいてください。

また、スピードアップのためには「慣れ」も大切。様々な問題の演習を通して、実用文問題に慣れておいてください。その時のポイントは**〝要領のよい解き方〟を知る**こと。「答えが正解した」からよしとせずに、解説等を読み込んで「より速く」解く方法を学ぶことは忘れずに。

ここが問われる！

最後はやはり「出題者との対話」。「なぜ、このような出題がされるようになったのか」を知ることが、〈速読・速解〉のカギになる。

最後に必要となるのは、やはり**「出題者との対話」**。複数の【資料】を手早く読み解くためには、出題者の意図を知ることはとても重要です。

このSECTIONの解説を読んで、出題者がみなさんに「何を問いたくて」「どのような力を身につけて欲しくて」このような問題を作っているのか。そういう視点に立って問題を見ることができれば、**より「速く読み・解く」ポイントが見えてきます。**

対策法を知って、新しい出題形式を味方にしてしまいましょう！

THEME 1

〈実用文問題〉対策のポイント

ポイントは「時短」。「速く」解くために何が必要か

ここで覚きめる!

共通テストの「実用文問題」は、試作問題を見る限り、第1問の「新課程問題」と同様、問題それ自体は難しくはない。ただ、問題はそこではない。君たちも実感しているであろうように、勝負は「時短」だ。そのためのポイントを考察する。

実用文とは、「説明文、大学生の書くレポート、手紙文、新聞記事や契約書」など、実際の日常生活で用いる文で、小説などの文学作品ではない文のことを言います。これに「図・グラフ」などを加えて、**複数の資料の情報を「比較・検討」しつつ自分の主張をまとめる力を問う、それが共通テストの「実用文問題」**です。

国語全体で高得点を目指す人には、なかなか厳しい。

ここから先の僕の話が空論にならないために、実際の問題を解いたことがない人は、ぜひ問題を先に解いてみてください。第3問「実用文問題」は、第1問の問6「新課程問題」と同様、問題自体は決して難問というわけではありません。**ただ、要領をつかめていない人には時間がかかる出題です。**あれだけの資料数・設問数を、10分強（本当か!?）で読み解くわけですから、それ相応の「情報処理能力」が必要。得意な人も、決して甘く見ない方がいいと思います。

そうなると、国語全体で高得点を取ろうとしている人には結構厳しい。かりに第3問が解けたとしても、評論・小説・古文・漢文の他の4問を解く時間がなくなってしまっては意味がありません。また、「今年は小説の文章が読みにくかった」とか「古文で和歌が出て苦戦した人が多かった」など、他の問題のどれかで難度があがってしまった場合、全体では大きく失敗してしまうこともあります。

得意なはずの人が、それで失敗した例もいくつも見てきました。それに、試験会場の緊張感とプレッシャーの中で解くんです。小さなミスはいつでも起こりうる。得意な人の「まあ、大丈夫でしょ」という感想を頼もしく思いつつも、「油断は大敵」というのはそれが理由です。総合的に見て、なかなか厳しいことになるだろうな、と僕は思います。

いずれにせよ、〈実用文問題〉が求める力は、みなさんが大学で論文を書く時に、間違いなく必要となる力です。このように新たな出題がされたりすると、得てしてマイナスの発言が多く聞かれるものですが、必要なんだし、出ると決まったものは仕方ない。受験生全員、条件はみんな同じです。それならば、嘆いてばかりいないで、前向きな気持ちで、「受験を契機に、こういう力を身につけてやろう！」くらいの逞しい気持ちで、取り組んでいってほしいと思います。

「必要となる力」

「実用文問題」を解くために、必要となる力を確認しておきましょう。

❶「実用文や図・グラフ」それ自体を読む力
❷「複数の資料」を比較・検討する力
❸❶・❷を手早くやる力

❶まずは「一つの文」「一つの図やグラフ」それ自体を見る力が必要です。❷次に、それらを「比較・検討」できる力をつける。❸そして最後に、それを速くできるようになる必要がある。ざっとこんな力が必要になるでしょう。

いずれも「〈実用文問題〉向けに特別な力をつける」というようなものではありません。「文章」自体を読む力は第1問対策で身につける力で十分ですし、「図・グラフ」についても、今までに小・中・高の学びで身につけてきた力で十分対応できます。それを「総合的に使う」だけです。

「図・グラフ」は〝ピンポイント〟で見るものです。

基本を確認しておきましょう。

苦手な人と話していると気づくことがあります。「図やグラフ」を〝なんとなく〟見ている人が多い。あるいは逆に〝ものすごく丁寧に〟見ている人もいます。

でもね、**【資料】としての図やグラフ**は、あることを述べるための資料ですから、**「目的を持って」引用されるもの**です。ということは**「ここを見る」というポイントがある**。だから「なんとなく」見ていてもダメだし、逆に丁寧に見すぎるのも不要な部分まで見てしまっていることになる。いい入試問題は、そういう人が時間が足りなくなるように作られています。

たとえば、次の資料を見てください。

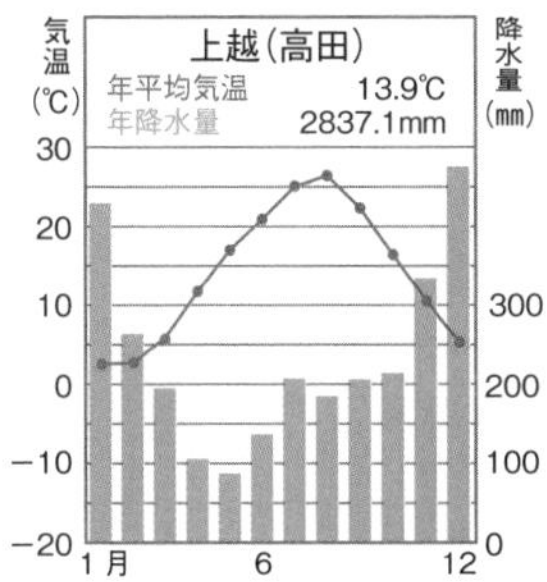

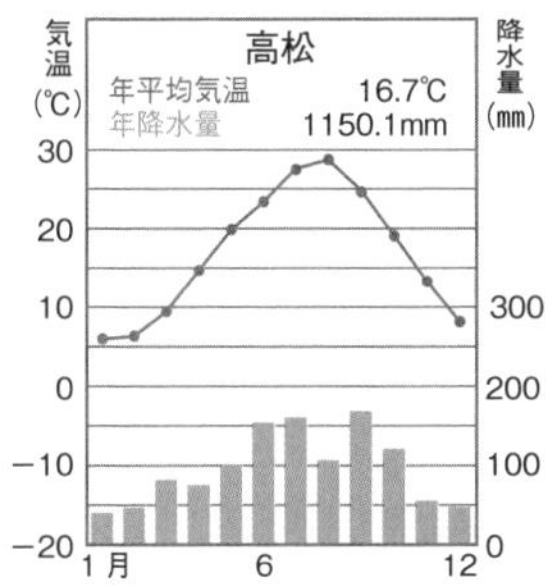

（出典『理科年表２０２２』）

小・中学校の時や地理で習った、雨温図ですね。覚えていますか？

「この雨温図は日本のどの場所を表すのか」を判別するためには、「ここを見る」というポイントがありましたよね。たとえば「日本海側の気候なら冬に雨が多い」とか「瀬戸内の気候なら8月の降水量が少ないからグラフがわかりやすく凹む！」とか、です。

ほら、思い出しましたね。やっぱり「図やグラフ」は「見るべきところを見る」もの、なんです。

★「図やグラフ」には、「見るべきポイント」がある！

○やはり「出題者との対話」が大切です。

では、どんな時に、どこを見ればいいのでしょうか。

SECTION 1 の **THEME 3**（↓124ページ）のはじめで述べたように、共通テストの〈新課程問題〉は、**君たちが「【資料】を用いながら、自分の主張をまとめる」**場面を入試問題として再現しようとしています。だから〈実用文問題〉でも基本的には、

複数の【資料】 ↓ ○○さんが「まとめ・レポート」を書く

という設定になるはずです。

あくまで**中心になるのは「まとめ・レポート」**。**そのために使われるのが複数の【資料】**です。

ということは、「まとめ・レポート」を見れば【資料】のどこを見ればいいのかわかる。レポートを書

いている「〇〇さん」のまとめの通りに読み進めていけばいいんです。
ということで、こんな感じで解いていくことになります。

POINT

〈実用文問題〉のポイント

★高校生が【資料】を用いて「レポート・まとめ」を書く力を問う、のがモチーフ。
＝そう意識して、出題者の「設定」をきちんと理解することがカギ！

手順①「リード文」で〈設定〉を確認
↓「まとめ・レポート」など中心となるものをつかむ

手順②「まとめ・レポート」を読み進め、
その導き通りに【資料】を見る

どの【資料】の、どこを見ればいいかは「まとめ・レポート」が教えてくれる！

焦る気持ちはわかりますが、そのはやりをおさえて、まずはリード文から〈場面や状況の設定〉をつかみましょう。そこで中心となる「レポート・まとめ」を見つけて読んでいく。あとは、その「レポート・まとめ」や「設問文」などの条件の導きに上手に乗ればＯＫ。結局は、出題者の「設定」をつかんで、その導きにのることです。

では、具体的な問題を解いてみましょう。

一度解いたことがある人も、目的はいま説明したポイントを実際の問題で確認することですから、ぜひもう一度解いてください。

時間は一応設定してありますが、最初は時間よりも〈解き方・考え方〉が大切です。

KIMERU SERIES

試作問題にチャレンジ

例題1-1

目標解答時間 12分

ヒロミさんは、日本語の独特な言葉遣いについて調べ、「言葉遣いへの自覚」という題で自分の考えを【レポート】にまとめた。【資料Ⅰ】～【資料Ⅲ】は、【レポート】に引用するためにアンケート結果や参考文献の一部を、見出しを付けて整理したものである。これらを読んで、後の問い（問1～4）に答えよ。〈著作権の都合上一部改題〉

【レポート】

1 男女間の言葉遣いの違いは、どこにあるのだろうか。【資料Ⅰ】によると、男女の言葉遣いは同じでないと思っている人の割合は、七割以上いる。実際、「明日は学校あるわよね？」は女の子の話し方として、「これすげえな！」は男の子の話し方として認識されている。これは、性差によって言葉遣いがはっきり分かれているという、日本語の特徴の反映ではないだろうか。

2 一方、［ X ］にも着目すると、男女の言葉遣いの違いを認識しているものの、女性らしいとされていた言葉遣いがあまり用いられず、逆に男性らしいとされる言葉遣いをしている女性も少なからず存在することが分かる。

3 ここで、【資料Ⅱ】【資料Ⅲ】の「役割語」を参照したい。これらの資料によれば、言葉遣いの違いは性別によるとはかぎらない、そして、［ Y ］ということである。

4 たしかに、マンガやアニメ、小説などのフィクションにおいて、このような役割語は、非常に発達している。役割語がなければ、「キャラクタ」を描けないようにすら感じる。とくに、文字は映像と違って、顔は見えないし声も聞こえない。役割語が効率的にキャラクタを描き分けることによって、それぞれのイメージを読者に伝えることができる。その一方で、キャラクタのイメージがワンパターンに陥ってしまうこともある。

5 それでは、現実の世界ではどうだろうか。私たちの身近にある例を次にいくつか挙げてみよう。

Z

6 以上のように、私たちの周りには多くの役割語があふれている。したがって、役割語の性質を理解したうえで、フィクションとして楽しんだり、時と場所によって用いるかどうかを判断したりするなど、自らの言葉遣いについても自覚的でありたい。

【資料Ⅰ】男性らしい話し方、女性らしい話し方

調査期間　20XX/05/01 ～ 20XX/05/14
調査対象　小学生から高校生　10000人
調査方法　インターネットで回答

質問1
話す人の性別と言葉遣いは無関係だと思いますか？

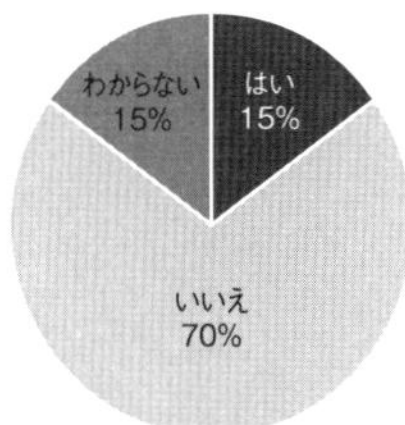

質問2
①次の言葉遣いはそれぞれ男性と女性どちらのものだと思いますか？

「明日は学校あるわよね？」

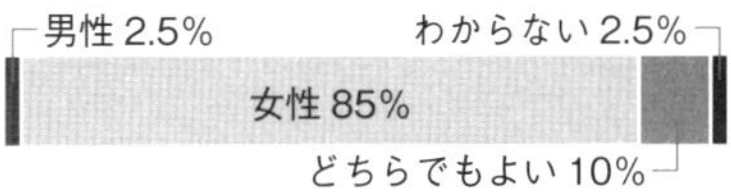

「これすげえな！」

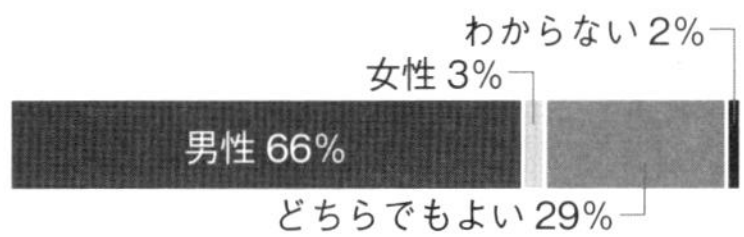

②あなたは次のような言葉遣いをしますか？

「明日は学校あるわよね？」

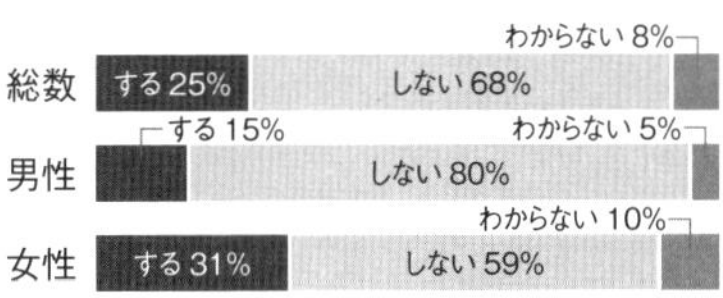

「これすげえな！」

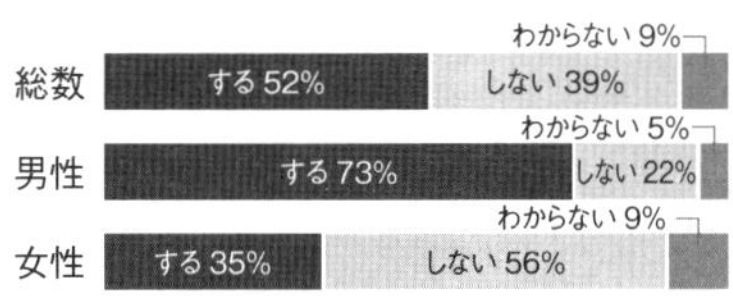

（著作権の都合により、編集部が作成した架空のアンケートを掲載）

【資料Ⅱ】 役割語の定義

役割語について、金水敏『ヴァーチャル日本語　役割語の謎』（岩波書店、二〇〇三年、二〇五頁）では次のように定義している。

ある特定の言葉遣い（語彙・語法・言い回し・イントネーション等）を聞くと特定の人物像（年齢、性別、職業、階層、時代、容姿・風貌、性格等）を思い浮かべることができるとき、あるいはある特定の人物像を提示されると、その人物がいかにも使用しそうな言葉遣いを思い浮かべることができるとき、その言葉遣いを「役割語」と呼ぶ。

すなわち、特定の話し方あるいは言葉遣いと特定の人物像（キャラクタ）との心理的な連合であり、ステレオタイプ（注）の言語版であるとも言える。役割語の分かりやすい例として、次のようなものを挙げることができる。

a　おお、そうじゃ、わしが知っておるんじゃ。
b　あら、そうよ、わたくしが知っておりますわ。
c　うん、そうだよ、ぼくが知ってるよ。
d　んだ、んだ、おら知ってるだ。
e　そやそや、わしが知ってまっせー。
f　うむ、さよう、せっしゃが存じております る。

上記の話し方はいずれも論理的な内容が同じであるが、想起させる話し手が異なる。例えばaは男性老人、bはお嬢様、cは男の子、dは田舎もの、eは関西人、fは武士などの話し手が当てられるであろう。

（金水敏「役割語と日本語教育」『日本語教育』第一五〇号による）

（注）ステレオタイプ――型にはまった画一的なイメージ。紋切り型。

【資料Ⅲ】役割語の習得時期

多くの日本語話者は、「あら、すてきだわ」「おい、おれは行くぜ」のような言い方が女性や男性の話し方を想起させるという知識を共有している。しかし、現実の日常生活の中でこのようないかにも女性的、いかにも男性的というような表現は今日の日本ではやはりまれになっている。

日常的な音声言語に、語彙・語法的特徴と性差に関する積極的な証拠が乏しいにもかかわらず、多くのネイティブの日本語話者は、〈男ことば〉と〈女ことば〉を正しく認識する。むろんこれは、絵本やテレビなどの作品の受容を通して知識を受け入れているのである。この点について考えるために、私が代表者を務める科研費[注]の研究グループで、幼児の役割語認識の発達に関する予備的な実験調査を紹介しよう。図1として示すのは、その実験に用いたイラストである。

この図を被実験者の幼児に示し、さらに音声刺激として次のような文の読み上げを聞かせ、絵の人物を指し示させた。

a　おれは、この町が大好きだぜ。
b　あたしは、この町が大好きなのよ。
c　わしは、この町が大好きなんじゃ。
d　ぼくは、この町が大好きさ。
e　わたくしは、この町が大好きですわ。

図1　役割語習得に関する実験刺激

その結果、三歳児では性差を含む役割語の認識が十分でなかったのに対し、五歳児ではほぼ完璧にできることが分かった（音声的な刺激を用いたので、語彙・語法的な指標と音声的な指標のどちらが効いていたかはこれからの検討課題である）。

幼児が、これらの人物像すべてに現実に出会うということはほとんど考えにくい。これに対して、幼児が日常的に触れる絵本やアニメ作品等には、役割語の例があふれている。

（金水敏「役割語と日本語教育」『日本語教育』第一五〇号による）

（注）科研費――科学研究費補助金の略。学術研究を発展させることを目的にする競争的資金。

問1　【レポート】の空欄 X には、【レポート】の展開を踏まえた【資料Ⅰ】の説明が入る。その説明として最も適当なものを、次の①～⑤のうちから一つ選べ。

① 「明日は学校あるわよね?」を使わない女子は六割近くにのぼり、「これすげえな!」を使わない男子は二割を超えていること

② 「明日は学校あるわよね?」を使う女子は三割程度にとどまり、「これすげえな!」を使う女子

は三割を超えていること

③ 「明日は学校あるわよね？」を使わない女子は六割近くにのぼり、「これすげえな！」を使わない男女は四割近くにのぼること

④ 「明日は学校あるわよね？」を使わない女子は六割近くにのぼり、「これすげえな！」を使うか分からないという女子は一割程度にとどまっていること

⑤ 「明日は学校あるわよね？」を使う女子は三割程度にとどまり、「これすげえな！」を男女どちらが使ってもいいと考える人は三割近くにのぼること

問２ 【レポート】の空欄 Y には、【資料Ⅱ】および【資料Ⅲ】の要約が入る。その要約として最も適当なものを、次の①～⑤のうちから一つ選べ。

① イラストと音声刺激を用いた発達段階に関する調査によって、役割語の認識は、五歳でほぼ獲得されることが明らかになったが、それは絵本やアニメといった幼児向けのフィクションの影響である

② 役割語とは、特定の人物像を想起させたり特定の人物がいかにも使用しそうだと感じさせたりする語彙や言い回しなどの言葉遣いのことであり、日本語の言葉遣いの特徴を端的に示した概念である

③ 年齢や職業、性格といった話し手の人物像に関する情報と結びつけられた言葉遣いを役割語と呼び、私たちはそうした言葉遣いを幼児期から絵本やアニメ等の登場人物の話し方を通して学んでいる

④ 日本語話者であれば言葉遣いだけで特定の人物のイメージを思い浮かべることができるが、こうした特定のイメージが社会で広く共有されるに至ったステレオタイプとしての言語が役割語である

⑤ 特定の人物のイメージを喚起する役割語の力が非常に強いのは、幼児期からフィクションを通して刷り込まれているためであるが、成長の過程で理性的な判断によってそのイメージは変えられる

問3 **【レポート】**の空欄 Z には、役割語の例が入る。その例として**適当でないもの**を、次の①～⑤のうちから一つ選べ。

① 家族や友だちに対してはくだけた言葉遣いで話すことが多い人が、他人の目を意識して、親密な人にも敬語を用いて話し方を変える場合が見受けられる。

② アニメやマンガ、映画の登場人物を真似るなどして、一般的に男性が用いる「僕」や「俺」などの一人称代名詞を用いる女性が見受けられる。

③ ふだん共通語を話す人が話す不自然な方言よりも、周りが方言を話す環境で育てられた人が話す自然な方言の方が好まれるという傾向が見受けられる。

④ 「ツッコミキャラ」、「天然キャラ」などの類型的人物像が浸透し、場面に応じてそれらを使い分けるというコミュニケーションが見受けられる。

⑤ スポーツニュースで外国人男性選手の言葉が、「俺は～だぜ」、「～さ」などと男性言葉をことさら強調して翻訳される場合が見受けられる。

問4 ヒロミさんは、**【レポート】**の主張をより理解してもらうためには論拠が不十分であることに

気づき、補足しようと考えた。その内容として適当なものを、次の①〜⑥のうちから**二つ**選べ。

① 「今日は学校に行くの」という表現を例にして、日本語における役割語では語彙や語法より音声的要素が重要であるため、文末のイントネーションによって男女どちらの言葉遣いにもなることを補足する。

② 英語の「I」に対応する日本語が「わたし」、「わたくし」、「おれ」、「ぼく」など多様に存在することを例示し、一人称代名詞の使い分けだけでも具体的な人物像を想起させることができることを補足する。

③ マンガやアニメなどに登場する武士や忍者が用いるとされる「〜でござる」という文末表現が江戸時代にはすでに使われていたことを指摘し、役割語の多くが江戸時代の言葉を反映していることを補足する。

④ 役割語と性別、年齢、仕事の種類、見た目などのイメージとがつながりやすいことを踏まえ、不用意に役割語を用いることは人間関係において個性を固定化してしまう可能性があるということを補足する。

⑤ 絵本やアニメなどの幼児向けの作品を通していつの間にか認識されるという役割語の習得過程とその影響力の大きさを示し、この時期の幼児教育には子どもの語彙を豊かにする可能性があるということを補足する。

⑥ 役割語であると認識されてはいても実際の場面ではあまり用いられないという役割語使用の実情をもとに、一人称代名詞や文末表現などの役割語の数が将来減少してしまう可能性があるということを補足する。

分析

解いてみてどうでしたか？　うまく解けましたか？

★まずは「リード文」から〈状況・設定〉をつかむ！

でしたね。今回の問題のリード文をチェックしてみましょう。

> ヒロミさんは、日本語の独特な言葉遣いについて調べ、「言葉遣いへの自覚」という題で自分の考えを【レポート】にまとめた。【資料Ⅰ】～【資料Ⅲ】は、【レポート】に引用するためにアンケート結果や参考文献の一部を、見出しを付けて整理したものである。これらを読んで、後の問い（問1～4）に答えよ。

ほら、予想通り「○○さんが『まとめ・レポート』を書く」という〈設定〉になっていますね。「ヒロミさんが自分の考えを【レポート】にまとめた。そのために、【資料Ⅰ】～【資料Ⅲ】を使った」、そういう〈設定〉です。

ここから､次のようにわかります。**中心は【レポート】**。**まずはこれをしっかり読む**。他の【資料】はすべて【レポート】のためのもの。だから【資料】は【レポート】を読んでいく中で、レポートの導き通りに「必要部分だけ」見ればいい。こうつかめます。

★【資料】は〝焦点化〟して、必要な部分だけをつかめ！

では、【レポート】を読みながら、順に設問に答えていきましょう。「リード文」に、

> ヒロミさんは、**日本語の独特な言葉遣い**について調べ、「**言葉遣いへの自覚**」という**題**で自分の考えを【レポート】にまとめた。

とありましたから、「日本語の特徴的な言葉遣い」について、読んでいきます。

> [1] 男女間の言葉遣いの違いは、どこにあるのだろうか。**【資料Ⅰ】**によると、**男女の言葉遣いは同じでないと思っている人の割合は、七割以上いる**。ⓐ 実際、「明日は学校あるわよね？」は女の子の話し方として、「これすげえな！」は男の子の話し方として認識されている。これは、**性差によって言葉遣いがはっきり分かれているという、日本語の特徴の反映**ではないだろうか。
>
> [2] 一方、[X]にも着目すると、**男女の言葉遣いの違いを認識している**ⓐ**ものの**、**女性らしいとされていた言葉遣いがあまり用いられず、逆に男性らしいとされる言葉遣いをしている女性も少なからず存在する**ⓑことが分かる。

「日本語の独特な言葉遣いについて」という話題を意識して読んでいくと、第[1]段落では右図のチェック部分に注目できます。**「日本語の特徴＝性差によって言葉遣いがはっきり異なる」**ので、その反映で「男女の言葉遣いは同じでないと思っている人の割合が、七割以上いるⓐ」と述べています。

第2段落に入ると、そういう「男女の言葉遣いの違いを認識しているⓐ」ものの、「女性らしいとされる言葉遣いがあまり用いられず、逆に男性らしいとされる言葉遣いをしている女性も少なからず存在するⓑ」と述べます。この部分を問うているのが**問1**です。

問1

［X］にも着目すると

↓

女性らしいとされていた言葉遣いがあまり用いられず ⓘ
逆に
男性らしいとされる言葉遣いをしている女性も少なからず存在すること ⓘⓘ

が分かる。

「［X］にも着目すると↓［　］が分かる」とあります。たとえば「貴族の衣服の色に着目すると↓位がわかる」という感じですから、［　］の内容が［X］には入ります。ⓘより、②・⑤の選択肢のみ残り、ⓘⓘより⑤が×。以上より、②が選べます。

解答 **問1** ②

続きを見ていきましょう。

> 3 ここで、**【資料Ⅱ】【資料Ⅲ】**の「**役割語**」を参照したい。これらの資料によれば、言葉遣いの違いは性別によるとはかぎらない、そして、［　Y　］ということである。

ほら、**「ここで【資料Ⅱ】と【資料Ⅲ】を見るよ」と【レポート】が導いてくれましたね。**だからここで**【資料】**を見ればいい。こういう感じで解いていくんです。

でも、もう一つ注意すべきことがありますよ。**「【資料】は必要な部分だけをつかめ！」**でしたよね。問2で必要なところだけを見ていく。これを意識して、できるだけ手早く見ていきます。

★【資料】は【レポート】の導き通りに見ればよい！

★【資料】は〝焦点化〟して、必要な部分だけをつかめ！

問2

設問文を見ると、[Y]には**【資料Ⅱ】と【資料Ⅲ】の要約が入る**とわかります。

ここも注意ポイント。**まさか「自分で2つの資料を要約しよう」なんて思ってはいけませんよ！**

もちろん「要約力」はつけてほしい。本当の力をつけてほしいので、それは当然です。でもね、今は時間が厳しい共通テストの問題を解いているんです。何か「短時間で解けるカギ」が必ずある。どこかにヒントが隠れている。アンテナを張って、アタマを使ってそれを探してください。

今回でいえば、各【資料】には〈見出し〉がついていましたよ。「リード文」にもこう書かれていましたね。

> ヒロミさんは、日本語の独特な言葉遣いについて調べ、「言葉遣いへの自覚」という題で自分の考えを【レポート】にまとめた。【資料Ⅰ】～【資料Ⅲ】は、【レポート】に引用するためにアンケート結果や参考文献の一部を、**見出しを付けて整理したもの**である。これらを読んで、後の問い（問1～4）に答えよ。

〈見出し〉は**「この資料はこんな内容の資料だよ、というまとめ」**です。ということは、〈見出し〉を見れば詳しく見る前におおよその内容がわかります。**これを解答に利用しない手はありません。**

大きな〈時短〉のヒントです。

★「見出し」「傍線部」など、〈ヒント〉を探して利用せよ！

今回の【資料】には、こんな〈見出し〉がついていました。

【資料Ⅱ】「役割語の定義」
【資料Ⅲ】「役割語の習得時期」

これがどう〈時短〉に使えるのか？　考えてみてください。

[Y]には、**"この2つの文章の要約"が入る**んでしたよね。君なら、どんな内容の文を入れますか？ **SECTION 1** の **THEME 2** で繰り返したように、**共通テストは「書くように選ぶ」テスト**です。記述問題の答えを書くように選択肢を選ばせたい。だから僕らは、選択肢を見る前に「こんな答えになるだろうな」「だからこんなひっかけがあるかもな」というのを自分で考える習慣をつけたい。マーク式解答だけれども、記述のように考えて欲しいわけです。今回なら、

★記述の発想で選べ！　二項目の説明の「一方のみ」では不十分！

という **SECTION 1** の **THEME 2** で学んだポイントをイメージできていてほしいんです。

「空欄には『2つの文章の要約』を入れるんだな。だとすれば、一方の説明しかしていない選択肢は

×だな」。こう予想してほしい。こう考えて選択肢を見ると、①は「習得時期」についての説明のみで×。②も④も「定義」についての説明のみで×となって、結果、③と⑤の2つまで一気にしぼり込めます。かなりの〈時短〉です。

もちろん、選択肢の内容を見て他のポイントで切ることもできます。でも、今説明したように考えれば**細部を見る前に切れてしまう**。こういう〈頭の働かせ方〉が〈速解〉には必要なんです。

残った③と⑤を吟味するために、それぞれの【資料】を読んでいきましょう。ただしここでも考え方が大切。きっちり丁寧に読もう、なんていうスタンスではダメです。目的を持って〝焦点化〟して読んでください。〝焦点〟は当然〈見出し〉です。

【資料Ⅱ】「役割語の定義」
【資料Ⅲ】「役割語の習得時期」

まず【資料Ⅱ】は「定義」です。冒頭に出てくるのですぐわかりますね。ここを押さえておく。次に【資料Ⅲ】は「習得時期」です。前から読み進んで、第4段落に入ってやっと出てきます。ここが〈速読〉ポイント。丁寧に読みすぎると時間がかかってしまう。でも、**「習得時期」に〈焦点化〉して読むと、前半はさーっと読み流せます**。この〈思考回路〉が大切です。

読み取ったことをまとめると、次のようになります。

【資料Ⅱ】「役割語の定義」 → 冒頭「ある特定の……その言葉遣いを『役割語』と呼ぶ」の部分

【資料Ⅲ】「役割語の習得時期」 → 第[4]段落「三歳児では……分かった」の部分

選択肢を見ていきましょう。

③ 年齢や職業、性格といった話し手の人物像に関する情報と結びつけられた言葉遣いを役割語と呼〇び、私たちはそうした言葉遣いを幼児期から絵本やアニメ等の登場人物の話し方を通して学んでいる〇

⑤ 特定の人物のイメージを喚起する役割語の力が非常に強いのは、幼児期からフィクションを通して刷り込まれているためであるが、成長の過程で理性的な判断によってそのイメージは変えられる

③は、前半の「定義」の説明も、後半の「習得時期」についての説明も、バッチリ［　］の部分に合致していますから、これが正解。

⑤が×なのですが、それに気づかなかった人は、**よくあるひっかけのポイント**なのでここで意識しておきましょう。まず、「役割語の定義＝特定の人物のイメージを喚起する」という説明、「時期＝幼児期からフィクションを通して刷り込まれる」という説明、このそれぞれの説明は問題ない。ここは〇です。でも、［　］に注目してください。「幼児期からフィクションを通して刷り込まれているため↓

役割語の力が非常に強い」という〈因果関係〉になっています。こんな〈原因→結果の関係〉は資料では書かれていませんでしたね。したがって×です。

こんなふうに、〈因果関係〉を使ったひっかけは、頻出です。今回のように「文中にない因果関係を選択肢で作る」場合の他にも、「原因と結果をひっくり返して×を作る」パターンもあります。意識化しておいてください！

★〈因果関係〉のひっかけ

＊「因果が逆」

＊「文中にない因果関係を勝手に作る」は頻出！

解答 **問2** ③

続きを見ていきましょう。

④ たしかに、マンガやアニメ、小説などのフィクションにおいて、このような役割語は、非常に発達している。役割語がなければ、「キャラクタ」を描けないようにすら感じる。とくに、文字は映像と違って、顔は見えないし声も聞こえない。**役割語が効率的にキャラクタを描き分けることによって、**それぞれのイメージを読者に伝えることができる。**その一方で、**キャラクタのイメージがワンパターンに陥ってしまうこともある。

第[4]段落では、【資料Ⅱ】【資料Ⅲ】で説明されていた「役割語」の説明を踏まえて、確かにその通りだとまとめています。その上で、「役割語が効率的にキャラクタを描き分けること」によって「**プラス面**」と「**マイナス面**」があると述べています。

第[5]段落に入って、現実世界における「役割語」の身近な例をいくつか挙げてみよう、という流れになります。その「例」を Z に入れるのが問3です。

問3

設問は**「適当でないものを選べ」**なので、「役割語」の例として適当でないものを選びます。

SECTION 2 小説編の **THEME 2** でも言いましたが、**「適当でないものを選べ」というタイプの問題は、実は「答えはハッキリ×」であることが多い**んでしたね。受験生は「微妙なひっかけがある」と思いがちだけれど、実際はそうではない。模試のイメージに引きずられずに、過去問を見るとそうなっているよ、と教えました。

今回もその通り、③だけが、「どんな方言が好まれるか」という内容で、まったく「役割語」の例ではありません。したがって、③に即決です。

解答 **問3** ③

最終第6段落は、まとめの内容です。

> 6 以上のように、私たちの周りには多くの役割語があふれている。したがって、役割語の性質を理解したうえで、フィクションとして楽しんだり、時と場所によって用いるかどうかを判断したりするなど、自らの言葉遣いについても自覚的でありたい。

リード文にもあった、この【レポート】の題名通りに、「役割語の性質を理解したうえで」「自らの言葉遣いについても自覚的でありたい」とレポートを終えています。

では、最後の問4です。

問4

【レポート】の論拠（＝そう主張する根拠）が不十分だと気づいたヒロミさんが論拠を補足する、という設定の問題です。

「〈論拠〉を示しながら論を展開する」。これも「新課程での学び」の重要ポイントですね。「探究」で学んだはずです。だから出題者は、その学びを選択肢問題で再現しているわけです。

【レポート】の主張をより理解してもらうために、論拠を補足するわけですから、当然、まずは【レポート】の論・主張の内容がきちんと理解できていないといけませんよね。でも、大丈夫。僕たちはこれまで【レポート】をきちんと読み進めてきましたし、各設問で【レポート】のポイント部分は解いてきました。だから、すでに重要な部分は理解できています。ということで、選択肢を見ていきましょう。

①「今日は学校に行くの」という表現を例にして、日本語における役割語では**語彙や語法より音声的要素が重要である**ため、文末のイントネーションによって男女どちらの言葉遣いにもなることを補足する。

③マンガやアニメなどに登場する武士や忍者が用いるとされる「〜でござる」という文末表現が江戸時代にはすでに使われていたことを指摘し、**役割語の多くが江戸時代の言葉を反映していること**を補足する。

⑤絵本やアニメなどの幼児向けの作品を通していつの間にか認識されるという役割語の習得過程とその影響力の大きさを示し、**この時期の幼児教育には子どもの語彙を豊かにする可能性があるということ**を補足する。

⑥役割語であると認識されてはいても実際の場面ではあまり用いられないという役割語使用の実情をもとに、一人称代名詞や文末表現などの**役割語の数が将来減少してしまう可能性があるということ**を補足する。

すべて、チェックした部分が×だと、すぐにわかります。

①は「語彙や語法より音声的要素が重要である」が、③は「役割語の多くが江戸時代の言葉を反映していること」が、⑤は「この時期の幼児教育には子どもの語彙を豊かにする可能性があるということ」が、⑥は「役割語の数が将来減少してしまう可能性があるということ」が、すべて【レポート】の主張と異なっているので×です。

残る2つは、

②　英語の「I」に対応する日本語が「わたし」、「わたくし」、「おれ」、「ぼく」など多様に存在することを例示し、一人称代名詞の使い分けだけでも具体的な人物像を想起させることができることを補足する。

④　役割語と性別、年齢、仕事の種類、見た目などのイメージとがつながりやすいことを踏まえ、不用意に役割語を用いることは人間関係において個性を固定化してしまう可能性があるということを補足する。

ヒロミさんが今回調べたのは「日本語独特の言葉遣い」でしたよね。それなのに、この【レポート】の内容だけでは、他言語との比較が示されていませんでした。そこで②の内容を補充すれば、日本語の言葉遣いの独自性を示すことができますね。

④は、【レポート】の第4段落で述べられていた内容です。選択肢のように、より詳しく補足するということでしょう。

解答　問4　②・④

ここで説明したようなちょっとした意識の積み重ね。それが〈速解〉につながって、試験本番での時間の余裕を生みます。問題を解いた時に「答えが正解だったらよし」ではなくて、「こうも解けたかな。こう見ればもっと速く解けたかな」と、いろいろ考えてみてください。

Memo

本書の例題は大学入試センター試験、大学入学共通テスト、令和７年度大学入学共通テスト試作問題の試験問題を掲載しています。一部抜粋や改題して使用しているものもあります。

本書籍は、令和６年３月15日に著作権法第67条の２第１項の規定に基づく申請を行い、同項の適用を受けて作成されたものです。

conclusion
おわりに

夏の終わりのある日、ある生徒が落ち込んだ顔で僕を訪ねてきました。「苦手科目の成績がどうしても上がらないんです…」。続けて彼はこう言います。「テキストは復習して内容は理解しています」「問題集で演習もしました」「なのに上がらない」と。

僕は聞きました。「問題集は何回やったの？」。「項目にもよりますが、間違ったところは2回、解けたところは1回です」。なるほど。そりゃあそうです。それで苦手な科目の成績が上がるはずがありません。

かつて、ある超難関国公立大の医学部に現役合格した女の子がいました。「やっぱり天才は違うな！」と声をかけた僕に、彼女はこう言いました。

「先生、私は『天才』なんかじゃないです。K君みたいに、授業の復習をして、問題集を1、2回解いただけでできるようになる子もいます。ああいう子はたしかに天才です。でも私、理科も数学も、同じ問題を10回くらい繰り返して、やっとできるようになるんです。ものすごく時間がかかっているんです。だから私は天才なんかじゃないです」。

僕は「はっ」としました。彼女は、高二、高三の2年間、ずっと全国模試の成績が1ケタ台だった子です。正直、そこまで影で地道な努力をしているとは思っていませんでした。でも、彼女は「同じ問題を」「10回やって」その順位にいたんです。自分の軽々しい発言を詫びる僕に、彼女はこうも言いました。

「私の学校の友達も、成績がいい子のほとんどは同じようにやっています。天才なんてほとんどいません。部活と同じ。ほとんどが『努力の子』なんです」。

その言葉を聞いた僕の心には、衝撃と同時に、希望の灯がともりました。そうだ。やっぱりそうなんだ。「地道な努力こそが未来を作るんだ」と。


苦手な科目に落ち込んでいる君。君は「天才の勉強法」になっていませんか？

才能がないいんじゃない。できないと泣き言を言う前に、苦手なんだから、勇気を持って基本に帰って、何度も繰り返すことです。必ず、何かが見えてくるはずです。

もう十分やったって？

5回やってダメなら10回やればいい。10回でだめなら15回やればいいんです。絶対にあきらめない。何度も挑戦する。いつか必ずできるようになる。多くの先輩たちの姿を見てきた僕は、そのことを確信しています。

夢を叶えるために大切なこと。
それは「あきらめない」という「強い気持ち」、
くじけそうになる自分に負けない気持ち、つまり「勇気」です。

共通テスト当日。みなさんが力を発揮できますように。

君の勝利を祈っています。

gratitude

謝辞

「感謝できる人は幸せだ」。恩師はそう、僕に教えてくれました。いま、本当にその通りだと思います。みなさんも一人でここまで来たわけではないでしょう。お父さんお母さん、ご家族の方々、先生や友人。誰一人欠けても、今のあなたはなかったはずです。大学入試は人生における一つの大きな節目。終わったら、きちんと感謝の言葉を伝えて欲しいと思います。自分の言った「なにげない」ありがとうは、想像以上に相手の心に響き、その人の心を潤します。どうか、お父さんお母さんに感謝の言葉を。その一言がどれほどうれしいか。君も将来きっと、わかるはずです。

この本の最後に、本書の誕生に関わってくださった多くの人たちに、感謝を伝えたいと思います。

僕に予備校講師という仕事の素晴らしさを教えてくださった福崎伍郎先生。先生との出会いがなければ、今日の僕はありません。

また、駿台予備学校で活躍している、池上和裕君や鈴木里美さん。世界的映画祭で数々の賞を受賞している映画監督の近浦啓くん。彼ら愛弟子たちの姿が、「僕も負けないようにがんばろう！　もっと成長しよう！」と思わせてくれます。

僕の「きめる」を支えて下さった、学研の代々の編集者の方々。どれだけやれるのかわからない若造だった僕に、初版「きめる」を執筆する機会を与えて下さった甲村さん伊川さん。さらに、その後を継いで、いまやこの人なしでは僕の参考書シリーズは成り立たないと言える存在の、延谷さん。

そして、代ゼミの教室で、サテラインで、塾の教室で、講演・講習で訪ねた学校で、いままでに接してきた多くの生徒たち。

みなさんのおかげで、この「きめる」があります。本当にありがとうございました。

最後に、僕をこの世に産み育ててくれた父と母に。

大変な中でも、いつも僕の仕事に全面的に協力してくれる、また疲れていても「よし、がんばろう！」と前にいく力をくれる、愛しい大切な妻と二人の子供たちに。

そして、弟子の成長を誰よりも喜んでくださった、恩師・池田大作先生に深い報恩・感謝の意を表しつつ。

船口　明

［著者］

船口 明　Funaguchi Akira

代々木ゼミナール講師・教育総合研究所主幹研究員。

河合塾の若手人気講師時代に、本書初版『きめる！センター現代文』の超ヒットで一躍全国スターへ。大教室での生徒の満足率100%など空前の結果を残して代ゼミへ移籍。現在はサテライン講座を担当する傍ら、教育総合研究所の主幹研究員として共通テストの分析に携わっている。軽やかな語り口とわかりやすい図式で問題を読み解く「思考回路を再現する講義」は絶大な支持を集めている。著書に『ゼロから読み解く最強の現代文』『最強の現代文記述トレーニング』（Gakken）のほか、『船口の現代文〈読〉と〈解〉のストラテジー』（代々木ライブラリー）などがある。

きめる！　共通テスト現代文　改訂版

著者	船口明
編集協力	高木直子
カバーデザイン	野条友史（buku）
カバーイラスト	大河紀
本文デザイン	宮嶋章文
イラスト	冨田マリー
図解イラスト	熊アート
校正	株式会社 かえでプロダクション、宿里理恵、相澤尋
データ制作	株式会社　四国写研
印刷所	TOPPAN株式会社
編集担当	延谷朋実

②

MJ

Gakken

きめる! KIMERU SERIES

［別冊］

現代文 改訂版

Modern Japanese

直前まで役立つ!

完全対策BOOK

←この別冊は取り外せます。矢印の方向にゆっくり引っぱってください。

「読↓解」のポイント　最終チェック

ドキドキの試験会場。焦る気持ちはよくわかる。でもね、それはみんな同じ。
緊張しているくらいで、ちょうどいいんだよ。
さあ、最後に「読み↓解き」のポイントを確認しておこう！

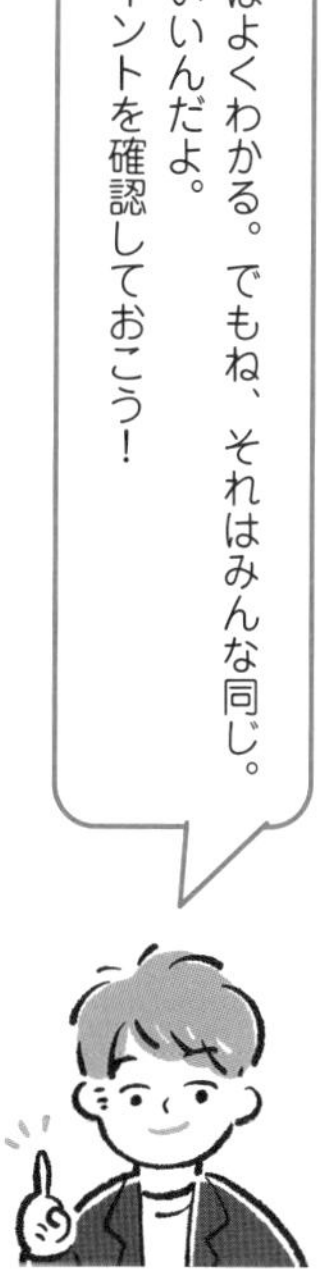

試験全体について

全部で大問5問。90分で200点。

いままで解いてきた、自分が解きやすい順番で解けばいい。本番になって、急に解く順番を変えたりする子もいるけれど、慣れた順番がいいんじゃないかな。**できるだけいつも通り。それを忘れずにね。**

ただし、難問が出ることもあるから、その場合は**柔軟に対応しよう**。難問はみんな悩むもの。平均点も下がる。その設問は飛ばしても大丈夫。こだわって時間をかけすぎて、全体のバランスを崩さないようにしよう。

第1問　評論（論理的な文章）

解き始める前に

＊「リード文」はきちんと読もう。

〈読〉のpoint

＊**「設問・傍線部を利用」**して〝ヒント〟をつかめ！

↓〈読解ナビ〉を作って〝目的〟を持って読もう。

＊**「意味段落」ごとに「論の核心」をつかめ！**

↓「具体例」「引用文」はスピードアップ！「肉付け」を切って「ホネ」を残せ！

〈解〉のpoint

＊全文を読んでから解く必要なし！　**意味段落ごとに解答してOK！**

＊**「傍線部問題」**の解法

↓「前後」の前に「傍線部自体」を見よう！

1 **まずは「傍線部自体」をチェック**して、ポイントを明確に

❶ SV

❷ 指・接・語句

2 ←（1から） ポイントを探すために前後へ！

＊**「判断根拠説明」**の解法

↓「なぜ…と言うのか／言えるのか」と問われたら〈判断根拠説明〉。

答えは**「傍線部の言い換え説明＋から」**でＯＫ！

＊**「脱落文挿入」**の解法

1 **まずは「脱落文自体」をチェックして「手がかり」を探す**

❶ 関係を示す要素［指・接・文末表現］

❷ ＳＶ（何について、どう言っているか）

2 ← 1

2 挿入箇所とのつながりを確認！

＊**「思考力・判断力問題」**

設問の「条件・設定」をしっかり意識！

複数テクストの比較・検討は、**「共通点と相違点」**に注目！

第2問　小説（文学的な文章）

解き始める前に

＊あせらず、「リード文」はきちんと読もう。

〈読〉のpoint

＊「全体読み」と「部分読み」
　↓まずは「全体読み」で大きくストーリーを掴む。
　その上で「部分読み」で、傍線部中心に解答していこう。

＊「視点」
　↓〈一人称視点〉か〈三人称視点〉か。

・一人称視点…主観的な描き方　↓例外は〈回想〉の場合！
・三人称視点…客観的な描き方

＊「場面の転換」はチェック
　↓「時の変化・場所の変化・重要人物の出入り・空白行」で変化する！

〈解〉のpoint

＊「設問タイプ」ごとの解き方で解く

心理型…「〈事態〉→〈心理〉→〈行動〉」で解く

論理型…評論と同様に解く

表現・叙述

・選択肢を［技巧］と［表現効果］に二分して考える。

技巧　……を用いて、／表現効果　……を表そうとしている。

×のタイプは「技巧×」「表現効果×」「技巧と効果のつながり×」の３つ。

・「比喩」は［本体］と［比喩］の関係を考える。

比喩　りんごのような／本体　ほっぺ

知識…最後まで、この「別冊」の後半をチェック。

第3問　実用文問題

解き始める前に

＊問題の「設定」をきちんと押さえる！

↓高校生が「様々な【資料】を用いて『まとめ・レポート』を書く」力を問いたい。

出題者が、どのような「設定」をしているかをしっかりチェック！

〈読・解〉のpoint

＊「まとめ・レポート」が中心。解く順番は「まとめ・レポート」が教えてくれる！

1　「リード文」の情報から〝中心になるもの（まとめ・レポート等）〟をつかむ。

2 ←── 1　〝中心になるもの（まとめ・レポート等）〟の導き通りに解く！

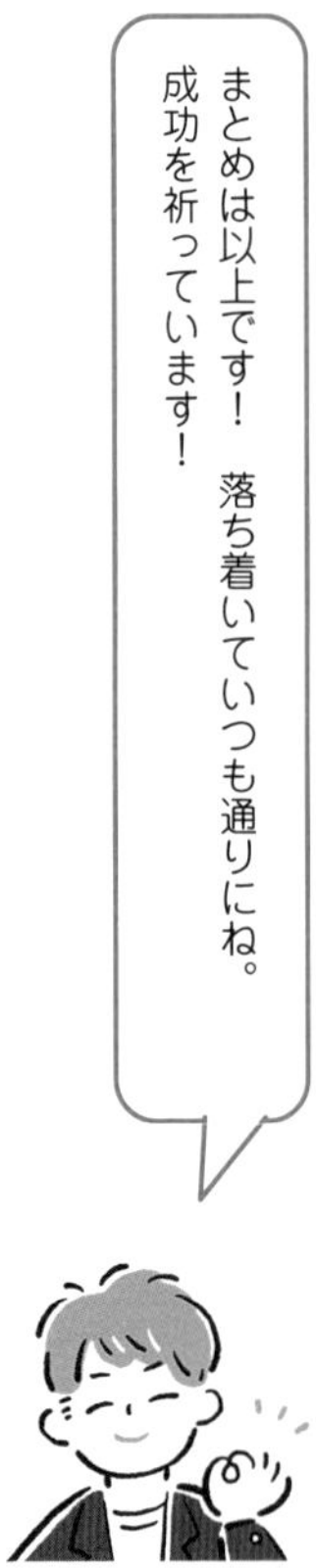

まとめは以上です！　落ち着いていつも通りにね。成功を祈っています！

きめる!
KIMERU SERIES

読むだけで点数アップ！

漢字ドリル

- 1990年から2024年度までのセンター試験および大学入学共通テストの漢字問題を収録しています。
- 各傍線部に相当する漢字を含むものを選択肢から選ぶ問題です。
- 設問があるものは、各設問を読んで答えましょう。
- 必要に応じて文章を補うなど、改題を行っています。

(1) 次の傍線部と同じ意味を持つものを選びなさい。

理由を挙げている (2023 追)

①挙シキ　②カイ挙　③レッ挙　④挙ドウ

(2) 観客の眼をアザムく (2005 本)

①キョギの申告を罰する　②ギタイ語を多用する
③ギシン暗鬼の念　④悪質なサギ行為
⑤ギフンに駆られる

(3) 次の傍線部とは異なる意味を持つものを選びなさい。

食べ物とは、生き物の死によって次の生き物に生を与えるバトンリレーだ (2022 本)

①キョウ与　②ゾウ与　③カン与　④ジュ与

(4) アヤマりをおかす (2001 追)

①ソウゴに助け合う　②事実をゴニンする
③人権をヨウゴする　④イゴを楽しむ
⑤カクゴを決める

(5) 植物センイ (2021 追)

①現状をイジする　②アンイな道を選ぶ
③キョウイ的な回復力　④条約にイキョする

(6) イゼンとして (2001 本)

①イリョクを発揮する　②アンイな考え
③現状をイジする　④法律にイキョする
⑤事のケイイを説明する

---

(7) 確認がヨウイになる (2014 本)

①事のケイイを説明する　②カンイな手続きで済ませる
③イサンを相続する　④イダイな人物の伝記
⑤イサイは面談で伝える

(8) キイな服装 (1990 追)

①易　②囲　③移　④為　⑤異

(9) イデン学的に共通する (2002 追)

①イシツブツ係を訪ねる　②激動の明治イシン
③イダイな業績　④生徒のイモン活動
⑤インフルエンザのモウイ

(10) イロウなく論が展開される (1992 追)

①異　②慰　③違　④遺　⑤位

(11) イやされる (2017 本)

①物資をクウユする　②ヒユを頻用する
③ユエツの心地を味わう　④ユチャクを断ち切る
⑤キョウユとして着任する

(12) イメージをイダかせる (2021 追)

①複数の意味をホウガンする　②卒業後のホウフ
③港にホウダイを築く　④交通量がホウワ状態になる

答えは 010 ページ

答え 040　上段　(1)⑤湖　(2)①猛　(3)②催　(4)③躍　(5)③厄　(6)④油
下段　(7)②遊　(8)⑤融　(9)②揚　(10)①揚　(11)③擁

(1) 闘いをイドむ (2014 追)

①世のフウチョウを憂える
②高原のセイチョウな空気
③チョウバツを加える
④不吉なことが起きるゼンチョウ
⑤対戦相手をチョウハツする

(2) トラブルを起こすインになる (1999 本)

①田舎にヒきこもる
②冷たい水をノむ
③月が雲にカクれる
④失敗は不注意にヨる
⑤登頂のシルシを残す

(3) ヨウイン (2017 本)

①観客をドウインする
②ゴウインな勧誘に困惑する
③コンイン関係を結ぶ
④インボウに巻き込まれる
⑤不注意にキインした事故を防ぐ

(4) ウトんじられる (2023 本)

①裁判所にテイソする
②地域がカソ化する
③ソシナを進呈する
④漢字のソヨウがある

(5) 覚醒をウナガす (2014 追)

①対応がセッソクに過ぎる
②スイソクの域を出ない
③原稿をサイソクされる
④体育でソクテンを練習する
⑤ショウソクを尋ねる

(6) エイエイとはたらく (1999 本)

①河原でヤエイをする
②エイリな頭脳の持ち主
③エイダンをくだす
④勝利のエイカンを得る
⑤エイセイ的な調理場

(7) 特定の手法をエンヨウする (2021 本)

①鉄道のエンセンに住む
②キュウエン活動を行う
③雨で試合がジュンエンする
④エンジュクした技を披露する

(8) オびる (2001 追)

①ニンタイ強い性格
②道路がジュウタイする
③タイダな生活
④教室でタイキする
⑤ネッタイの植物

(9) 次の傍線部と同じ意味を持つものを選びなさい。 (2023 本)

外国で行った講演

①行シン　②行レツ　③リョ行　④リ行

(10) 次の傍線部とは異なる意味を持つものを選びなさい。 (2022 本)

微生物たちは、大腸内に運ばれてきた食べ物を襲い、繊維を発酵させる

①ヤ襲　②セ襲　③キ襲　④ライ襲

答えは 011 ページ

答え 041　上段　(1)①要　(2)③謡　(3)①僚　(4)①療　(5)⑤領
下段　(6)⑤領　(7)③領　(8)④臨　(9)②励　(10)⑤隷

(1) 堂々巡りにオチイる (2006 追)

①イカンの意を表する　②カンゼンと戦う
③上司のカンシンを買う　④地盤がカンラクする
⑤トッカン工事をする

(2) オチイる (2017 追)

①ケッカンを指摘する　②カンタン相照らす
③カンゲンにつられる　④カンドコロをおさえる
⑤問題点をカンカする

(3) ミオトりしない (2021 追)

①商品を棚にチンレツする　②モウレツに勉強する
③風船がハレツする　④ヒレツな策を用いる

(4) 和室の境界はカヘン的である (1990 本)

①加　②可　③仮　④化　⑤価

(5) 財産のタカ (2009 本)

①ゴウカな食事を満喫した
②筋肉に少しずつフカをかける
③カモクな人が珍しく発言した
④カモツを載せて走行する
⑤カブンな賛辞に恐縮する

(6) 言いカえる (2005 追)

①注意をカンキする　②政策をヘンカンする
③授業をサンカンする　④イッカンした態度を保つ
⑤部屋がカンソウする

(7) 急いでカけていく (2002 追)

①クモツをささげる　②害虫のクジョ
③旅費をクメンする　④クドクを施す
⑤悪戦クトウの成果

(8) 組みカえる (2003 本)

①仕事のタイマンをしかられる
②吹雪の中のタイカン訓練
③フタイテンの決意をする
④破損した商品のダイタイ物
⑤梅雨前線がテイタイする

(9) カイザイする (2006 本)

①農地をカイリョウする　②不動産売買のチュウカイ
③カイカツな性格　④過去をカイソウする
⑤カイケイを受け持つ

(10) バイカイとする (2000 本)

①原野をカイコンする　②責任をカイヒする
③病気がカイユする　④ユウカイ事件が起きる
⑤親身にカイゴする

答えは012ページ

答え008 上段 (1)③レッ挙 (2)④欺 (3)③カン与 (4)②誤 (5)①維 (6)④依
下段 (7)②易 (8)⑤異 (9)①遺 (10)④遺 (11)④癒 (12)②抱

(1) 人をカイさず連絡する (1992 本)
①解 ②改 ③介 ④会 ⑤回

(2) 人間関係の破綻をカイヒする (2016 本)
①海外のタイカイに出場する
②タイカイに飛び込み泳ぐ
③方針を一八〇度テンカイする
④天使がゲカイに舞い降りる
⑤個人の考えをカイチンする

(3) カイソウのなかでの位置 (2003 本)
①事件にカイニュウする ②疑問がヒョウカイする
③ケイカイなフットワーク ④チョウカイ処分が下る
⑤らせん状のカイダン

(4) タイガイのことに前例がある (2015 本)
①ガイハクな知識を持つ
②不正を行った者をダンガイする
③制度がケイガイと化す
④故郷を思いカンガイにふける
⑤会議のガイヨウをまとめる

(5) 取りカエしがつかない (1992 本)
①交 ②換 ③替 ④帰 ⑤返

(6) カエリみても (2016 本)
①コイか過失かという争点
②コシキゆかしき伝統行事
③一同をコブする言葉
④コドクで華麗な生涯
⑤コリョの末の優しい言葉

(7) 次の傍線部と同じ意味を持つものを選びなさい。 (2023 追)
歴史に関わる
①ナン関 ②関チ ③関モン ④ゼイ関

(8) カクチョウする (2000 追)
①カクシキをととのえる ②核カクサンの防止
③うらでカクサクする ④ヘンカク期の国情
⑤成功をカクシンする

(9) カク散する (1996 本)
①陰でカク策する ②運動場をカク張する
③味カクが発達している ④話がカク心に触れる
⑤彼には品カクがある

(10) カクトクする (2007 追)
①畑の麦をシュウカクする ②敵をイカクして攻撃する
③政治カイカクに着手する ④ここはホカク禁止区域だ
⑤イベントをキカクする

答えは 013 ページ

答え 009 上段 (1)⑤挑 (2)④因 (3)⑤因 (4)②疎 (5)③促
下段 (6)①営 (7)②援 (8)⑤帯 (9)④リ行 (10)②セ襲

(1) 輪カクをもつ (1995 本)

①外カク団体に出向する　②カク調の高い詩を読む
③綿密な計カクをたてる　④患者を別室にカク離する
⑤ときどき錯カクを起こす

(2) 夜空をカザる星々 (2013 追)

①同窓生とカイショクする　②微生物がゾウショクする
③市場調査をイショクする　④キョショクのない表現
⑤ショクセキを果たす

(3) カセぐ (2018 追)

①責任をテンカする　②カクウの話をする
③機械がカドウする　④もめごとのカチュウに入る
⑤競争がカレツを極める

(4) 物質のカタマリ (2011 本)

①疑問がヒョウカイする　②キカイな現象
③カイモク見当がつかない　④ダンカイの世代
⑤カイコ趣味にひたる

(5) カタヨって (2020 本)

①雑誌をヘンシュウする　②世界の国々をヘンレキする
③図書をヘンキャクする　④国語のヘンサチが上がった
⑤体にヘンチョウをきたす

---

(6) コカツする (2010 本)

①経済にカツリョクを与える　②勝利をカツボウする
③大声でイッカツする　④説明をカツアイする
⑤ホウカツ的な議論を行う

(7) カツ望 (1994 本)

①環境問題の討論を総カツする
②財源の枯カツは致命的だ
③彼は割り込み客を一カツした
④会議は円カツに運営された
⑤彼女の文化カツ動は目覚ましい

(8) カナで (2015 本)

①事件のソウサが続く　②ソウガンキョウで鳥を観察する
③在庫をイッソウする　④国王に意見をソウジョウする
⑤工場がソウギョウを再開する

(9) カワきをいやす (2003 追)

①キョウカツの容疑で逮捕される
②エンカツに会議を運営する
③平和をカツボウする
④新天地にカツロを開く
⑤内容をガイカツする

答えは 014 ページ

答え 010　上段　(1)④陥　(2)①陥　(3)④劣　(4)②可　(5)③寡
下段　(6)②換　(7)②駆　(8)④替　(9)②介　(10)⑤介

(1) カワいた (2018 本)
①渋滞をカンワする ②新入生をカンゲイする
③難題にカカンに挑む ④浅瀬をカンタクする
⑤カンデンチを買う

(2) 注意をカンキする (2007 追)
①カンマンな動きをする
②地震で土地がカンボツする
③裁判で証人をショウカンする
④ゲンカンの土地で暮らす
⑤サークルにカンユウする

(3) 心に恐怖をカンキする (2021 本)
①証人としてショウカンされる ②優勝旗をヘンカンする
③勝利のエイカンに輝く ④意見をコウカンする

(4) 声は音にはカンゲンされない (2022 追)
①首位をダッカンする ②主張のコンカンを問う
③カンシュウに倣う ④カンサンとした町

(5) コンカンをなす (2001 本)
①箱根のセキを越える ②太いミキを切る
③キモに銘ずる ④入会をススめる
⑤水がクダを通る

---

(6) 木のシュカン部分 (1999 本)
①クダを通す ②初志をツラヌく
③キモがすわっている ④シャツがカワく
⑤ミキが太い

(7) 無意識にシュウカンがついている (2012 本)
①勝利にカンキする ②国境線をカンシする
③けが人をカンゴする ④血液のジュンカン
⑤今までのカンレイに従う

(8) 仮名を漢字にヘンカンする (2009 本)
①カンユウをきっぱり断る
②カンダイな処置を期待する
③古い美術品の価値をカンテイする
④宇宙から無事にキカンする
⑤部屋のカンキを心がける

(9) ゴカン的で相互依存的な関係 (1993 追)
①換 ②間 ③感 ④完 ⑤観

(10) こんなカンタンなことはない (2001 追)
①カンサンとした山里 ②カンシュウにしたがう
③行事をカンソにする ④カカンな行動
⑤初志カンテツ

答えは 015 ページ

答え 011 上段 (1)③介 (2)③回 (3)⑤階 (4)⑤概 (5)⑤返
下段 (6)⑤顧 (7)②関チ (8)②拡 (9)②拡 (10)④獲

(1) 社会にカンゲンする (2006 本)
①ヤッカンに同意する ②伯父は今年カンレキを迎える
③カンセイな住宅街に住む ④首尾イッカンした意見
⑤生活カンキョウを整える

(2) 社会にカンゲンする (1991 追)
①甘 ②換 ③環 ④還 ⑤鑑

(3) カン元する (1996 追)
①借用したものを返カンした ②詩集をカン行する
③部屋のカン気に気をつける ④献身的にカン護する
⑤カン言に乗って失敗する

(4) 神社はシンカンとしている (2013 本)
①証人をカンモンする ②規制をカンワする
③ユウカンな行為をたたえる ④勝利にカンキする
⑤広場はカンサンとしている

(5) ガンケンさ (2020 本)
①タイガンまで泳ぐ ②環境保全にシュガンを置く
③ドリルでガンバンを掘る ④勝利をキガンする
⑤ガンキョウに主張する

(6) 威力をハッキする (2013 追)
①キセイの価値観 ②控訴をキキャクする
③キチョウな文化遺産 ④キバツな考え方
⑤ガソリンがキハツする

(7) 効果をハッキする (2004 本)
①キジョウの空論 ②キを一にする
③オーケストラをシキする ④コッキを掲揚する
⑤キに乗じる

(8) キネンをこめる (2007 本)
①必勝をキガンする ②投票をキケンする
③運動会のキバ戦 ④開会式のキシュをつとめる
⑤仕事がキドウにのる

(9) 一つの捉え方にキテイされる (2009 追)
①キセイ概念に縛られる ②シンキ一転を心に誓う
③セイキの手続きを経る ④物価のトウキに苦しむ
⑤高速道路がブンキする

(10) 当時の出来事をソウキする (1993 追)
①気 ②記 ③企 ④期 ⑤起

答えは 016 ページ

答え 012 上段 (1)①郭 (2)④飾 (3)③稼 (4)④塊 (5)④偏
下段 (6)②渇 (7)②渇 (8)④奏 (9)③渇

(1) 虚ギ性 (1996 追)

①新しいギ曲を上演する　②彼はギ善者だ
③正ギの味方のような顔をする　④日本はギ院内閣制である
⑤質ギ応答が長引いた

(2) ヨギなくされる (2010 追)

①概念をテイギする　②モギ試験を受ける
③丁寧におジギをする　④エンギをかつぐ
⑤ケンギをかけられる

(3) 心にキザむ (2006 本)

①逆境をコクフクする　②稲をダッコクする
③投票日をコクジする　④約束のコクゲンが迫る
⑤ゴヒャッコク取りの武士

(4) キズついた (2022 本)

①入会をカンショウする　②音楽をカンショウする
③カンショウ的な気分になる　④箱にカンショウ材を詰める

(5) キタえぬかれた肉体 (2011 追)

①ダイタンにふるまう　②水源をタンサクする
③タンショを開く　④タンレンを積む
⑤タンネンに調べる

---

(6) 森林やキュウ陵 (1995 追)

①議事が紛キュウして会議がながびく
②キュウ援物資を被災地に送る
③海岸線に沿って砂キュウがひろがる
④問い詰められてキュウ地におちいる
⑤道路の復キュウ作業がはじまる

(7) ツイキュウし撃破する (2014 追)

①庭にキュウコンを植える
②においをキュウチャクさせる
③不安が全体にハキュウする
④フキュウの名作を読む
⑤会議がフンキュウする

(8) メイキュウ入り (1991 本)

①急　②宮　③究　④球　⑤及

(9) コンキョがない (2008 追)

①キョテンが移される　②キョダクを得る
③キョシュウが注目される　④キョシュを求める
⑤キョセイを張る

答えは 017 ページ

答え 013
上段 (1)⑤乾 (2)③喚 (3)①喚 (4)①還 (5)②幹
下段 (6)⑤幹 (7)⑤慣 (8)⑤換 (9)①換 (10)③簡

(1) 先例にイキョする (2004 追)
①キョム的な思想に興味をもつ ②キョマンの富を手にする ③後任の監督としてスイキョされる ④東京を営業活動のキョテンとする ⑤新しい発明のトッキョをとる

(2) 和室の居間でのキョソ (2011 本)
①教科書にジュンキョする ②キョシュウを明らかにする ③トッキョを申請する ④キョジツが入り混じる ⑤ボウキョに出る

(3) クウキョ (2001 追)
①キョギの証言 ②キョダクを得る ③キョドウに注意する ④キョマンの富 ⑤キョシュウを決めかねる

(4) キョウ受する (1997 追)
①建物の大きさにキョウ嘆する ②祖父のキョウ年は八十歳でした ③キョウ味がある人は残ること ④会議に場所を提キョウする ⑤主人公の生き方にキョウ鳴する

(5) キョウジュする (2018 追)
①歯並びをキョウセイする ②国王にキョウジュンの意を示す ③キョウイ的な記録を残す ④キョウラク的な人生を送る ⑤敵のキョウイにさらされる

(6) 環キョウ (1998 追)
①ことばのヒビきがよい ②新製品の開発をキソう ③後ろ姿をカガミに映す ④生死のサカイをさまよう ⑤大きな音にオドロく

(7) ソッキョウ演奏 (2000 追)
①ムネを熱くする ②国と国のサカイ ③技をキソう ④しおりをハサむ ⑤新たにオコる国

(8) キンシツな製品 (2004 追)
①火気はゲンキンである ②キンコツたくましい運動選手 ③キンセイのとれた姿 ④二つの国はキンミツな関係にある ⑤学校でカイキン賞をもらう

(9) キンシツな製品 (1990 追)
①禁 ②均 ③緊 ④近 ⑤筋

答えは 018 ページ

答え 014
上段 (1)②還 (2)④還 (3)①還 (4)⑤閑 (5)⑤頑
下段 (6)⑤揮 (7)③揮 (8)①祈 (9)③規 (10)⑤起

(1) キンイッセイ (2017 追)
①キンセンに触れる言葉 ②勝負にキンサで勝つ
③小学校時代のカイキン賞 ④キョウキンをひらいて語る
⑤試合のキンコウを破る得点

(2) 心のキンセン (2023 本)
①ヒキンな例を挙げる ②食卓をフキンで拭く
③モッキンを演奏する ④財政をキンシュクする

(3) キン張が高まる (1995 追)
①教育の機会キン等が望まれる
②アユ釣りが解キンになった
③腹キンを鍛える運動をする
④父はキン勉な学生だったらしい
⑤隣国とキン密な関係を結ぶ

(4) 壊れやすくクちやすい (2007 本)
①真相をキュウメイする ②試験にキュウダイする
③カイキュウ差別をなくす ④問題がフンキュウする
⑤フキュウの名作

(5) 意識が生まれるケイキになる (2014 本)
①ケイコウとなるも牛後となるなかれ
②リサイクル活動をケイハツする
③これまでのケイヤクを見直す
④豊かな自然のオンケイを受ける
⑤経済の動向にケイショウを鳴らす

(6) ウェブサイトにケイサイされる (2024 本)
①名著にケイハツされる ②連絡事項をケイシュツする
③方向転換のケイキになる ④一族のケイズを作る

(7) ハイケイを考える (2019 追)
①業務をテイケイする ②伝統をケイショウする
③神社にサンケイする ④踊りのケイコをする
⑤日本のケイキが上向く

(8) タイケイづける (2008 追)
①現場からチュウケイする ②イッケイを案ずる
③重いケイバツを科する ④一族のケイズをたどる
⑤ゼッケイに見とれる

(9) ことばがケイ統的に発生する (2002 本)
①ケイチョウに値する意見 ②ケイリュウで釣りを楽しむ
③事のケイイを説明する ④友人にケイハツされる
⑤近代日本文学のケイフ

答えは 019 ページ

答え 015 上段 (1)②偽 (2)③儀 (3)④刻 (4)③傷 (5)④鍛
下段 (6)③丘 (7)③及 (8)②宮 (9)①拠

(1) ケッ作 (1994 本)

①人はケッ癖なことが大切だ
②ケッ統書付きの柴(しば)犬をもらった
③彼はケッ出した人物だ
④裁判はケッ審を迎える
⑤その会社のケッ損は大きい

(2) セイケツ (2019 追)

①シンケツを注ぐ
②ケッサクを発表する
③車両をレンケツする
④身のケッパクを主張する
⑤飛行機がケッコウする

(3) ケンメイに書き続ける (2004 本)

①鉄棒でケンスイをする
②生命ホケンに入る
③社員をハケンする
④ケンシン的に看病する
⑤昼夜ケンコウで働く

(4) ケントウを重ねる (2004 追)

①ようやくケンアンが解決される
②周囲の期待をソウケンに担う
③交通事故の発生ケンスウを調べる
④ブンケンを参考にして研究する
⑤病原菌をケンシュツする

---

(5) ケンゲンが渡される (2020 本)

①マラソンを途中でキケンする
②ケンゴな意志を持つ
③ケンギを晴らす
④実験の結果をケンショウする
⑤セイリョクケンを広げる

(6) ケンチョ (2000 本)

①ケンアクな雰囲気だ
②ケンジツに生きる
③ケンシン的に仕える
④ケンビ鏡で見る
⑤費用をケンヤクする

(7) ケン現する (1995 追)

①世界平和に貢ケンする
②入国の際にケン疫を受ける
③選手を外国に派ケンする
④努力のあとがケン著である
⑤ケン固な意志で誘惑に勝つ

(8) 美しさに魅せられゲンワクされる (2005 本)

①ゴミのゲンリョウに努める
②ジョウゲンの月を眺める
③ヘンゲン自在に出没する
④能のユウゲンな世界に接する
⑤ゲンセイに処分する

(9) コンゲン的な性質 (1993 本)

①現　②玄　③言　④限　⑤源

答えは 020 ページ

答え 016　上段　(1)④拠　(2)⑤挙　(3)①虚　(4)②享
下段　(5)④享　(6)④境　(7)⑤興　(8)③均　(9)②均

(1) 豊かさをコジする絵画 (2021追)
①偉人のカイコ録 ②液体のギョウコ
③コチョウした表現 ④ココウの詩人

(2) カッコたるアイデンティティ (1993追)
①弧 ②孤 ③己 ④固 ⑤個

(3) コ有の空間 (1997追)
①企業のコ用を促進する ②青年時代を回コする
③在庫品のコ数を調べる ④コ意に反則を犯す
⑤コ体から液体に変化する

(4) 伝統をシュゴする (2009追)
①新しいゴラク施設ができる ②ソウゴ理解が深まる
③事実ゴニンの疑いがある ④ゴシン術を会得する
⑤立ち向かうカクゴを決める

(5) 武士がグンコウを競う (2014本)
①つまらないことにコウデイする
②彼の意見にはシュコウできない
③出来のコウセツは問わない
④コウザイ相半ばする
⑤ごつごつしてセイコウな文章

(6) コウザイ (2016追)
①暗闇でコウミョウを見いだす
②コウミョウな演出に感動した
③怪我(けが)のコウミョウとなった
④全員がコウゴに係を分担する
⑤コウゴと文語を区別する

(7) 特コウ薬 (1996本)
①敵をコウ撃する ②新聞をコウ読する
③ダイエットに成コウする ④その件は時コウになっている
⑤コウ大な土地をもっている

(8) 障子がそのコウレイである (1990本)
①公 ②行 ③恒 ④交 ⑤好

(9) 人間のコウオ (1993追)
①考 ②好 ③交 ④向 ⑤肯

(10) ケンコウなダイナミズム (2020本)
①ショウコウ状態を保つ ②賞のコウホに挙げられる
③大臣をコウテツする ④コウオツつけがたい
⑤ギコウを凝らした細工

答えは021ページ

答え017 上段 (1)⑤均 (2)③琴 (3)⑤緊 (4)⑤朽
下段 (5)③契 (6)②掲 (7)⑤景 (8)④系 (9)⑤系

(1) コウジョウ的な不安 (2009 本)

①コウレイのもちつき大会を開く
②社会の進歩にコウケンする
③地域シンコウの対策を考える
④キンコウ状態が破られる
⑤病気がショウコウを保つ

(2) 家をコウニュウする (2001 本)

①コウキ粛正を徹底する　②コウセツを問わない
③山がコウヨウする　④新聞をコウドクする
⑤日本カイコウを調べる

(3) コウニュウ (2018 追)

①雑誌を定期コウドクする　②売り上げにコウケンする
③コウキを粛正する　④ゲンコウ用紙を配る
⑤コウカを鋳造する

(4) 影響をコウムる (2012 追)

①モクヒ権を行使する　②心身がヒヘイする
③ヒルイのない才能を持つ　④裁判のヒコクになる
⑤ヒヤク的に発展する

(5) チョウコクを達成する (2000 本)

①悩みはシンコクだ　②筆跡がコクジしている
③コクメイな日記をつける　④裁判所にコクソする
⑤コクドを開発する

---

(6) コク印する (1994 本)

①あの寺の山門はコク宝だ
②選挙のコク示があった
③あそこは社員をコク使する
④ロダンの彫コクはすばらしい
⑤困難をコク服した喜びがある

(7) センコクされる (2017 本)

①上級裁判所へのジョウコク　②コクメイな描写
③コクビャクのつけにくい議論　④コクソウ地帯
⑤筆跡がコクジした署名

(8) カコクな運命 (2004 本)

①深山ユウコクに分け入る　②図をコクメイに描く
③イッコクを争う　④肉体をコクシする
⑤豊かなコクソウ地帯

(9) シサに富む (2004 追)

①次々にレンサ反応がおこる
②社長のホサとして活躍する
③人の趣味はセンサバンベツである
④交番でジュンサに道を尋ねる
⑤犯罪をキョウサしてはいけない

答えは 022 ページ

答え 018　上段　(1)③傑　(2)④潔　(3)①懸　(4)⑤検
下段　(5)①権　(6)④顕　(7)④顕　(8)③幻　(9)⑤源

(1) 示サを与える (1998 追)

①模型をツクる ②犬をクサリにつなぐ
③雲間から日がサす ④ヒダリの道を行く
⑤人をソソノカす

(2) レンサをなす (2012 追)

①道路をフウサする ②円高でサエキを得る
③犯罪のソウサに協力する ④議長をホサする
⑤経歴をサショウする

(3) 闇をサける (2013 追)

①条約をヒジュンする ②ヒニクな見方
③責任者をヒメンする ④新作をヒロウする
⑤戦争をキヒする

(4) 文章が稀薄(きはく)になるのをサけようとする (1992 追)

①割 ②排 ③裂 ④退 ⑤避

(5) 展覧会をカイサイする (2006 追)

①眠気をモヨオす ②ワザワいをもたらす
③波がクダける ④罪のサバきを受ける
⑤食卓をイロドる

(6) サイたるもの (1993 本)

①才 ②再 ③際 ④最 ⑤宰

---

(7) 色サイ (1994 本)

①欲望にはサイ限がない
②盆サイの松の手入れをする
③温室には十分なサイ光が必要だ
④サイ氷船が南極へ出発する
⑤百周年記念の催しは多サイだ

(8) サクシュ (2017 追)

①牧場でサクニュウを手伝う
②実験でサクサンの溶液を用いる
③期待と不安がコウサクする
④クッサクの作業が終了する
⑤観光情報をケンサクする

(9) 敵と味方がコウサクする (2009 本)

①サクジツの失敗を反省する ②サクイ的に文章を改変する
③冒頭の一文をサクジョする ④事典のサクインを活用する
⑤試行サクゴを経て成功する

(10) 逸脱し、トウサクする (2001 本)

①夢と現実がコウサクする ②陰でカクサクする
③文章をテンサクする ④辞書のサクイン
⑤空気をアッサクする

答えは 023 ページ

答え 019 上段 (1)③誇 (2)④固 (3)⑤固 (4)④護 (5)④功
下段 (6)③功 (7)④効 (8)⑤好 (9)②好 (10)①康

(1) サッカクする (2012追)

①サクイの跡が見える ②サクボウをめぐらす
③書物にサクインをつける ④時代サクゴの考えを持つ
⑤予算をサクゲンする

(2) 雑草の生えたサラチ (2011本)

①セイコウウドクの生活 ②大臣をコウテツする
③コウキュウテキな対策 ④技術者をコウグウする
⑤キョウコウに主張する

(3) 夢想をヨクシする (1991本)

①至 ②止 ③示 ④使 ⑤始

(4) 無シの人生 (1996本)

①初シを貫く ②あの人が創シ者だ
③シ情を抜きにして尽くす ④彼はシ野が狭い
⑤世を風シする

(5) 地位をシめる (2014本)

①センパクな言動に閉口する
②新入選手がセンプウを巻き起こす
③建物が違法にセンキョされる
④法廷で刑がセンコクされる
⑤センザイ的な需要を掘り起こす

---

(6) 体をシめ付ける (2011追)

①テイケンのない人 ②ボウハテイを築く
③在庫品がフッテイする ④記念品をキンテイする
⑤条約をテイケツする

(7) トウジシャ (1991追)

①事 ②自 ③示 ④治 ⑤時

(8) シッコウニン (2010追)

①モウシュウにとらわれる ②キョシュウを明らかにする
③家業をセシュウする ④古い校舎をカイシュウする
⑤シュウシュウがつかない

(9) 論文をシッピツする (2000本)

①名誉をウシナう ②シメった空気
③政務をトる ④ウルシ塗りの盆
⑤氷をムロから出す

(10) シッ走する (1994追)

①モウセンゴケはシッ地帯の植物だ
②小舟はシッ風にほんろうされた
③飛行機はシッ速して落ちた
④シッ筆中は面会謝絶だ
⑤月が隠れシッ黒の闇（やみ）となった

答えは 024 ページ

答え 020 上段 (1)①恒 (2)④購 (3)①購 (4)④被 (5)③克
下段 (6)④刻 (7)①告 (8)④酷 (9)⑤唆

(1) シッソウ (2015 追)
①繊細な細工が施されたシッキ ②卒業論文のシッピツ
③豊かな才能に対するシット ④重い症状を伴うシッカン
⑤親の厳しいシッセキ

(2) 椅子にシバり付ける (2006 追)
①クウバクたる議論 ②バクシュウの頃
③ジジョウジバクの苦しみ ④バクシン地に立つ
⑤機密をバクロする

(3) シバられる (2002 本)
①景気回復のキバク剤 ②真相をバクロする
③首謀者をホバクする ④バクゼンとした印象
⑤バクガ飲料を飲む

(4) シュウヤクする (1990 追)
①集 ②拾 ③収 ④修 ⑤周

(5) 空間にジュウマンする (2011 本)
①ジュウコウを向ける ②ジュウナンに対応する
③他人にツイジュウする ④施設をカクジュウする
⑤ジュウオウに活躍する

(6) ジュウジする (2010 本)
①ジュウソク感を得る ②フクジュウを強いられる
③アンジュウの地を探す ④列島をジュウダンする
⑤ユウジュウフダンな態度

(7) 複雑さをシュクゲンする (2016 本)
①前途をシュクして乾杯する
②シュクシュクと仕事を進めた
③シュクテキを倒す日が来た
④紳士シュクジョが集う
⑤キンシュク財政を守る

(8) ジュンカンする (2005 追)
①サーカスが地方をジュンギョウする
②シツジュンな環境を好む動物
③雨で運動会がジュンエンとなる
④ジュンアイを描いたドラマを見る
⑤消極的でインジュンなやり方

(9) 水ジュンに達する (1996 追)
①集会がジュン調に進んだ
②一月の中ジュンに試験がある
③ジュン回図書館を利用する
④受験のジュン備をする
⑤清ジュンな感じのタレントだ

答えは 025 ページ

答え 021 上段 (1)⑤唆 (2)①鎖 (3)⑤避 (4)⑤避 (5)①催 (6)④最
下段 (7)⑤彩 (8)①搾 (9)⑤錯 (10)①錯

(1) ジュンタク （2015 本）

①水をジュンカンさせる装置　②温暖でシツジュンな気候
③ジュンキョウシャの碑
④夜間にジュンカイする警備員
⑤ジュンドの高い金属

(2) 努力のショ産 （1998 追）

①長い手紙をカく　②今年の夏はアツい
③明るいトコロに出る　④堪忍袋のオが切れる
⑤その話はハツ耳だ

(3) ジョジ詩 （2000 追）

①ジョレツをつける　②車でジョコウする
③汚れをジョキョする　④秋のジョクン
⑤トツジョとして消える

(4) イショウと構造 （2018 本）

①コウショウな趣味を持つ　②演劇界のキョショウに会う
③出演料のコウショウをする　④課長にショウカクする
⑤戸籍ショウホンを取り寄せる

(5) ショウライ （2016 追）

①夜道をテらす月明かり　②天にもノボる心地だ
③それはマサしく本物だ　④この場にマネかれた光栄
⑤親切でクワしい案内状

---

(6) 環境とのセッショウ （2012 本）

①依頼をショウダクする　②事実をショウサイに調べる
③意見がショウトツする　④外国とコウショウする
⑤作業工程のショウリョク化をはかる

(7) ショウ突する （1995 追）

①二国間に緩ショウ地帯を設ける
②部下からショウ細な報告を受ける
③火事による類ショウを免れた
④新しい国家の独立をショウ認する
⑤身元保ショウ人を引き受ける

(8) ショウジン （2019 追）

①事態をセイカンする　②日程をチョウセイする
③セイミツな機械を作る　④選手センセイをする
⑤セイエンを送る

(9) 擬人化がカジョウになされた （2022 本）

①ジョウチョウな文章　②予算のジョウヨ金
③汚れをジョウカする　④ジョウキを逸する

答えは026ページ

答え 022　上段　(1)④錯　(2)②更　(3)②止　(4)③私　(5)③占
下段　(6)⑤締　(7)①事　(8)①執　(9)③執　(10)②疾

(1) ダイジョウブ (2003 本)

①胃腸薬をジョウビする
②ガンジョウな家を建てる
③ジョウダンで人を笑わせる
④所有権を他人にジョウトする
⑤厳重にセジョウする

(2) 過度にジョウチョウで効率が悪い (2007 追)

①ジョウブな体を作る
②ジョウダンで笑う
③自意識カジョウになる
④大幅にジョウホする
⑤液体をジョウリュウする

(3) 草木を移ショクする (1995 本)

①友人の言葉にショク発される
②室内の装ショクを一新する
③着ショク加工した食品がある
④定年後もショク託として勤める
⑤ショク民地が独立国家になる

(4) 他のものでソウショクする (2022 追)

①調査をイショクする
②キョショクに満ちた生活
③ゴショクを発見する
④フッショクできない不安

(5) ゾウショクする (2010 追)

①ゴショクを訂正する
②魚をヨウショクする
③キショクマンメンの笑み
④イショク足りて礼節を知る
⑤ソウショク過多な建築

(6) 生活の隅々までシン食する (1996 追)

①幾多のシン酸をなめてきた
②私の生活シン条を述べる
③家にシン入する
④先生にシン近感を持つ
⑤それはシン歩的な考え方だ

(7) シンコクな問題 (1999 追)

①大事を前に言動をツツシむ
②思い出にヒタる
③家族同士でシタしくする
④ツラい経験をする
⑤フカい霧が立ちこめる

(8) シンソツな態度 (1990 追)

①新　②信　③心　④真　⑤進

(9) シンヨウジュ (2008 追)

①シンセイ書を提出する
②シンショウ棒大に表現する
③シンサンをなめる
④シンカイ魚を調査する
⑤シンラ万象を解きあかす

(10) リフジン (2006 追)

①ジンソクに行動する
②復興にジンリョクする
③ジンリンに反する
④社長がタイジンする
⑤ジンツウリキを発揮する

答えは 027 ページ

答え 023　上段　(1)④疾　(2)③縛　(3)③縛　(4)①集　(5)④充　(6)②従
下段　(7)⑤縮　(8)⑤循　(9)④準

(1) リフジン (1999 本)

①道をタズねる ②ハナハだしい誤解をする
③苦しいときのカミ頼み ④多くのヒトに会う
⑤話の種がツきる

(2) ジンソクな対応 (2010 追)

①仏道にショウジンする ②ジンゴに落ちない
③フンジンの活躍 ④ジンダイな影響
⑤ジンヨウを整える

(3) スんだ空気 (1999 追)

①チョウメイな月の光 ②ピアノのチョウリツ
③チョウボウを楽しむ ④ソウチョウに散歩する
⑤時代のチョウリュウに乗る

(4) 文明がスイタイする (2011 追)

①桜が芽をフく ②任務をトげる
③クラス委員にオす ④勢いがオトロえる
⑤しずくがタれる

(5) 自然をセイフクする (2007 本)

①時間をギセイにする ②日程をチョウセイする
③敵にセンセイ攻撃を加える ④イッセイに開花する
⑤海外エンセイを取り止める

(6) 個人的なセイコウや好み (1993 追)

①成 ②性 ③正 ④精 ⑤盛

(7) 事物のセイセイと消滅 (1992 本)

①勢 ②精 ③成 ④製 ⑤生

(8) 賛セイする (1998 本)

①チームは五人からナる ②細かい説明をハブく
③生活が規則タダしい ④コエを大にして叫ぶ
⑤水のイキオいが強い

(9) セイゴウセイ (2017 追)

①セイコウウドクの生活 ②シセイの人びと
③メールのイッセイ送信 ④運動会に向けたセイレツの練習
⑤一服のセイリョウザイ

(10) 問いをヨウセイする (2017 追)

①自然のイキオいに任せる ②花ザカりを迎える
③将来をチカい合う ④道路工事をウけおう
⑤我が身をカエリみる

答えは 028 ページ

答え 024 上段 (1)②潤 (2)③所 (3)④叙 (4)②匠 (5)④招
下段 (6)③衝 (7)①衝 (8)③精 (9)②剰

(1) 栄養をセッシュする (2012 本)
①セツレツな文章
②自然のセツリに従う
③試合に勝ってセツジョクを果たす
④訪問者にオウセツする
⑤クッセツした思いをいだく

(2) 養分をセッシュする (2003 追)
①大自然のセツリ
②クッセツ率を計算する
③ヨウセツ工場で働く
④セツレツな文章
⑤セツドある振る舞い

(3) テキセツな言葉を探す (1993 本)
①接 ②切 ③設 ④節 ⑤摂

(4) 直セツの話題 (1998 本)
①このはさみはよくキれる
②指をオって数える
③事務所をモウける
④木に竹をツぐ
⑤相手をトきふせる

(5) セツリ (2018 本)
①電線をセツダンする
②予算のセッショウをする
③セットウの罪に問われる
④セツジョクをはたす
⑤栄養をセッシュする

(6) 逆セツをはらむ (1994 追)
①昨年のセツ辱を果たす
②あれが火災後の仮セツ校舎だ
③競技中に転んで骨セツした
④仮セツは発見の前提である
⑤腕の関セツがはずれた

(7) 創造活動のゲンセン (2003 本)
①知識のイズミである書物
②悪事に手をソめる
③アサセで遊ぶ
④海にモグる
⑤候補者としてススめる

(8) センレンされた (2018 本)
①センリツにのせて歌う
②センジョウして汚れを落とす
③利益をドクセンする
④言葉のヘンセンを調べる
⑤センスイカンに乗る

(9) センサイな音楽 (2004 本)
①選手センセイをする
②左方向にセンカイする
③シンセンな魚介類
④ガスのモトセンをしめる
⑤食物センイを摂取する

(10) 流行のヘンセン (2000 追)
①空気がオセンされる
②よい図書をスイセンする
③平安京にセントする
④センサイな感性
⑤仕事をシュウセンする

答えは 029 ページ

答え 025 上段 (1)②丈 (2)②冗 (3)⑤植 (4)②飾
下段 (5)②殖 (6)③侵 (7)⑤深 (8)④真 (9)②針 (10)②尽

(1) クウソな自由に転落する (2013 本)
①ソエンな間柄になる ②ソゼイ制度を見直す
③緊急のソチをとる ④被害の拡大をソシする
⑤美術館でソゾウを見る

(2) ソ外される (1998 追)
①上司からウトまれる ②苦痛をウッタえる
③徒党をクんで戦う ④敵の前進をハバむ
⑤国のイシズエを築く

(3) キソ的な違い (2002 追)
①暴挙をソシする ②新しいソゼイ法
③建物のソセキをすえる ④ソジョウを提出する
⑤ヘイソの心がけ

(4) ソセンたち (1999 追)
①ソシキの一員 ②中興のソ
③ソリャクに扱う ④ケンソな山
⑤ソゼイを納める

(5) ソセンの言葉を語る (2022 追)
①クウソな議論 ②ヘイソの努力
③禅宗のカイソ ④原告のハイソ

(6) 時間的なヨウソを含む (2008 本)
①ソセンを敬う ②ソゼイを課す
③ソボクな人柄 ④人間関係がソエンになる
⑤ついにソショウを起こす

(7) 神が万物をソウゾウする (2013 追)
①ソウギョウ二百年の名店 ②ソウギに参列する
③渋滞にソウグウする ④ソウドウを引き起こす
⑤気力をソウシツする

(8) 一卵性ソウセイジ (2002 追)
①避暑でサンソウに行く ②ソウシャ一掃の一打
③ソウベツの辞 ④天下ムソウの怪力
⑤カツダンソウが動く

(9) 幾ソウにも積み重なる (1995 本)
①車ソウの景色に見とれる
②世代間の考え方に断ソウがある
③浴ソウに付いた汚れを取る
④機械のソウ作は誤ると危ない
⑤街のソウ音も公害になる

(10) ソウじて (1997 追)
①事件のソウ査が進展する ②独ソウ的な作品を作る
③新作の構ソウを練る ④被害のソウ額を計算する
⑤飛行機のソウ縦を学ぶ

答えは 030 ページ

答え 026
上段 (1)⑤尽 (2)③迅 (3)①澄 (4)④衰 (5)⑤征
下段 (6)②性 (7)③成 (8)①成 (9)④整 (10)④請

(1) ソウチを開発する (2008 本)

①直ちにソウサク隊を出す
②大きなソウドウを引き起こす
③鍛練でソウケンな身体をつくる
④面接でのフクソウに気をつかう
⑤古いチソウから化石を採る

(2) ゾウオを感じる (2005 追)

①アイゾウの入り交じった思い
②花束をゾウテイする
③ソセイランゾウされる商品
④おだてられてゾウチョウする
⑤アッコウゾウゴンは慎む

(3) ソクシン (2020 本)

①組織のケッソクを固める
②距離のモクソクを誤る
③消費の動向をホソクする
④自給ジソクの生活を送る
⑤返事をサイソクする

(4) ソクメンを持つ (2006 本)

①提出書類をサイソクする
②ソクザに答える
③キソクを尊重する
④道路のソクリョウを行う
⑤ビルのソクヘキを補強する

(5) ソクトウを用意する (1992 本)

①即　②促　③速　④則　⑤測

---

(6) ソク縛する (1998 本)

①タりないところを補う
②人々の参加をウナガす
③誕生日に花タバを贈る
④お互いのイキが合う
⑤情報がスミやかに伝わる

(7) シュウソク (2016 本)

①度重なるハンソクによる退場
②健康をソクシンする環境整備
③ヘイソクした空気の打破
④両者イッショクソクハツの状態
⑤ソクバクから逃れる手段

(8) フゾクする (2005 追)

①小説のゾクヘンを読む
②風土やシュウゾクの調査をする
③トウゾクの首領を捕らえる
④物質のゾクセイを調べる
⑤イチゾクの歴史をまとめる

(9) ミンゾク的 (2021 本)

①楽団にショゾクする
②カイゾク版を根絶する
③公序リョウゾクに反する
④事業をケイゾクする

答えは 031 ページ

答え 027 上段 (1)②摂 (2)①摂 (3)②切 (4)④接 (5)⑤摂
下段 (6)④説 (7)①泉 (8)②洗 (9)⑤繊 (10)③遷

(1) タれる (2015本)

①ベートーヴェンにシンスイする
②寝不足でスイマにおそわれる
③ブスイなふるまいに閉口する
④親元を離れてジスイする
⑤鉄棒でケンスイをする

(2) お金が目的の守銭奴にダす (2001本)

①ダミンをむさぼる　②努力はムダにならない
③川がダコウする　④ダラクした空気
⑤ダケツ案を提示する

(3) タイダではない (2023追)

①ダサクと評価される　②ダセイで動く
③泣く泣くダキョウする　④客がチョウダの列をなす

(4) そう考える方がダトウだろう (2016追)

①ダサンが働く　②ダキョウを排する
③チョウダの列に並ぶ　④ダガシをねだる
⑤ダミンをむさぼる

---

(5) 絶タイに不可能だ (1994追)

①水泳の前には準備タイ操をせよ
②映画の優タイ券が手に入った
③借金には連タイ保証が必要だ
④大学はタイ慢な学生に手を焼いた
⑤意見は激しくタイ立したままだ

(6) タイ惰 (1996本)

①タイ用年数を越える　②長い話にタイ屈する
③一週間タイ在する　④未明にタイ勢が判明する
⑤タイ慢なプレーだ

(7) 農村に人口がタイリュウする (2010本)

①作業がトドコオる　②義務をオコタる
③口座から振りカえる　④苦難にタえる
⑤フクロの中に入れる

(8) 子宮の中のタイジ (2007追)

①新時代のタイドウを感じる　②国家のアンタイを願う
③チンタイ住宅に住む　④犯人をタイホする
⑤タイレツを組んで進む

(9) 布のコウタクに惹(ひ)かれる (1991追)

①択　②沢　③拓　④宅　⑤託

答えは032ページ

答え028　上段　(1)①疎　(2)①疎　(3)③礎　(4)②祖　(5)③祖
下段　(6)③素　(7)①創　(8)④双　(9)②層　(10)④総

(1) タンネンに検討する (2019本)
①イッタン休止する ②タンレンを積む
③タンセイを込める ④タンカで運ぶ
⑤計画がハタンする

(2) カンタンする (2000追)
①責任をニナう ②アワい恋心
③青春はミジカい ④ナゲかわしい風潮
⑤体をキタえる

(3) タンを発する (2009追)
①ダイタンな改革を実行する ②セイタン百年祭を挙行する
③キョクタンな意見を述べる ④タントウ直入に質問をする
⑤タンニンの先生に相談する

(4) タンを発する (2000本)
①タンテキな表現 ②タンネンに調べる
③心身をタンレンする ④真理をタンキュウする
⑤セイタン百年を祝う

(5) 時代のセンタンをいく (1999追)
①重い荷物をカツぐ ②駅で知人をサガす
③毎日体をキタえる ④筆箱を机のハシに置く
⑤アワい色の服を着る

(6) タン的に言う (1996追)
①人生の意義をタン求する ②英語のタン語を覚える
③タン編小説を読むのが好きだ ④タン白な味の魚だ
⑤極タンなことを言う癖がある

(7) タンテキな (2015本)
①タンセイして育てた盆栽 ②コタンの境地を描いた小説
③ダイタンな意見の表明 ④一連の事件のホッタン
⑤真相のあくなきタンキュウ

(8) 生命がタンジョウする (2003追)
①作品をタンネンに仕上げる
②作家のセイタンの地をたずねる
③ダイタンな行動をとる
④悲しみのタンソクをもらす
⑤タンセイな顔立ちの少年

(9) 琵琶(びわ)のダン奏 (1997追)
①友人の相ダンに乗る ②反対派をダン圧する
③最終的な決ダンを迫る ④あらゆる手ダンで対抗する
⑤劇ダンの公演を楽しむ

(10) セツダン (2015追)
①サイダンに花を供える ②カンダンなく雨が降る
③パーティーでカンダンする ④ダイダンエンを迎える
⑤カンダンの差が大きくなる

答えは033ページ

答え029 上段 (1)④装 (2)①憎 (3)⑤促 (4)⑤側 (5)①即
下段 (6)③束 (7)⑤束 (8)④属 (9)③俗

(1) ヨウチエン （2002 追）

①グチをこぼす ②チジョクを感じる
③開始時間のチエン ④病がチユする
⑤チセツな表現

(2) 幼チさ （1997 本）

①生涯のチ己に出会う ②世界大会を誘チする
③会議によくチ刻する ④川にチ魚を放流する
⑤厚顔無チと責められた

(3) 貨幣のかたちでチクセキする （2010 本）

①ゾウチクしたばかりの家 ②原文からのチクゴヤク
③ガンチクのある言葉 ④チクバの友との再会
⑤農耕とボクチクの歴史

(4) 競争相手をクチクする （2012 本）

①資料をチクセキする ②ボクチク業を始める
③経過をチクジ報告する ④彼とはチクバの友だ
⑤独自の理論をコウチクする

(5) クチクする （2004 本）

①チクイチ報告する ②家屋をゾウチクする
③チクサン業に従事する ④ハチクの勢い
⑤チョチクを奨励する

(6) 貴チョウ （1994 本）

①父が珍チョウしていた陶器だ
②個展の芳名録に記チョウする
③魚群はチョウ流に乗ってきた
④人跡未踏の山チョウに立った
⑤チョウ停は不成功に終わった

(7) ショウチョウ （2018 追）

①助走をつけてチョウヤクする ②税金をチョウシュウする
③時代をチョウエツする ④チョウカイ処分を受ける
⑤美術館でチョウコクを見る

(8) 時代のシチョウを読む （2008 追）

①富士山トウチョウをめざす
②職人のわざをチンチョウする
③道路をカクチョウする
④悪いフウチョウが広まる
⑤裁判をボウチョウする

(9) 説明しツくせない （2012 本）

①ジンソクに対処する
②テキジンに攻め入る
③損害はジンダイだ
④ジンジョウな方法では解決しない
⑤地域の発展にジンリョクする

答えは 034 ページ

答え 030 上段 (1)⑤垂 (2)④堕 (3)②惰 (4)②妥
下段 (5)⑤対 (6)⑤怠 (7)①滞 (8)①胎 (9)②沢

(1) ツクロう (2016本)

①収益のゼンゾウを期待する
②事件のゼンヨウを解明する
③建物のエイゼン係を任命する
④学生ゼンとしたよそおい
⑤ゼン問答のようなやりとり

(2) 長い間にツチカわれる (2009追)

①顕微鏡のバイリツを上げる
②研究用に細菌をバイヨウする
③新聞というバイタイを利用する
④国際会議にバイセキする
⑤コウバイ意欲をかきたてる

(3) ツムぎ出す (2002本)

①針小ボウダイに言う　②仕事にボウサツされる
③流行性のカンボウ　④理科のカイボウ実験
⑤綿とウールのコンボウ

(4) ツラヌく (2015追)

①注意をカンキする
②ハダカイッカンから再出発する
③集中することがカンジンである
④まことにイカンに思う
⑤ジャッカンの変更を行う

---

(5) 戦争のテイセンを決断する (2014追)

①記念品をシンテイする　②条約をテイケツする
③梅雨前線がテイタイする　④国際平和をテイショウする
⑤敵の動向をテイサツする

(6) テッテイ的 (2023追)

①コンテイからくつがえす　②タンテイに調査を依頼する
③テイサイを整える　④今後の方針をサクテイする

(7) 前テイとする (1998本)

①商品がソコをつく　②新しい法律をサダめる
③我慢にもホドがある　④この家は天井がヒクい
⑤両手に荷物をサげる

(8) スイテイする (1992追)

①提　②底　③定　④程　⑤体

(9) 火災をソウテイして訓練する (1990本)

①呈　②定　③提　④訂　⑤底

(10) タイテイの人が知っている (2019追)

①ホウテイで証言する　②空気テイコウを減らす
③誤りをテイセイする　④食堂でテイショクを食べる
⑤花束をゾウテイする

答えは035ページ

答え031　上段　(1)③丹　(2)④嘆　(3)③端　(4)①端　(5)④端
下段　(6)⑤端　(7)④端　(8)②誕　(9)②弾　(10)②断

(1) 新たな概念をテイキする (2007 追)
①論理のゼンテイとする　②テイネイに説明する
③条約をテイケツする　④誤字をテイセイする
⑤強固なテイボウを築く

(2) 指テキする (1997 本)
①あの二人は好テキ手だ　②汚職をテキ発する
③快テキな生活が約束される　④内容を端テキに説明する
⑤窓ガラスに水テキがつく

(3) 匹テキする (1995 本)
①脱税をきびしくテキ発する　②警テキを鳴らして車が走る
③悪い予感がテキ中する　④競争相手にテキ意をいだく
⑤病院で点テキを受ける

(4) レイテツ (2016 追)
①大臣をコウテツして刷新をはかる
②テッペキの守りで勝利を手にする
③廊下の荷物がテッキョされる
④テツヤを続けて課題を完成させる
⑤テツガクを学んで政治家を志す

(5) 変身をトげる (2022 本)
①過去の事例からルイスイする　②キッスイの江戸っ子
③マスイをかける　④計画をカンスイする

---

(6) アットウ (2019 本)
①現実からトウヒする　②ジャズ音楽にケイトウする
③トウトツな発言をする　④シュウトウに準備する
⑤食事のトウブンを抑える

(7) 自分をトウエイする (2021 本)
①意気トウゴウする　②トウチ法を用いる
③電気ケイトウが故障する　④強敵を相手にフントウする

(8) 問題にトウメンする (1992 本)
①到　②当　③答　④統　⑤等

(9) ダトウな説明を受ける (1990 本)
①倒　②投　③当　④党　⑤踏

(10) 地球上にトウライする (2013 追)
①アイトウの意を示す　②計画をトウケツする
③トウテイ納得できない　④組織をトウギョする
⑤トウシがみなぎる

(11) 忘我的なトウスイがかき消える (2005 本)
①飛行機のトウジョウ券　②議論がフットウする
③トウベンを求められる　④亡き人をアイトウする
⑤恩師からクントウを受ける

答えは 036 ページ

答え 032　上段　(1)⑤稚　(2)④稚　(3)③蓄　(4)③逐　(5)①逐
下段　(6)①重　(7)②徴　(8)④潮　(9)⑤尽

(1) ナガめる (2003 本)
①セイチョウな秋の空 ②年度予算がボウチョウする
③眼下のチョウボウを楽しむ ④チョウリ場の衛生管理
⑤会場いっぱいのチョウシュウ

(2) ナマリ色の空 (2002 本)
①雨天によるジュンエン ②のどにエンショウが起きる
③エンコを頼る ④アエンの含有量
⑤コウエンな理想

(3) ナメらか (2015 追)
①イッカツして処理する ②国が事業をカンカツする
③登山者のカツラクを防ぐ ④領土をカツジョウする
⑤自由をカツボウする

(4) ニン意 (1994 追)
①あの地方はニン情があつい ②正しい避ニンの知識を学ぶ
③彼は社長を解ニンされた ④何事もニン耐が大切だ
⑤知事のニン可が必要だ

(5) ノウ密 (1994 追)
①一番機はノウ霧のため欠航した
②ノウ品は期日内にしてほしい
③それは首ノウ会議にまかせる
④彼女は有ノウな経営者だ
⑤ノウ業政策はむずかしい

(6) 次の傍線部と同じ意味を持つものを選びなさい。
景色を望む (2023 本)
①ホン望 ②ショク望 ③テン望 ④ジン望

(7) ハイジョする (2008 本)
①すぐれた人材がハイシュツする
②少数意見をハイセキしない
③フハイした社会を浄化したい
④ハイシン行為の責任を問う
⑤優勝してシュクハイをあげる

(8) ハイ斥する (1997 本)
①三回戦でハイ退する ②核兵器のハイ絶を訴える
③ハイ気ガスが空気を汚す ④それはハイ信行為である
⑤細かなハイ慮に欠ける

(9) 敵意やハイ信 (1996 本)
①ハイ物を利用する ②色のハイ合がすばらしい
③祝ハイをあげる ④勝ハイは時の運だ
⑤歴史的なハイ景を探る

(10) バイゾウ (2017 本)
①細菌バイヨウの実験 ②印刷バイタイ
③裁判におけるバイシン制 ④事故のバイショウ問題
⑤旧にバイしたご愛顧

答えは 037 ページ

答え 033 上段 (1)③繕 (2)②培 (3)⑤紡 (4)②貫
下段 (5)③停 (6)①底 (7)⑤提 (8)③定 (9)②定 (10)②抵

(1) バイカイとする (2007 本)

①野菜をサイバイする
②バイショウ責任を求める
③実験にショクバイを用いる
④バイシン員に選ばれる
⑤興味がバイカする

(2) 意義はハカりしれない (2003 追)

①ニソクサンモンの価値もない
②新しい事業をソクシンさせる
③ヘンソク的な動詞の活用
④オクソクにもとづく報道
⑤イッショクソクハツの状態

(3) ハクシャをかける (2008 本)

①ハクリョクに欠ける
②ハクジョウな態度をとる
③ハクシュを送る
④ハクシキを誇る
⑤ハクジョウさせられる

(4) クウバクとした問題 (2013 本)

①他人にソクバクされる
②冗談にバクショウする
③サバクを歩く
④江戸にバクフを開く
⑤バクガトウを分解する

(5) バクゼン (2019 本)

①バクガからビールが作られる
②サバクの景色を見る
③ジュバクから解き放たれる
④観客がバクショウする
⑤バクマツの歴史を学ぶ

---

(6) アッパクされる (2005 追)

①知人からハクライの品をもらう
②全国をヒョウハクした詩人
③観衆の大きなハクシュで迎えられる
④友達に悩みをコクハクする
⑤ハクリョクある映像を見せる

(7) ハンゼンとしない (1990 本)

①判 ②版 ③伴 ④煩 ⑤般

(8) 大ハンを占める (1998 本)

①大きく胸をソらす
②仕事ぶりがイタに付く
③思いナカばに過ぎる
④オカした罪をつぐなう
⑤ヨットのホを張る

(9) 社会生活のキハン (1992 追)

①反 ②範 ③版 ④般 ⑤判

(10) 琵琶(びわ)のバンソウ (2013 本)

①家族ドウハンで旅をする
②ハンカガイを歩く
③資材をハンニュウする
④見本品をハンプする
⑤著書がジュウハンされる

(11) 自分のヒ小さ (1997 本)

①ヒ境への旅を企画する
②罪状をヒ認する
③ヒ凡な才能の持ち主である
④ヒ近な例を挙げて説明する
⑤安全な場所へヒ難する

答えは038ページ

答え034 上段 (1)①提 (2)②摘 (3)④敵 (4)④徹 (5)④遂
下段 (6)②倒 (7)①投 (8)②当 (9)③当 (10)③到 (11)⑤陶

(1) ヒガの距離を測る (1993本)

①比　②否　③非　④彼　⑤秘

(2) キネンヒ的な造型 (2007本)

①ヒガイを食い止める　②ヒキンな例を取り上げる
③委員長をヒメンする　④ヒブンを刻む
⑤国家がヒヘイする

(3) ヒマン (2008追)

①ヒヨウがかさむ　②畑にヒリョウをまく
③ヒナン勧告を出す　④隠し芸をヒロウする
⑤自分をヒゲする

(4) ヒシャタイ (2010追)

①ヒサイチを見舞う　②議案のカヒを問う
③情報をヒトクする　④ヒソウセンパクな考え方
⑤ヒジョウ事態を宣言する

(5) ビ細な感覚 (1995本)

①学校の設ビを充実する　②人情の機ビを解する
③刑事が犯人をビ行する　④耳ビ科の医院に行く
⑤ビ観を損なう建物がある

(6) ごくビショウな場合もある (2015追)

①ビカンをそこねる看板　②品評会でハクビと言われた器
③シュビよく進んだ交渉　④人情のキビをとらえた文章
⑤ケイビが厳重な空港

---

(7) ヒカえる (2001追)

①コウダイに名を残す　②社会にコウケンする
③身柄をコウソクする　④経費をコウジョする
⑤任務をスイコウする

(8) 思想がヒソんでいる (2009追)

①文壇にセンプウを巻き起こす
②大気オセンの問題に取り組む
③セッセンの末に引き分ける
④センザイ的な能力を引き出す
⑤センイ質の豊富な野菜を食べる

(9) ヒビく (2019本)

①物資をキョウキュウする　②ギャッキョウに耐える
③他国とキョウテイを結ぶ　④エイキョウを受ける
⑤ホドウキョウを渡る

(10) 道路の目じるしである里程ヒョウ (1991本)

①漂　②表　③標　④評　⑤票

(11) ヒンシュツ (2019本)

①ヒンシツを管理する　②カイヒン公園で水遊びをする
③ヒンパンに訪れる　④ライヒンを迎える
⑤根拠がヒンジャクである

答えは039ページ

答え035　上段　(1)③眺　(2)④鉛　(3)③滑　(4)③任　(5)①濃
下段　(6)③テン望　(7)②排　(8)③排　(9)⑤背　(10)⑤倍

(1) フみしめる (2008 本)

①仮面ブトウ会を開く ②改正案をケントウする
③注文がサットウする ④路面がトウケツする
⑤旅先でトウナンにあう

(2) フまえる (2004 追)

①トウトツな質問に手こずる ②シュウトウに計画をねる
③トウテツした論理を示す ④全員の意見をトウカツする
⑤先例をトウシュウする

(3) フむ (2018 本)

①株価がキュウトウする ②役所で不動産をトウキする
③前例をトウシュウする ④ろくろでトウキをつくる
⑤飛行機にトウジョウする

(4) 庭石を適切にフチする (1992 追)

①布 ②付 ③扶 ④普 ⑤浮

(5) 相互フジョ (2010 本)

①家族をフヨウする ②遠方にフニンする
③フセキを打つ ④免許証をコウフする
⑤フソクの事態に備える

(6) ケイフに属する (2021 追)

①フゴウしない証言 ②フメン通りの演奏
③フリョの事故 ④家族をフヨウする

---

(7) フ遍的 (1997 本)

①事実とよくフ合している ②それはフ朽の名作である
③パソコンが職場にフ及する ④税金のフ担を軽くする
⑤事件にフ随して問題が起こる

(8) 集客にフシンする (2005 本)

①フオンな空気が漂う ②新たなフニン地に慣れる
③家族をフヨウする ④組織のフハイが進む
⑤キュウフ金が増額される

(9) フンシュツする (2018 追)

①ギフンにかられる ②国境でフンソウが起きる
③消毒液をフンムする ④コウフンして眠れない
⑤フンショク決算を指摘する

(10) コウフンする (2012 追)

①不正行為にフンガイする ②火山がフンカする
③孤軍フントウする ④フンソウを解決する
⑤岩石をフンサイする

(11) 前世紀的なアクヘイ (2024 本)

①機会のコウヘイを保つ ②心身がヒヘイする
③室内にユウヘイされる ④オウヘイな態度をとる

答えは 040 ページ

答え 036 上段 (1)③媒 (2)④測 (3)③拍 (4)③漠 (5)②漠
下段 (6)⑤迫 (7)①判 (8)③半 (9)②範 (10)①伴 (11)④卑

(1) ヘダてる (2006 本)
①カクシキを重んじる ②エンカク地に赴任する
③問題のカクシンを突く ④選挙制度をカイカクする
⑤去年のデータとヒカクする

(2) ヘダてる (2021 本)
①敵をイカクする ②施設のカクジュウをはかる
③外界とカクゼツする ④海底のチカクが変動する

(3) カケイボをつける (2011 本)
①ゲンボと照合する ②世界的なキボ
③亡母をシボする ④懸賞にオウボする
⑤ボヒメイを読む

(4) ボウギャクぶりが鮮明になる (2005 本)
①株価がボウラクする ②ムボウな登山を試みる
③安眠をボウガイされる ④ボウセンに努める
⑤酸素がケツボウする

(5) 本のボウトウ (2023 本)
①流行性のカンボウにかかる ②今朝はネボウしてしまった
③過去をボウキャクする ④経費がボウチョウする

(6) ボウリョクを振るう (1999 本)
①独創性にトボしい ②秘密をアバく
③進行をサマタげる ④今日はイソガしい
⑤危険をオカす

(7) ボウヨみする (2014 本)
①生活がキュウボウする
②お調子者にツウボウを食らわす
③人口のボウチョウを抑える政策
④ムボウな計画を批判する
⑤国家のソンボウにかかわる

(8) ボウ張する (1998 追)
①綿から糸をツムぐ ②つぼみがフクらむ
③道のカタワらに咲く ④進行をサマタげる
⑤遠く富士山をノゾむ

(9) ムボウな行い (1991 本)
①謀 ②忘 ③妨 ④某 ⑤剖

(10) ソボクな人柄 (1991 追)
①木 ②牧 ③朴 ④僕 ⑤墨

(11) 歴史的事実にホンロウされる (2023 追)
①ホンカイを遂げる ②君主へのムホンを企てる
③説得されてホンイする ④資金集めにホンソウする

(12) マギれもなく (2024 本)
①不満がフンシュツする ②フンベツある大人になる
③議論がフンキュウする ④決算をフンショクする

答えは 041 ページ

答え 037 上段 (1)④彼 (2)④碑 (3)②肥 (4)①被 (5)②微 (6)④微
下段 (7)④控 (8)④潜 (9)④響 (10)③標 (11)③頻

(1) 川やミズウミ (2003 追)

①山水画のコタンな風景　②監督が選手をコブする
③乗組員をテンコする　④血液がギョウコする
⑤コショウの生物を採集する

(2) モウゼンと迫る (2009 本)

①建物がモウカに包まれる
②モウソウにふける傾向がある
③すべての可能性をモウラする
④出場できてホンモウだ
⑤体力をショウモウする

(3) モヨオし物 (2024 本)

①議案をサイタクする　②サイミン効果のある音楽
③カッサイを浴びた演技　④多額のフサイを抱える

(4) 特殊な機能がカツヤクする (2024 本)

①神仏のごリヤクにすがる　②あの人はケンヤク家だ
③面目ヤクジョの働きをする　④重要なヤクショクに就く

(5) ヤッカイな問題 (2017 本)

①ごリヤクがある　②ツウヤクの資格を取得する
③ヤクドシを乗り切る　④ヤッキになって反対する
⑤ヤッコウがある野草を探す

(6) ユダンならない (1991 本)

①輪　②愉　③論　④油　⑤由

---

(7) フユウする (1999 追)

①サソいあって出掛ける　②自然の中でアソぶ
③人にスグれた能力を持つ　④イサみたって試合に臨む
⑤青春のウレいに沈む

(8) 境界領域がユウカイしつつある (2011 追)

①ユウチョウに構える　②ユウヨを与える
③ユウベンに語る　④企業をユウチする
⑤ユウズウをきかせる

(9) 愛国心のコウヨウ (2012 追)

①カンヨウにふるまう　②国旗をケイヨウする
③キョウヨウを身につける　④心のドウヨウをおさえる
⑤文章の内容をヨウヤクする

(10) 感情の抑ヨウ (1997 追)

①気分が高ヨウする　②細菌を培ヨウする
③少数意見を採ヨウする　④人権をヨウ護する
⑤反論に動ヨウする

(11) 身を挺（てい）してヨウゴする (2006 追)

①チュウヨウの道を説く　②武器のシヨウを禁じる
③候補をヨウリツする　④失敗をヨウニンする
⑤内心のドウヨウを隠す

答えは 008 ページ

答え 038　上段　(1)①踏　(2)⑤踏　(3)③踏　(4)①布　(5)①扶　(6)②譜
下段　(7)③普　(8)④腐　(9)③噴　(10)③奮　(11)②弊

(1) 協力をヨウセイする (1993 本)

①要　②容　③養　④用　⑤擁

(2) ドウヨウ的世界を通して (2016 追)

①木枯らしが木の葉をユらす　②卵をトいてご飯にかける
③能の台本を声に出してウタう　④白身魚を油でアげる
⑤喜びに胸をオドらせて帰宅する

(3) ドウリョウや親族 (2013 本)

①若手のカンリョウ　②チリョウに専念する
③荷物をジュリョウする　④なだらかなキュウリョウ
⑤セイリョウな空気

(4) イリョウ技術の発達 (2011 追)

①アラリョウジをする　②シュリョウを禁止する
③イットウリョウダンにする　④客をミリョウする
⑤サイリョウに任せる

(5) 対象とするリョウイキ (1991 追)

①霊　②僚　③陵　④量　⑤領

(6) リョウ域が広がる (1995 追)

①難題を一刀リョウ断に解決する
②病気の治リョウに専念する
③リョウ心的な行動をこころがける
④新製品のリョウ産体制に入る
⑤仕事の要リョウを先輩から教わる

(7) 国のリョウチ (2019 追)

①リョウヨウ生活を送る　②ドウリョウと話し合う
③仕事をヨウリョウよくこなす　④自動車をリョウサンする
⑤今月のキュウリョウを受け取る

(8) リン場する (2002 本)

①ジンリンにもとる　②高層ビルがリンリツする
③タイリンの花を咲かせる　④リンキ応変に対応する
⑤キンリンの国々

(9) 自己投資をショウレイする (1990 追)

①例　②励　③礼　④冷　⑤令

(10) 人々がドレイになる (2014 追)

①ヒレイな行為をとがめる　②レイミョウな響きに包まれる
③安全運転をレイコウする　④バレイを重ねる
⑤封建領主にレイゾクする

答えは 009 ページ

答え 039
上段　(1)②隔　(2)③隔　(3)①簿　(4)①暴　(5)①冒　(6)②暴
下段　(7)②棒　(8)②膨　(9)①謀　(10)③朴　(11)③翻　(12)③紛

コツコツ
覚えていきましょう!!

きめる!
KIMERU SERIES

読むだけで点数アップ！

語句ドリル

- 1990年から2024年度までのセンター試験および大学入学共通テストの語句の意味を問う問題を収録しています。
- 一部問題は掲載していません。
- 各語句の意味として最も適切なものを選択肢から選ぶ問題です。
- 傍線があるものは、傍線の意味を答えましょう。
- 必要に応じて文章を補うなど、改題を行っています。

(1) **愛想を尽かしていた** (2013 本)

①嫌になってとりあわないでいた
②すみずみまで十分に理解していた
③体裁を取り繕うことができないでいた
④いらだちを抑えられないでいた
⑤意味をはかりかねて戸惑っていた

(2) **次の傍線部の一般的な用例として最も適当な文を選びなさい。**

あえかな古語の世界 (1996 追)

①この香水はあえかな値段だ
②あえかな花に心をひかれた
③相撲はあえかなスポーツだ
④あえかなおにぎりを作った
⑤河馬(かば)や象はあえかな動物だ

(3) **あからさまに** (2023 追)

①故意に　②平易に　③露骨に　④端的に　⑤厳密に

(4) **街で燭台(しょくだい)をあがなって** (1992 追)

①借用して　②もらい受けて
③選んで　④買い求めて
⑤注文して

(5) **足が遠くなった** (2021 本)

①訪れることがなくなった　②時間がかかるようになった
③会う理由がなくなった　④行き来が不便になった
⑤思い出さなくなった

(6) **呆気(あっけ)なく済んだ** (2012 追)

①思いがけず急停止した
②はかない夢のまま止まった
③意外に早く終わった
④うっとりしているうちに終了した
⑤驚いている間に停止した

(7) **呆(あ)っけに取られた** (2017 本)

①驚いて目を奪われたような
②意外さにとまどったような
③真剣に意識を集中させたような
④急に眠気を覚まされたような
⑤突然のことにうれしそうな

(8) **あっけらかんと** (2011 追)

①人々が気のつかないうちにやすやすと
②人々の感情を逆なでするように意地悪く
③人々への思いやりを持たず冷酷に
④人々の運命を飲み込んで黙々と
⑤人々の事情にかまうことなく平然と

答えは046ページ

答え062　上段　(1)④　(2)⑤　(3)②　(4)④　(5)②
下段　(6)④　(7)②　(8)①　(9)④

(1) あてつけがましい (2017 本)

①いかにも皮肉を感じさせるような
②遠回しに敵意をほのめかすような
③暗にふざけてからかうような
④あたかも憎悪をにじませるような
⑤かえって失礼で慎みがないような

(2) 後片付けのはかは行かず (2009 本)

①後片付けを途中でやめて
②後片付けをあきらめて
③後片付けが手につかず
④後片付けに満足できず
⑤後片付けが順調に進まず

(3) 次の傍線部の一般的な用例として最も適当な文を選びなさい。

あどけない微笑み(ほほえ) (1996 追)

①あどけない石垣沿いの道を登った
②あどけないパンの朝食をとった
③あどけない高価なカバンを買った
④あどけないしぐさに魅せられた
⑤あどけない雨の日が続いている

(4) 言いはぐれて (2021 本)

①言う必要を感じないで
②言う機会を逃して
③言うのを忘れて
④言う気になれなくて
⑤言うべきでないと思って

(5) 居心地の悪さを感じた (2021 追)

①所在ない感じがした
②あじけない感じがした
③やるせない感じがした
④落ち着かない感じがした
⑤心細い感じがした

(6) いたずらに悲観するなかれ (2023 追)

①絶対に
②過剰に
③軽々に
④当然に
⑤無益に

(7) 一矢を報いずには (2006 本)

①無視せずには
②からかわずには
③ごまかさずには
④嘆息せずには
⑤反撃せずには

(8) 心の息吹のようなものがふきつける (1998 追)

①息の根
②ためらい
③ささやく声
④息づかい
⑤ためいき

(9) いわく言い難い (2010 本)

①言葉にするのが何となくはばかられる
②言葉では表現しにくいと言うほかはない
③言葉にしてしまってはまったく意味がない
④言葉にならないほどあいまいで漠然とした
⑤言葉にするとすぐに消えてしまいそうな

答えは 047 ページ

答え 063 上段 (1)② (2)⑤ (3)① (4)③ (5)①
下段 (6)①

(1) うちひしがれた (2018 追)

①不満が収まらず恨むような　②疲れ切ってしょぼくれた
③気が動転してうろたえた　④気力を失ってうつろな
⑤しょげ返って涙にうるんだ

(2) 次の傍線部の一般的な用例として最も適当な文を選びなさい。

寝返りを打つ (1997 追)

①柱にクギを打つ。　②新しい手を打つ。
③庭に水を打つ。　④でんぐりがえしを打つ。
⑤あいづちを打つ。

(3) うつろに見つめた (2009 追)

①恨みの思いを眼差し（まなざ）にこめて見ていた
②おろおろとうろたえながら見ていた
③注意深く目をそらさずにじっと見ていた
④ぼんやりと何も考えられずに見ていた
⑤むなしい気持ちを隠しきれずに見ていた

(4) 疎ましく (2011 追)

①見下されているように感じて腹立たしく
②仲間外れにされたようでいらだたしく
③親しみを感じられずにいとわしく
④別世界の人だと思われて薄気味悪く
⑤場にそぐわないとさげすみたく

(5) 裏はらな心の動き (1990 追)

①裏にかくれた　②裏おもてのある
③意外な　④反対の
⑤奥深い

(6) うらぶれた (2024 本)

①度量が小さく偏屈な　②だらしなく大雑把な
③不満げで投げやりな　④みすぼらしく惨めな
⑤優柔不断で不誠実な

(7) うろ覚え (1993 追)

①棒暗記した記憶　②不確かな記憶
③間接的な記憶　④誤りの多い記憶
⑤無意識の記憶

(8) 悦に入って (2014 追)

①思い通りにいき得意になって
②我を忘れるくらい夢中になって
③我慢ができないほどおかしくて
④本心を見透かされ照れて
⑤感情を押し隠し素知らぬふりをして

(9) 追い討ちをかけて (2015 本)

①無理に付きまとって　②強く責め立てて
③しつこく働きかけて　④時間の見境なく
⑤わざわざ調べて

答えは 048 ページ

答え 044　上段　(1)①　(2)②　(3)③　(4)④
下段　(5)①　(6)③　(7)①　(8)⑤

(1) おしなべて呼ぶ (1999 追)

①ぼかして　②推し量って
③隠して　④総じて
⑤ひらたく言って

(2) 押し問答 (1993 追)

①相手を黙らせ一方的に主張すること
②互いに体を押し合って言い争うこと
③交互に質問し互いに答え合うこと
④休む間も無く問答を続けること
⑤互いにかみあわないまま言い合うこと

(3) おずおずと (2015 追)

①悲しみをこらえながら淡々と
②顔色をうかがいながら思い切って
③言葉を選びながら丁寧に
④うれしさを押し隠しながらそっと
⑤ためらいながら遠慮がちに

(4) おずおずとした調子 (2006 本)

①気まずい感じ　②しらける感じ
③ためらう感じ　④かたくなな感じ
⑤つまらない感じ

(5) お手のもので (2019 本)

①見通しをつけていて　②腕がよくて
③得意としていて　④ぬかりがなくて
⑤容易にできそうで

(6) 驚くべき自尊心 (2000 本)

①異常な羞恥心（しゅうちしん）
②他人を寄せつけないほどの独立心
③子どもとは思えないような自制心
④度がすぎた自己愛
⑤人並はずれた気位

(7) 戦（おのの）きながら (2018 本)

①勇んで奮い立ちながら　②驚いてうろたえながら
③慌てて取り繕いながら　④あきれて戸惑いながら
⑤ひるんでおびえながら

(8) おびやかす (2013 追)

①強い緊張感を与え、妄想を起こさせる
②緊張感を与え、気づまりにさせる
③相手を追い詰め、不安な気持ちにさせる
④自己満足を求めて、弱い者を苦しめる
⑤惨めな気持ちにさせ、屈辱感を与える

答えは 049 ページ

答え 045　上段 (1)① (2)⑤ (3)④ (4)②
下段 (5)④ (6)⑤ (7)⑤ (8)④ (9)②

(1) **面映ゆい思いなく** (2007 追)

①相手の顔を見ることができないほどの違和感を抱くことはなく
②あれこれ考えをめぐらして気まずくなるような心情はなく
③相手を見るのがまぶしく感じるほど心ひかれる感情はなく
④期待をもって当てにするようなわくわくとした思いはなく
⑤顔を合わせるのが照れくさいようなきまりの悪い気持ちはなく

(2) **次の傍線部の一般的な用例として最も適当な文を選びなさい。**

雪をかいていた (1997 追)

①疲れていびきをかいていた　②慎重さをかいていた
③熊手で落ち葉をかいていた　④部屋で手紙をかいていた
⑤汗をかいていた

(3) **枷が外れる** (2018 本)

①問題が解決する　②苦しみが消える
③困難を乗り越える　④いらだちが収まる
⑤制約がなくなる

(4) **固唾を呑んで** (1999 本)

①声も出ないほど恐怖に怯えながら
②何もできない無力さを感じながら
③張りつめた様子で心配しながら
④驚きと期待を同時に抱きながら
⑤緊張した面持ちで不快に思いながら

(5) **魚が小さな体を駆って川を遡る** (2003 追)

①はげしく傷つけて　②華やかにきらめかせて
③せいいっぱい動かして　④ときおり休ませて
⑤むりやり追い込んで

(6) **二人の寝息が静かな調和を醸してつづく** (2003 追)

①かすかに乱して　②ほのかに発して
③ほどよく整えて　④ゆっくりと包み込んで
⑤徐々につくり出して

(7) **衝動にかられて** (1998 追)

①心がせきたてられて　②気持ちが動揺して
③思いが向かって　④精神が高ぶって
⑤意識がうつろになって

答えは 050 ページ

答え 046 上段 (1)④ (2)④ (3)④ (4)③
下段 (5)④ (6)④ (7)② (8)① (9)③

(1) 歓心を得る (1991 本)

①喜んでくれるように機嫌をとる
②関心を示してくれるように配慮する
③喜んで賛成してくれるように気を使う
④なるほどと感心してくれるように工夫する
⑤取り入ってくれるように仕向ける

(2) 癇(かん)の強いところがあった (2009 追)

①不満を感じることが多かった
②かなり強情な部分があった
③激怒しやすい一面があった
④荒々しい情熱を秘めていた
⑤他人を責める厳しさがあった

(3) 生(き)一本 (2017 本)

①短気　②純粋　③勝手　④活発　⑤強情

(4) 気概 (2013 本)

①大局的にものを見る精神
②相手を上回る周到さ
③物事への思慮深さ
④くじけない強い意志
⑤揺るぎない確かな知性

(5) 誤りを危惧したが、問題なかった (2021 追)

①疑いを持った
②慎重になった
③気後れがした
④心配になった
⑤恐れをなした

(6) 気骨 (1996 本)

①不屈の気概
②繊細な気質
③乱暴な気性
④進取の意気
⑤果敢な勇気

(7) 列をなして並んだ几帳面な机 (1990 本)

①固くがっしりした
②ノートのように線が引かれた
③凸凹がなく面が平らになった
④規則正しくきちんとした
⑤ぴったり調和した

(8) 気の置けない (2008 本)

①気分を害さず対応できる
②遠慮しないで気楽につきあえる
③落ち着いた気持ちで親しめる
④気を遣ってくつろぐことのない
⑤注意をめぐらし気配りのある

(9) きまり悪げな顔 (2016 追)

①不満そうな顔
②困惑したような顔
③不愉快そうな顔
④納得できないような顔
⑤腹立たしそうな顔

答えは 051 ページ

答え 047 上段 (1)④ (2)⑤ (3)⑤ (4)③
下段 (5)③ (6)⑤ (7)⑤ (8)③

(1) 久闊を叙した (1994 追)

①久しく会わなかったことを怒った
②久しぶりの挨拶を交わした
③遠くから来たことに感謝の意を表した
④長く疎遠であったことを咎めた
⑤昔からの友人を懐かしんだ

(2) 興じ合っている (2020 本)

①互いに面白がっている　②負けまいと競っている
③それぞれが興奮している　④わけもなくふざけている
⑤相手とともに練習している

(3) 教室の体裁をなし (2007 本)

①教室の準備がようやく済んで
②教室とは異なった感じになって
③教室として立派になって
④教室がいったん雑然として
⑤教室らしい様子になって

(4) 凝然と (2017 追)

①ぐったりと横たわって　②ひっそりと音もせず
③じっと動きもなく　④こんもりと生い茂り
⑤ぼんやりとおぼろげに

(5) 気を呑まれて (2001 本)

①圧倒されて　②驚きあきれて
③無我夢中で　④引き込まれて
⑤不審に思って

(6) 具合がわるい (2002 本)

①不都合だ　②不自然だ
③不出来だ　④不適切だ
⑤不本意だ

(7) 口をとがらせた (1995 追)

①怒りで厳しい口調になった
②まったく分からないという顔付きをした
③弱気になりながらも虚勢を張った
④不満に思い抗議するような表情をした
⑤激しい口調で相手をののしった

(8) 屈託なく笑う (1992 本)

①きわめて不作法に　②まったく疲れを知らず
③何のこだわりもなく　④ひどく無遠慮に
⑤少しの思慮もなく

答えは 052 ページ

答え 048
上段 (1)⑤ (2)③ (3)⑤
下段 (4)③ (5)③ (6)⑤ (7)①

(1) 首をもたげて (2012 追)

①今まで傾けていた首を横にひねって
②今まで脇を向いていた頭を元に戻して
③今まで下げていた頭を起こして
④今まで正面を向いていた顔を上に向けて
⑤今まで上に伸ばしていた首をすくめて

(2) 雲を掴むような (2019 追)

①不明瞭で、とらえどころのない
②不安定で、頼りにならない
③非常識で、気恥ずかしい
④非現実的で、ありそうにない
⑤非合理的で、ばかばかしい

(3) 怪訝そうに (1990 追)

①うたぐり深そうに ②心配そうに
③気の毒そうに ④不安そうに
⑤不思議そうに

(4) 次の傍線部の一般的な用例として最も適当な文を選びなさい。

けげんな面持ち (1996 追)

①祖母はけげんな半生を自慢した。
②父は家族のけげんな支えである。
③母は珍しくけげんな表情をした。
④兄はけげんなデートにでかけた。
⑤弟はけげんな努力を重ねている。

(5) 怪訝な気持ち (2007 追)

①不可解で納得のいかないような気持ち
②不安で落ち着かないような気持ち
③うれしくて待ちきれないような気持ち
④怒っていらいらするような気持ち
⑤用心深く相手の考えを疑うような気持ち

(6) けたたましく (2010 追)

①畏れを感じさせる重々しい音で
②神経に障るやかましい音で
③期待を誘う高らかな音で
④許せないほどの騒々しい音で
⑤場違いな感じの奇妙な音で

答えは 053 ページ

答え 049 上段 (1)① (2)③ (3)② (4)④ (5)④
下段 (6)① (7)④ (8)② (9)②

(1) 後難をおそれて逃げる (1994 本)

①あとあとまでもながく自分への非難が続くことを気にして
②あとになって人々の非難が起こらないように気をつかって
③あとになるほど事態の解決が難しくなるのを心配して
④あとになってふりかかってきそうなわざわいを心配して
⑤あとになるほどわざわいが起こりやすいのを気にして

(2) 異様な景色に、思わず声を洩(も)らした (2001 本)

①ひとりごとを言った
②こっそりとつぶやいた
③悲鳴を上げた
④感情的に言った
⑤小さく叫んだ

(3) 刻々に (2014 本)

①突然に
②あっという間に
③順番通りに
④ときどきに
⑤次第次第に

(4) 沽券(こけん)にかかわる (2009 本)

①自分の今後の立場が悪くなる
②自分の守ってきた信念がゆらぐ
③自分の体面がそこなわれる
④将来の自分の影響力が弱くなる
⑤長年の自分の信用が失われる

(5) 心得顔 (2003 本)

①何かたくらんでいそうな顔つき
②扱いなれているという顔つき
③いかにも善良そうな顔つき
④事情を分かっているという顔つき
⑤何となく意味ありげな顔つき

(6) 小ざっぱりした身なり (1998 本)

①もの静かで落ち着いた
②さわやかで若々しい
③上品で洗練された
④清潔で感じがよい
⑤地味で飾り気のない

(7) 腰が低く (1993 本)

①重々しいしぐさで
②動作が緩慢で
③振る舞いが丁重で
④卑屈な態度で
⑤体つきが小さめで

(8) 腰を折られて (2014 本)

①下手(したて)に出られて
②思わぬことに驚いて
③やる気を失って
④途中で妨げられて
⑤屈辱を感じて

答えは054ページ

答え050 上段 (1)② (2)① (3)⑤ (4)③
下段 (5)① (6)① (7)④ (8)③

(1) 権化 (2010本)

①厳しく律せられたもの　②堅固に武装したもの
③巧みに応用したもの　④的確に具現したもの
⑤しっかりと支えられたもの

(2) 渾身（こんしん）の力 (1993本)

①最後に出る底力　②体じゅうの力
③強い忍耐の力　④残されている気力
⑤みなぎり溢（あふ）れる力

(3) さしでがましさ (2012本)

①人の気持ちを酌んで自分の主張を変えること
②人のことを思い通りに操ろうとすること
③人の事情に踏み込んで無遠慮に意見したがること
④人の意向よりも自分の都合を優先したがること
⑤人の境遇を自分のことのように思いやること

(4) 些末（さまつ）な事柄 (2004追)

①末端的で特殊な事柄　②私生活に関する事柄
③正確さに欠ける事柄　④取るに足りない事柄
⑤心情的で微妙な事柄

(5) さめざめと泣きあかす (2000本)

①われを忘れるほどとり乱して　②涙をこらえてひっそりと
③気のすむまで涙を流して　④いつまでもぐずぐずと
⑤他人を気にせず大きな声で

(6) 醒（さ）めた (2019追)

①状況を冷静に判断できる　②状況を正確に把握できる
③状況を正常に認識できる　④状況を冷淡に観察できる
⑤状況を平静に傍観できる

(7) 三々五々散ってゆく (2008追)

①足並みをそろえて分かれていく
②順序よく方々に散らばっていく
③列を乱しながらそれぞれ帰っていく
④ちりぢりになって離れていく
⑤少人数ごとにまばらに去っていく

(8) 昵懇（じっこん）だった (2007追)

①久しぶりに会った　②幼なじみであった
③親戚（しんせき）関係であった　④相談事があった
⑤親しい間柄にあった

(9) 自負心 (2010追)

①周囲の大人を見返してやりたいという気持ち
②自分は何でもできるようになったのだという気持ち
③同じ年ごろの友だちには負けたくないという気持ち
④自分に負けずにがんばっていこうという気持ち
⑤自分はどうせ子供なのだという気持ち

答えは 055 ページ

答え 051　上段　(1)③　(2)①　(3)⑤
下段　(4)③　(5)①　(6)②

(1) 自分の眼を疑った (2001 本)
①不思議に思った ②信じられなかった
③不安を感じた ④見とれた
⑤意外に思った

(2) 自弁 (1994 追)
①自分で費用を負担すること ②自分の責任で弁償すること
③自分で設置を交渉すること ④自分の労力を提供すること
⑤自分の資金で製作すること

(3) 小康 (2003 追)
①病状が一進一退をくり返していること
②病状がやや持ち直して安定すること
③病気が何の跡形も残さず消え去ること
④病勢がよくなって生活に支障がなくなること
⑤病気が一定の状態を維持し続けること

(4) 森厳な (1992 追)
①非常にきびしい ②きわめて恐ろしい
③きわめておごそかな ④底知れず奥深い
⑤非常に謹厳な

(5) 真率さがあった (2022 追)
①懸命さがある ②誠実さがある
③一途さがある ④実直さがある
⑤かたくなさがある

(6) すげなく (2018 追)
①冷淡に ②なすすべなく
③一方的に ④思いがけなく
⑤嫌味っぽく

(7) すげなさ (2014 追)
①動揺し恥ずかしがる様子 ②改まりかしこまった様子
③判断に迷い戸惑う様子 ④物おじせず堂々とした様子
⑤関心がなくひややかな様子

(8) すっと喉をとおりにくい (2001 追)
①きれいに片づかない ②正しく説明できない
③うまく納得できない ④上手に対応できない
⑤とても認められない

(9) 図太いくらい心の座った (2008 追)
①図々(ずうずう)しいまでに自己中心的な
②常に情緒が安定している
③憎らしいほど心配りのできる
④落ち着いていて安心感のある
⑤少々のことでは動じない

(10) 術(すべ)もなかった (2021 本)
①理由もなかった ②手立てもなかった
③義理もなかった ④気持ちもなかった
⑤はずもなかった

答えは 056 ページ

答え 052 上段 (1)④ (2)⑤ (3)⑤ (4)③
下段 (5)④ (6)④ (7)③ (8)④

(1) 是非に及ばない (2004 本)

①言うまでもない ②話にもならない
③善悪が分からない ④やむを得ない
⑤判断ができない

(2) 戦慄が走りぬける (1995 追)

①恐ろしさで一瞬体中が震える思いがする
②急激な寒さで体全体が硬直してしまう
③うしろめたさからひたすら自分を責める
④悲しさで瞬間的に体が縛られたようになる
⑤予期せぬ展開にひどく驚いてしまう

(3) 浅慮を全く嘲笑した (2012 本)

①短絡的な考えに対して心の底から見下した
②卑怯（ひきょう）なもくろみに対してためらわず軽蔑（けいべつ）した
③粗暴な行動に対して極めて冷淡な態度をとった
④大人げない計略に対して容赦なく非難した
⑤軽率な思いつきに対してひたすら無視した

(4) 双肩に担って (2008 追)

①苦労を味わって ②責任を負って
③疲れを見せて ④重荷に感じて
⑤成り立たせて

(5) 相好を崩していた (2014 追)

①なれなれしく振る舞っていた
②緊張がほぐれ安心していた
③好ましい態度をとれずにいた
④顔をほころばせ喜んでいた
⑤親しみを感じくつろいでいた

(6) 率先垂範（そっせんすいはん） (2004 追)

①折り目正しくふるまうこと
②堂々と人に指図すること
③黙って責任を果たすこと
④人に先立って手本を示すこと
⑤先に行く人を模範にすること

(7) そばだち (2006 追)

①風景に隠れてひっそりと立ち
②いくつも重なり並び立ち
③すぐ目の前まで迫り立ち
④あちらこちらに点々と立ち
⑤周囲より一段と高く立ち

(8) 他意なく (1992 本)

①人の意見など聞き入れず ②特定の考えもなしに
③ほかの意向など持たずに ④他の人のことなど意識せず
⑤裏に含んだ考えなどなく

答えは 057 ページ

答え 053
上段 (1)④ (2)② (3)③ (4)④ (5)③
下段 (6)① (7)⑤ (8)⑤ (9)②

(1) たたずまい (2003 本)

①けはい ②いごこち
③におい ④しずけさ
⑤ありさま

(2) 端的に現す (1998 本)

①手短にはっきりと ②生き生きと言葉のはしばしに
③余すところなく確実に ④わかりやすく省略して
⑤あざやかに際立たせて

(3) 程度が長じて (1992 追)

①成長して ②甚だしくなって
③巧みになって ④向上して
⑤進化して

(4) 重宝がられる (2020 本)

①頼みやすく思われ使われる ②親しみを込めて扱われる
③一日置かれて尊ばれる ④思いのままに利用される
⑤価値が低いとみなされる

(5) 通俗的 (2012 本)

①野卑で品位を欠いているさま ②素朴で面白みがないさま
③気弱で見た目を気にするさま ④平凡でありきたりなさま
⑤謙虚でひかえ目なさま

(6) 憑物（つきもの）が落ちた (2005 追)

①放心したような ②我に返ったような
③気を張ったような ④十分寝足りたような
⑤ほっとしたような

(7) つくづくと眺める (2011 本)

①興味を持ってぶしつけに ②ゆっくりと物静かに
③見くだすようにじろじろと ④注意深くじっくりと
⑤なんとなくいぶかしげに

(8) 次の傍線部の一般的な用例として最も適当な文を選びなさい。 (1997 追)

熱い鉄びんの中へとっくりをつけた

①戸じまりに気をつけた ②試合の記録をつけた
③野菜を塩水につけた ④名札を胸につけた
⑤雪に足あとをつけた

(9) 突っけんどんにいった (2009 追)

①厳しく詰問するように言った
②横柄な態度で無遠慮に言った
③鋭く冷ややかな調子で言った
④批判的な態度でいきなり言った
⑤前置きもなくとげとげしく言った

答えは 058 ページ

答え 054 上段 (1)② (2)① (3)② (4)③ (5)④
下段 (6)① (7)⑤ (8)③ (9)⑤ (10)②

(1) つつましく (2017 追)

①本音を隠して丁寧に　②心ひかれてひたむきに
③気を引きしめて真剣に　④敬意をもって控えめに
⑤慈しみを込めて穏やかに

(2) てんでわからない (2023 追)

①元来　②所詮　③依然　④全然　⑤格別

(3) 唐突な (1996 本)

①悲痛な　②不意の　③早口の　④過去の　⑤奇妙な

(4) 我にかえってどぎまぎと手をはなす (1999 追)

①恥ずかしさのあまり、思わずとりみだして
②とっさに弁解できず、しどろもどろで
③相手に理解してもらえず、困惑して
④不意をつかれて、たじろいで
⑤思いがけない行動をしていたことに、うろたえて

(5) とくとくと (2015 本)

①意欲満々で　②充分満足して
③利害を考えながら　④始めから順番どおりに
⑤いかにも得意そうに

(6) 頓狂(とんきょう)な声 (2011 本)

①びっくりして気を失いそうな声
②あわてて調子はずれになっている声
③ことさらに深刻さを装った声
④とっさに怒りをごまかそうとした声
⑤失望してうちひしがれたような声

(7) 煙が空をどんよりと曇らせる (1998 本)

①暗くかすむように　②くすんで貧弱に
③濁って重苦しく　④けだるく眠そうに
⑤黒々と分厚く

(8) 宥(なだ)め賺(すか)して (2004 本)

①機嫌をとって気を変えさせ
②脅し文句を並べてあきらめさせ
③冗談を言って気分を変えさせ
④許しを求めて怒りをしずめさせ
⑤責めたてて考え直させ

(9) 生返事 (2012 追)

①本当の気持ちを包み隠して、相手を惑わそうとする返事
②相手に本気では対応していない、いい加減な返事
③中途半端な態度で、相手の気持ちに迎合した返事
④相手の態度に機嫌を損ねて発した、ぶっきらぼうな返事
⑤相手の言うことを何も聞いていない、突き放した返事

答えは 059 ページ

答え 055　上段　(1)④　(2)①　(3)①　(4)②
下段　(5)④　(6)④　(7)⑤　(8)⑤

(1) 難物 (2002本)

①理解しがたい人　②頭のかたい人
③心のせまい人　④扱いにくい人
⑤気のおけない人

(2) のっぴきならない (2003本)

①予想もつかない　②どうにもならない
③決着のつかない　④言い逃れのできない
⑤口出しのできない

(3) 呑(の)みこめた (2019追)

①予見できた　②歓迎できた
③共感できた　④理解できた
⑤容認できた

(4) 薄情 (2013追)

①意識を集中できず、投げやりになること
②自己中心的で、思いやりがないこと
③自分のことしか考えず、気持ちが散漫になること
④注意が続かず、気もそぞろなこと
⑤気持ちが切迫し、余裕のないこと

(5) 肌が粟立(あわだ)つような気がする (1995本)

①恐ろしくて身の毛がよだつ様子
②緊張して頭に血がのぼる様子
③緊張して冷や汗が流れる様子
④寒々として身ぶるいをする様子
⑤寒々として体がこわばる様子

(6) 八方画策した (1994本)

①あらゆる方面に出向いていって、自分の立てた計画を話した
②あらゆる方面にはたらきかけて、計画の実現をはかった
③あらゆる方面から情報を集め、さまざまな計画を立案した
④いろいろな計画をねりあげて、いちばんよいのを実行した
⑤いろいろな計画を人々から提出させ、どれがよいかを討議した

(7) 腹に据えかねた (2018本)

①本心を隠しきれなかった　②我慢ができなかった
③合点がいかなかった　④気配りが足りなかった
⑤気持ちが静まらなかった

(8) 肚(はら)を決めた (2019本)

①気持ちを固めた　②段取りを整えた
③勇気を出した　④覚悟を示した
⑤気力をふりしぼった

答えは060ページ

答え056　上段　(1)⑤　(2)①　(3)②　(4)①　(5)④
下段　(6)②　(7)④　(8)③　(9)⑤

(1) **晴れがましく** (2020 本)
①何の疑いもなく ②人目を気にしつつ
③心の底から喜んで ④誇らしく堂々と
⑤すがすがしい表情で

(2) **不意をつかれて** (2007 本)
①突然の事態に困り果てて
②見込み違いで不快になって
③予想していないことに感心して
④初めてのことであわてて
⑤思いがけないことにびっくりして

(3) **不世出の才能が宿る** (1994 本)
①めったに現れることのないほどの、すぐれた
②少しの人にしか知られていない、一風変わった
③めったに世の人の目に触れることのない、不思議な
④口にだして言うこともできないほどの、不気味な
⑤まだ世間の表面に出ていないが、将来性のある

(4) **紙にぶっつけに花弁から描きはじめる** (1990 本)
①あらあらしく ②はじめに
③ざっと ④なげやりに
⑤いきなり

(5) **無聊(ぶりょう)に耐えられなかった** (2009 本)
①退屈さが我慢できなかった ②無駄な時間が許せなかった
③空虚な心持ちがいやだった ④心細さに落ち着きを失った
⑤不快感を抑えられなかった

(6) **閉口した** (2002 本)
①悩み抜いた ②がっかりした
③押し黙った ④考えあぐねた
⑤困りはてた

(7) **放心から覚める** (1990 本)
①心を奪われてぼうっとなること
②心をとき放ちのんびりすること
③心を決めかねてふらふらすること
④心を集中して雑念をはらうこと
⑤心をひらいて受け入れること

(8) **ほの暗い空間** (1998 追)
①部分的に暗い空間 ②ぼんやりと暗い空間
③まっ暗な空間 ④ときどき暗くなる空間
⑤うす汚れた空間

(9) **まつわられ** (2015 追)
①しきりに泣きつかれ ②勝手気ままに振る舞われ
③ひどくわがままを言われ ④うるさく付きまとわれ
⑤激しく動きまわられ

答えは 061 ページ

答え 057 上段 (1)④ (2)④ (3)② (4)⑤ (5)⑤
下段 (6)② (7)③ (8)① (9)②

(1) 眉をひそめて気の毒そうにする (1999 追)

①不吉に思い、眉をしかめて
②心を痛め、眉間(みけん)に皺(しわ)を寄せて
③眉を下げ、冷静を装って
④眉間を緩め、理解を示して
⑤嘆きながら、眉をゆがめて

(2) 見栄(みえ)もなく (2016 本)

①相手に対して偉ぶることもなく
②自分を飾って見せようともせず
③はっきりした態度も取らず
④人前での礼儀も欠いて
⑤気後れすることもなく

(3) 水掛け論 (2006 追)

①双方の意見の食い違いから議論をやめること
②相手の意見に怒りを感じてけんかになること
③双方が意見を言い張って決着がつかないこと
④相手に自分の主張を一方的に押しつけること
⑤様々な話題について延々と議論を続けること

(4) 水をさしたくなかった (1996 本)

①批判したく　②冷やかしたく
③涙を見せたく　④ごまかしたく
⑤邪魔したく

(5) 身の丈に合っていた (2006 本)

①自分にとってふさわしかった
②自分にとって魅力的だった
③自分にとって都合がよかった
④自分にとって親しみが持てた
⑤自分にとって興味深かった

(6) それを言っては、みもふたもない (2010 本)

①現実的でなくどうにもならない
②大人気なく思いやりがない
③露骨すぎて話にならない
④計算高くてかわいげがない
⑤道義に照らして許せない

(7) むしのいい (2021 追)

①都合がよい　②手際がよい
③威勢がよい　④要領がよい
⑤気分がよい

(8) 無造作に、袋を下においた (2016 本)

①先の見通しを持たずに　②いらだたしげに荒っぽく
③慎重にやらず投げやりに　④先を越されないように素早く
⑤周囲の人たちを見下して

答えは 062 ページ

答え 058　上段 (1)④ (2)② (3)④ (4)②
下段 (5)① (6)② (7)② (8)①

(1) 無量の想い (1993 追)

①数少ない想い
②正体不明の想い
③とるに足りない想い
④はかり知れない想い
⑤大雑把な想い

(2) 名状し難い (2008 本)

①言い当てることが難しい
②名付けることが不可能な
③意味を明らかにできない
④何とも言い表しようのない
⑤全く味わったことのない

(3) 目くばせした (2016 本)

①目つきですごんだ
②目つきで制した
③目つきで頼み込んだ
④目つきで気遣った
⑤目つきで合図した

(4) 眼を瞠った (2005 追)

①鋭い目つきで相手をにらんだ
②はじらいながら目を伏せた
③非難を込めて目をそらした
④目を丸くして相手を見つめた
⑤驚きをもって目を見開いた

(5) 目を見張っていた (2019 本)

①間違いではないかと見つめていた
②感動して目を見開いていた
③動揺しつつも見入っていた
④集中して目を凝らしていた
⑤まわりを見わたしていた

(6) 父親が苦々しげに眼を寄越してくる (2001 追)

①視線を中空にさまよわせて
②離れたところから見つめて
③間近に見守って
④近寄ってきて見とがめて
⑤遠くから見張って

(7) もうけ話をもちかける (2002 追)

①問いかけ
②呼びかけ
③話しかけ
④誘いかけ
⑤働きかけ

(8) もっともらしい顔 (2024 本)

①悪びれず開き直るような
②まるで他人事だと突き放すような
③へりくだり理解を求めるような
④いかにも正しいことを言うような
⑤問い詰めてやりこめるような

答えは 063 ページ

答え 059 上段 (1)④ (2)⑤ (3)① (4)⑤
下段 (5)① (6)⑤ (7)① (8)② (9)④

(1) 物心ついた (1993 本)
①物体や出来事の核心が納得された
②物や精神面での援助が可能になり始めた
③人と人との関係が物と精神だと分かった
④世の中のことや人間関係が分かり始めた
⑤実際に見聞きしたことだけが信じられた

(2) 躍起になって (2011 本)
①夢中になって ②さとすように
③威圧するように ④あきれたように
⑤むきになって

(3) 躍起になって (1992 本)
①おどおどして ②むきになって
③うろたえて ④やけになって
⑤びっくりして

(4) やにわに (2011 追)
①そっと見つめるようにゆっくりと
②急に思いついたようにぶっきらぼうに
③大切なものを扱うように心をこめて
④話の流れを無視してだしぬけに
⑤はやる気持ちを隠して静かに

(5) やにわに (2024 本)
①多弁に ②即座に ③強硬に ④半端に ⑤柔軟に

(6) やみくもに (2018 追)
①不意をついて ②敵意をあらわに
③やむにやまれず ④前後の見境なく
⑤目標を見据えて

(7) 世捨て人 (2006 追)
①実社会から心ならずも逃避している人
②みずから世間との交渉を絶っている人
③元の豊かな生活を失ってしまった人
④何かの修行に真剣に打ち込んでいる人
⑤あえて人間らしい感情を押し殺した人

(8) 余念がなく (2015 追)
①ほかに気を配ることなく熱中し
②真剣さが感じられずいいかげんで
③細かいところまで丁寧に
④疑いを持たずに思い切って
⑤余裕がなくあわただしい様子で

(9) 余念なく (1994 追)
①のんびりと ②ぼんやりと
③無造作に ④熱心に
⑤慎重に

答えは 044 ページ

答え 060 上段 (1)② (2)② (3)③ (4)⑤
下段 (5)① (6)③ (7)① (8)③

(1) 寄る辺もない (1991 追)

①寄りかかるすべもない　②たよりとする所もない
③隠遁(いんとん)の機会すらもない　④立ち寄る隠れ家もない
⑤寄生をする対象もない

(2) 凛(りん)とした声 (1995 追)

①高圧的なはっきりした声　②冷たくつんとすました声
③大きく響き渡る声　④堂々として落ち着いた声
⑤きりりと引き締まった声

(3) 霊性 (2017 追)

①精神の崇高さ　②気性の激しさ
③存在の不気味さ　④感覚の鋭敏さ
⑤心の清らかさ

(4) 老成した (2007 本)

①しわがれて渋みのある　②知性的で筋道の通った
③年のわりに落ち着いた　④重々しく低音の響いた
⑤静かでゆっくりとした

(5) 狼狽(ろうばい) (2016 追)

①とまどい慌てること　②うるさく騒ぎ立てること
③驚き疑うこと　④圧倒されて気弱になること
⑤恐れてふるえること

(6) われ知らず (2014 本)

①自分では意識しないで　②あれこれと迷うことなく
③人には気づかれないように　④本当の思いとは逆に
⑤他人の視線を意識して

答えは 045 ページ

答え 061 上段 (1)④ (2)④ (3)⑤ (4)⑤
下段 (5)② (6)② (7)④ (8)④

おつかれさまでした！